2018年黔南民族師範學院高層次人才研究專項項目（項目編號：qnsyrc201812）成果

貴州省“中國語言文學”一流學科成果

黔南民族師範學院漢語言文學國家一流專業建設項目成果

中國文學與文化研究叢書

# 敦煌變文名物輯釋

張春秀　秦越　著

四川大學出版社

SICHUAN UNIVERSITY PRESS

圖書在版編目（CIP）數據

敦煌變文名物輯釋 / 張春秀，秦越著．— 成都：
四川大學出版社，2023.5
（中國文學與文化研究叢書）
ISBN 978-7-5690-6136-9

Ⅰ．①敦… Ⅱ．①張… ②秦… Ⅲ．①敦煌學－變文
－名物化－研究 Ⅳ．①H041

中國國家版本館 CIP 數據核字（2023）第 089517 號

書　　名：敦煌變文名物輯釋
　　　　　Dunhuang Bianwen Mingwu Jishi
著　　者：張春秀　秦　越
叢 書 名：中國文學與文化研究叢書
--------------------------------------------------------------
叢書策劃：張宏輝　歐風偃
選題策劃：徐　凱
責任編輯：徐　凱
責任校對：毛張琳
裝幀設計：李　野
責任印製：王　煒
--------------------------------------------------------------
出版發行：四川大學出版社有限責任公司
　　　　　地址：成都市一環路南一段 24 號（610065）
　　　　　電話：（028）85408311（發行部）、85400276（總編室）
　　　　　電子郵箱：scupress@vip.163.com
　　　　　網址：https://press.scu.edu.cn
印前製作：四川勝翔數碼印務設計有限公司
印刷裝訂：四川盛圖彩色印刷有限公司
--------------------------------------------------------------
成品尺寸：170mm×240mm
印　　張：12.75
插　　頁：2
字　　數：265 千字
--------------------------------------------------------------
版　　次：2023 年 8 月　第 1 版
印　　次：2023 年 8 月　第 1 次印刷
定　　價：62.00 圓
--------------------------------------------------------------

本社圖書如有印裝質量問題，請聯繫發行部調換

掃碼獲取數字資源

四川大學出版社
微信公衆號

# 前　言

　　敦煌變文是敦煌俗文學作品中分量最重、影響最大者。敦煌變文的語言上承先秦兩漢的文言用語，下推宋元白話口語，是連接古代漢語與近代漢語的一座橋梁，在漢語發展史上具有十分重要的地位。敦煌變文裏含有大量名物詞，因此，把敦煌變文中的名物詞作爲研究對象，有着重要的理論意義和實踐意義。

　　本書主要以《敦煌變文校注》爲底本，通過系統辨考法，文獻、圖像、實物結合法，專科知識法，語言與文化結合法，選取21個名物詞（不包括附錄）進行了詳細的考察和解釋，以期對敦煌變文的閱讀與理解、漢語詞彙史研究、辭書編纂與修訂、古籍整理研究提供一點有益的、必要的幫助。

　　全書分爲三個部分。緒論部分介紹了選題緣由，分析了敦煌變文語言研究的現狀與趨勢，説明了選題的意義、所採用的研究方法、手段和體例。第二部分敦煌變文名物輯釋，是全書的主體，從共時和歷時的角度，採用語言和文化研究方法，對所選取的21個名物詞的起源、發展演變進行梳理。餘論部分對全書加以總結，指出敦煌變文是敦煌文獻重要的一部分，具有很高的文學價值和史料價值，敦煌變文中含有大量的名物詞，對名物詞的研究涉及多個領域，難度較大，但研究空間大有可爲。

# 目　錄

# 緒　論

## 一、選題緣起

　　詞彙就像一扇窗户，通過它可以了解一個民族的過去。詞彙包括實詞和虚詞，"詞彙學的研究重點是實詞，因爲有的虚詞詞彙意義已經弱化，有的甚至完全失去了詞彙意義，只剩下語法意義，所以它們主要是語法學研究的對象"①。"漢語是以實詞爲中心的，而實詞之中名詞最實，所以名詞可稱體詞，動詞和形容詞都是相詞，而動詞與形容詞對名詞而言，就都變成虚詞。卽就這兩种虚詞來講，以動詞與形容詞相比，昔人還以形容詞爲實詞，而以動詞爲虚詞（見薛傳均《説文答問疏證》卷五）。這可見漢語的本質是不可能以動詞爲重點的。"② 趙元任説："名詞是列不完的一類。一個語言中的語彙，大部分都是名詞。名詞不但比别的任何一種詞類多，甚至所有别的詞類加起來，也比不上名詞多。"③ 呂叔湘（1963）、尹斌庸（1986）、劉傑（1990）、張彦昌等（1996）分别對《現代漢語常用三千詞表》、40000 多個現代漢語通用詞、《普通話三千常用詞表》及《現代漢語頻率詞典》作了統計，結果顯示，名詞在現代漢語詞類中所占比例分别爲 54％（3000 個詞級）、56％（40000 個詞級）、60.4％（3000 個詞級）、39.5％（100 個詞級占 13％、300 個詞級占 24％、2000 個詞級占 39.5％）。

　　尹斌庸对上古漢語、中古漢語、近古漢語、現代漢語中名詞所占的

---

① 張永言. 詞彙學簡論 [M]. 武漢：華中工學院出版社，1982：1.

② 郭紹虞. 漢語詞組對漢語語法研究的重要性 [J]. 復旦學報（社會科學版·學術專論），1978（1）：35.

③ 參看劉夢溪. 中國現代學術經典趙元任卷 [Z]. 石家莊：河北教育出版社，1996：433.

比例進行統計，結果分別爲 29％、29％、29％、28％。①

　　詞彙學研究的重點在實詞，實詞中名詞較實，而名詞中的名物詞又是名詞類別中意義最實在的。從這個意義上講，名物詞是詞彙學研究的一個重點。黃金貴根據語言反應文化的不平衡性，把詞彙分爲通義詞和文化詞，並用統計的方法說明二者的比例爲 1：2。以前我們多把注意力放在 1 上，很少注意 2，所以當我們遇到某個不太理解的文化詞去查找字典、詞典時，發現其列舉的義項往往是儲存態的意義，而運動態的詞義只能自己去體會。名物詞是文化詞語中的重要組成部分。名物②研究在我國源遠流長，歷史悠久，"上可以追溯到漢代的訓詁學，下經過明代的名義學，再發展爲清代的考證的名物學"③。我國自周代起就有了名物辨識的工作，從戰國《爾雅》始，名物考釋就一脉相承，如東漢劉熙《釋名》、北魏劉懋《物祖》、隋代謝昊《物始》、北宋陸佃《埤雅》、南宋羅願《爾雅翼》、明代方以智《通雅》和羅頎《物原》、清代陳元龍《格致鏡原》等。用"名物"一詞標其書名者，首見北宋蔡卞等《詩學名物解》，其後有南宋方逢辰《名物蒙求》、明代耿隨朝《名物類考》和劉侗《名物考》等。隨着地下材料的發現和大量實物的出土，名物研究從傳統的"純語言"單綫直向、封閉性的研究模式走向了語言、文化多學科復綫交叉、開放性的研究軌道，從此，名物研究不再單調、

---

　　① 參看尹斌庸. 漢語詞類的定量研究 [J]. 中國語文，1986（6）：433－434. 說明：上古語料以先秦散文爲主，詩歌辭賦不收，抽樣 11 部著作或作者的文章；中古漢語以唐代及北宋散文爲主，抽樣唐代 4 位、北宋 8 位作者的文章；近古漢語以明清散文爲主，抽樣明代 12 位、清代 9 位作者的文章。

　　② 關於名物的定義，主要有三種說法：（1）名物是古代人們從顏色、形狀（對人爲之器來說指形製）、功用、質料（含有等差的因素）等角度對特定具體之物加以辨別認識的結果，是關於具體特定之物的名稱（劉興均.《周禮》名物詞研究 [M]. 成都：巴蜀書社，2001：22）。（2）國學傳統中的所謂"名物"，爲有客體可指，關涉古代自然與社會生活各個領域的事物，其名稱亦皆爲我國實有或見諸典籍記載的客體名詞，其中包括圖騰崇拜乃至歷史傳說中的客體名詞。……研究與探討名物得名由來、異名別稱、名實關係、客體淵源流變及其文化含義之學問是爲名物學 [王強. 中國古代名物學初論 [J]. 揚州大學學報，2004（6）：54]。（3）從所指的角度而言，名物是屬於某一物類的特定具體之物，它們都具有自己獨特的區別性特徵；從語言的角度而言，它是音義關係在約定俗成中形成、爲全民所普遍接受認可的名詞或短語。它是古代人們對具體特徵之物加以辨識分類的結果（錢慧真.《周禮正義》所見孫詒讓名物訓詁研究 [D]. 山東大學博士學位論文，2009：26）。限於時間和精力，本書所研究的敦煌變文名物僅限於具體的物類，不包括抽象的事類。名物的確定和選取採用劉興均、錢慧真的說法，即所有的名物都應該是名詞或短語。

　　③ [日] 青木正兒. 中華名物考（外一種）序言 [C]. 范建明譯. 北京：中華書局，2005：10.

乏味，而是充滿了無限的生命力，涌動着無限的活力，是一門古老而年輕的交叉學科。

我國的小學研究一直以"名與實"作爲主綫。王寧在爲劉興均《〈周禮〉名物詞研究》一書所作的序言中説："名物考據是我國古代學術的一個專門題目，它的任務是對一些物類的專有名稱進行解釋。解釋一個專有名稱，必須名、實同步考察，源、流一並弄清，所以，這一課題涉及多方面的領域，是一個詞源學、訓詁學、文化學甚至科技史等學科的交叉課題，難度是比較大的。但是，它也是一個很有魅力的課題，常常於不經意之中發掘出奇異，讓人發出慨嘆。"① 遺憾的是，到目前爲止，國内外學術界對中國名物學的研究較爲沉寂，論文寥寥，"更没有一部哪怕是粗略的《中國名物學》或《中國名物學史》的著作問世，這方面的理論總結及相應的文化研究相對滯後……學術界非常有必要對數千年的中國名物學理論的形成與發展進行全面的梳理、總結和研究，以期推動中華學術文化的繁榮與發展。"② 名物學研究過去是必要的。現在也是必要的。所以揚之水也提出了"由物，而見史、見詩，這本來是名物研究的一大優勢，因此，這一領域實在不應如此沉悶"③。

基於以上考慮，本書以名物爲研究對象，以《敦煌變文校注》爲底本，以"敦煌變文名物輯釋"爲選題，對敦煌變文中的名物詞進行研究。不過限於時間和精力，只能對敦煌變文中的一些常用名物和少量有疑問的名物進行輯釋溯源，其他的只有待日後進行研究。

## 二、敦煌變文語言研究現狀與趨勢

### (一) 研究現狀

自 19 世紀末 20 世紀初敦煌變文被發現以來，學者們便對其展開了整理和研究工作，傾注了大量的精力，取得了豐碩的成果，具體表現在以下四個方面：其一，語料整理，相關成果有专著《敦煌變文集》《敦

① 劉興均.《周禮》名物詞研究 [M]. 成都：巴蜀書社，2001：序，1.
② 參看王强. 中國古代名物學初論 [J]. 揚州大學學報，2004 (6)：53.
③ 揚之水. 詩經名物新證 [M]. 北京：北京古籍出版社，2000：5.

煌變文集新書》《敦煌變文集校議》《敦煌變文校注》<sup>①</sup> 等；二是詞彙研究，相關成果有专著《敦煌變文字義通釋》《隋唐五代漢語研究》《敦煌文獻語言詞典》《唐五代語言詞典》<sup>②</sup> 等，詞語考釋的單篇論文有 100 餘篇<sup>③</sup>；三是語音研究，相關成果有专著《敦煌俗文學中的別字異文和唐五代西北方音》《敦煌變文用韻考（一）（二）（三）》《敦煌變文破讀字例》《敦煌變文假借字音義關係研究》《敦煌變文假借字譜》《敦煌變文與唐代語音》《敦煌變文通假字中的入聲字》等；四是語法研究，相關成果有专著《敦煌變文語法研究》<sup>④</sup>，單篇論文有 30 餘篇<sup>⑤</sup>。關於 20 世紀的敦煌變文語言研究成果及綜述具體可參看陳明娥的《20 世紀的敦煌變文語言研究》一文和相關的專著及論文，這裏不再贅述。

21 世紀以來，據不完全統計，已出版敦煌變文語言研究專著 7 部，發表論文 137 篇<sup>⑥</sup>（期刊論文 123 篇，學位論文 14 篇）。研究內容主要集中在以下幾個方面：一是詞彙研究，有專著 6 部<sup>⑦</sup>，論文 95 篇，其中學位論文 9 篇；二是語法研究，有專著 1 部<sup>⑧</sup>，論文 23 篇，其中學位論文 4 篇；三是語音研究，論文共 5 篇，其中學位論文 1 篇。具體可參看筆者的論文《近 10 年間敦煌變文語言研究》<sup>⑨</sup>。

對敦煌變文名物的考釋散見於有些專著、詞典和論文中，具體如下：

---

① 王重民等. 敦煌變文集 [M]. 北京：人民文學出版社，1957. 潘重規. 敦煌變文集新書 [M]. 臺北：中國文化大學中文研究所，1983. 郭在貽，黃征等. 敦煌變文集校議 [M]. 長沙：岳麓書社，1990. 黃征，張涌泉. 敦煌變文校注 [M]. 北京：中華書局，1997.

② 蔣禮鴻. 敦煌變文字義通釋（增補定本）[M]. 上海：上海古籍出版社，1997. 程湘清. 隋唐五代漢語研究 [M]. 濟南：山東教育出版社，1992. 蔣禮鴻，黃征等. 敦煌文獻語言詞典 [Z]. 杭州：杭州大學出版社，1994. 江藍生，曹廣順. 唐五代語言詞典 [Z]. 上海：上海教育出版社，1997.

③ 參看陳明娥. 20 世紀的敦煌變文語言研究 [J]. 敦煌學輯刊，2002（1）：141.

④ 吳福祥. 敦煌變文語法研究 [M]. 長沙：岳麓書社，1996.

⑤ 參看陳明娥. 20 世紀的敦煌變文語言研究 [J]. 敦煌學輯刊，2002（1）：144.

⑥ 說明：統計時間爲 2001—2013 年 8 月，統計範圍僅限於大陸（不包括文字校勘），使用數據庫爲 CNKI 中國期刊全文數據庫和 CNKI 中國优秀博碩士學位論文全文數據庫，其中詞彙 95 篇、語法 23 篇、語音 5 篇、書評 4 篇、綜述 10 篇。

⑦ 曾良. 敦煌文獻字義通釋 [M]. 廈門：廈門大學出版社，2001. 陳秀蘭. 敦煌變文俗語詞溯源 [M]. 長沙：嶽麓書社，2001. 陳秀蘭. 敦煌變文詞彙研究 [M]. 成都：四川民族出版社，2002. 黃征. 敦煌語言文字學研究 [M]. 蘭州：甘肅教育出版社，2002. 黃征. 敦煌俗字典 [Z]. 上海：上海教育出版社，2005. 陳明娥. 敦煌變文詞彙計量研究 [M]. 南昌：百花洲文藝出版社，2006.

⑧ 吳福祥. 敦煌變文 12 種語法研究 [M]. 開封：河南大學出版社，2004.

⑨ 張春秀. 近 10 年間敦煌變文語言研究 [J]. 《求索》，2011（1）.

## 1. 專著和詞典

蔣禮鴻（1959，1997）《敦煌變文字義通釋》第三篇單列"釋名物"一章，共有 39 個條目，另外，"釋稱謂"中也有一些條目是名物詞考釋。羅宗濤（1974）《敦煌變文社會風俗事物考》涉及的敦煌名物詞較爲全面，包括飲食、衣飾、建築、行旅、家族與奴婢、婚姻、喪紀、教育、信仰、經濟、娛樂、社交禮儀、俗諺典語、獄訟 14 個類別，每一類都匯集了材料，但考證比較簡單粗略，"而其研究的結果，充其量也只能讓研究社會風俗史的學者，在變文流行時代的這一段，得到一點補充的材料而已"[①]。程湘清（1992）主編的《隋唐五代漢語研究》中的《變文複音詞研究》解釋的名物詞有青泥、抛車、香爐、毬場、烊銅、撒花、問頭、阿魏、泥狀魚等，還列出了表器物、植物、動物、衣飾、處所等的名物詞。蔣禮鴻、黃征等（1994）《敦煌文獻語言詞典》全書凡條目 1526 個（其中變文詞語 1300 多個），在《敦煌變文字義通釋》的基礎上不僅增加了條目，還新增了義項，是一部"迄今爲止收詞最多的敦煌文獻的專門語言詞典"[②]。黃征（1997）《敦煌語文叢説》中有名物詞服子、翠幕；黃征、張涌泉（1997）《敦煌變文校注》中有名物詞苦苣、葳蕤、赤石、龍齒、抛車、生杖、撒花等。江藍生、曹廣順（1997）《唐五代語言詞典》共收詞語（包括熟語）4500 餘條，以唐五代出現和使用的口語詞、方言詞爲主，也酌收一些唐五代的名物詞和其他方面的詞語。曾良（2001）《敦煌文獻字義通釋》收釋詞語約 300 條，有三個方面的内容，即釋言語，釋俗字、訛字，釋文化詞，其中有些詞語涉及敦煌變文名物詞，如絣、劰、苦參、素紫等。陳秀蘭（2001）《敦煌變文俗語詞溯源》中有名物詞畫瓶、苦酒。陳秀蘭（2002）《敦煌變文詞彙研究》解釋名物詞 70 餘條，如三故、艾火、寶子、典尺、牛香等。黃征（2002）《敦煌語言文字學研究》中有名物詞生杖、碧落、蔄草、撈勾、軟五、花没鴿、三故/金三故等。杜朝暉（2006）《敦煌文獻名物研究》考證的敦煌變文名物詞有露柱、納袍、生杖、雙陸、寶子

---

①　羅宗濤. 敦煌變文社會風俗事物考［M］. 臺北：文史哲出版社，1974：1.

②　參看方一新. 近年來國内敦煌語詞校釋研究專著四種述評［J］. 徐州師範大學學報（哲學社會科學版），2000（2）：32.

等。陳明娥（2006）《敦煌變文詞彙計量研究》解釋了三故、紙筆、沉檀、拋車等名物詞，還列舉了芭蕉、葫蘆、梧桐、醍醐、傀儡等名物詞。

2. 論文

敦煌變文名物考釋論文有：陳秀蘭《敦煌變文詞語校釋》① 對"金鉤"的考釋，黑維強《敦煌變文詞語校釋》② 對"花臺""典尺"等的考釋，姚美玲《敦煌變文詞語例釋》③ 對"法座"的考釋，劉傳鴻《讀〈敦煌變文校注〉札記三則》對"苦苣"的考釋④，杜朝暉《敦煌寫卷名物類文獻對敦煌學研究的價值》⑤ 對"露柱""納袍"等的考釋等。

（二）研究趨勢

自 19 世紀末敦煌變文被發現以來，敦煌變文詞彙研究尤其受到重視，出現了大量校勘和校注，對變文詞彙作了校記和注釋。這些單篇論文和詞彙專書對變文疑難詞語的考證和考釋，基本上掃除了讀者的閱讀障礙。從研究現狀來看，變文語言還有很大的研究空間，特別是詞彙，雖說對詞彙的研究開展得很早，但總的來看，發展比較緩慢，具體表現在以下幾個方面：

1. 注重個案的描寫和分析，對變文詞彙的系統性研究不夠；
2. 注重共時的、靜態的考察，歷時的比較與探源性研究較弱；
3. 忽視某些先進的語言理論和方法，研究態度比較保守；
4. 語音、語法、詞彙等方面的結合研究還不夠。⑥
姜亮夫在《敦煌變文校注》的序言中指出："變文爲敦煌俗文學作

---

① 金鉤"是一種形似劍而彎曲的器具，可以用於作戰……也可用於農事。……今四川鄉間仍有此种器具，用於拿取高處之物。"陳秀蘭. 敦煌變文詞語校釋 [J]. 古漢語研究，2002 (2)：68.
② 花臺指"佛主所坐的蓮花寶座"；典尺指"講經時的用具"。黑維強. 敦煌變文詞語校釋 [J]. 敦煌學輯刊，2003 (1)：103，108.
③ 法座指"宣講佛法的講座"。姚美玲. 敦煌變文詞語例釋 [J]. 敦煌學輯刊，2004 (1)：69.
④ 苦苣爲一物。劉傳鴻. 讀《敦煌變文校注》札記三則 [J]. 中國語文，2006 (2)：175.
⑤ 露柱卽"烏頭門的兩木柱"；納袍卽衲袍，"是飾有刺繡花紋的高級袍服"。杜朝暉. 敦煌寫卷名物類文獻對敦煌學研究的價值 [J]. 中國典籍與文化，2009 (2)：14—16.
⑥ 參看陳明娥. 20 世紀的敦煌變文語言研究 [J]. 敦煌學輯刊，2002 (1)：145. 陳明娥. 敦煌變文詞彙計量研究 [M]. 南昌：百花洲文藝出版社，2006：5—7.

品中分量最重、影響最鉅者。其爲宋元話本之先導，治小説史者不可不
特予關注；其爲六朝唐宋俗語詞之淵藪，治漢語史者不可不致心研究；
而其爲歷史、宗教、民俗諸學寶貴文獻，則諸學科之研治者復不得不隨
時留意。"① 敦煌變文名物詞研究是敦煌變文詞彙研究的一個重要組成
部分，但目前變文的名物詞考證僅散見於個別論文和幾本專著當中，這
和敦煌變文詞彙研究總體上所取得的成就不相稱。敦煌變文裏含有大量
的名物詞，因此，把敦煌變文名物詞作爲研究對象，有着重要的理論意
義、實踐意義。


## 三、選題意義及研究方法、手段和體例

### （一）選題意義

#### 1. 有助於敦煌變文的閱讀和理解

"在敦煌所發現的許多重要的中國文書裏，最重要的要算是'變文'
了。"② 如果僅從語言方面來説，"變文採用的是接近當時口語的文字，
保存着大量的口語資料，它對於推究古今語音演變之軌迹，考索宋元白
話之沿溯，都有着重大的參考價值"③。敦煌變文詞彙研究自蔣禮鴻始，
其後的諸多學者傾注了大量的熱情，做了許許多多的工作，不管是疑難
詞考證還是俗語詞考釋，都取得了重大進展。敦煌變文中含有大量的名
物詞，然"古今時變，名物相應而變，或則同物而異名，或則同名而異
物，又或朝代異制、方域有別，種種情況，幻如雲狗。故今人多感其形
難考，義難明，較之普通語詞，更多疑惑"④。如在閱讀過程中，不知
"樗蒲""鐸""纛""生杖""魚符"等爲何物。如果不知道實物是什麼
樣的，那麼就不懂書本上所記載的事物，也就談不上理解文意和體會其
中用詞的奧妙了。

① 黃征，張涌泉. 敦煌變文校注 [M]. 北京：中華書局，1997：序，1.
② 鄭振鐸. 中國俗文學史（插圖本）[M]. 上海：上海人民出版社，2006：148.
③ 黃征，張涌泉. 敦煌變文校注 [M]. 北京：中華書局，1997：6.
④ 華夫. 中國古代名物大典 [Z]. 濟南：濟南出版社，1993：3.

## 2. 有助於漢語辭彙史的研究

"研究方向的確定，最好選擇在語言和社會發生較大變化的歷史關頭。"① 呂叔湘在《近代漢語指代詞》序中指出："一種語言在某一個比較短的時間內發生比較大的變化，就可以把這以前和這以後分爲兩個時期。"② 敦煌文獻大部分是晚唐五代前後的產物，在漢語發展史上起着承前啓後的作用，尤其是以白話爲主體的變文、曲子詞、王梵志詩以及願文等，更是近代漢語寶貴的語料來源，它們"對於推究古今漢語演變之軌迹，考索宋元白話之源流，有不可替代的重大價值。……這些文獻的發現，爲漢語的研究注入了新的活力，孕育或推動了近代漢語、俗語詞研究等一些新興學科的誕生和發展"③。敦煌文獻、文物異常豐富，數量驚人，其中涉及的名物類別和資料豐富多彩，是特定區域、特定歷史時期的名物，能夠真實地反映所記錄年代社會生活的面貌，有的可以與傳世文獻相互印證，有的則是傳世文獻中少見的，甚至是沒有的，而"歷史中的細節，在很大程度上是由所謂'名物'體現出來"④ 的，相對於傳世文獻，敦煌文獻名物有着重要的研究價值。敦煌變文的語言上承先秦兩漢的文言用語，下推宋元白話口語，是連接古代漢語與近代漢語的一座橋梁，在漢語發展史上具有十分重要的地位。如陌刀是長刀的意思，兼有劍和刀的特點，是隋唐時期一種具有長柄的兩面皆有刃的重要的對付騎兵的砍殺武器，既可以斬馬，又可以砍人，還可以自我保護。陌刀來源於西漢的斬馬劍，與漢代的拍髀、大刀，三國兩晉的露陌刀，六朝的宿鐵刀一脉相承，後發展爲宋代的斬馬刀。陌刀是露陌刀的簡稱，原因是刀身越來越長，遂去"露"字，只稱陌刀。通過一番考察，卽明白了它的意思，又了解了它的來源，還知道了它在刀史上的地位。再如"如意"一詞，本義是"遵從心意"，後凝固爲一個詞，作爲一種名物的稱呼，具有實用性，漸漸成爲一種美好、崇高、理想的代名詞。

---

① 呂叔湘 1980 年 11 月在浙江省語言學會成立暨學術報告會上的講話。轉引自顏洽茂. 佛教語言闡釋——中古佛經詞彙研究 [M]. 杭州：杭州大學出版社，1997：5.

② 呂叔湘著，江藍生補. 近代漢語指代詞 [M]. 上海：學林出版社，1985：1.

③ 張涌泉. 從語言文字的角度看敦煌文獻的價值 [J]. 中國社會科學，2001 (2)：162.

④ 參看揚之水. 詩經名物新證 [M]. 北京：北京古籍出版社，2000：5.

從詞組到詞，從實到虛，從泛化到虛化，語言在實際使用過程中不斷變化，但不管怎樣，都會在文化層面留下深深的烙印，具體可參看本書"陌刀""如意"條。

3. 有助於辭書的編纂與修訂

大型辭書是漢語史研究成果的直接體現，如《中國古代名物大典》可謂"中國古代類義辭書"或"中國古代物態文化百科全書"；《漢語大詞典》是"一部大型的、歷史性的漢語語文辭典"，"着重從語詞的歷史演變過程加以闡述"，"古今兼收，源流並重"。然而它們都存在不少問題，如漏收、偏釋、釋義不當甚至錯誤等。我們閱讀《敦煌變文校注》時就遇到了以上情況，當然，這並不能全部怪罪於編者的粗疏，很大程度上是因爲對專書詞語訓釋不夠和處理問題簡單化。例如變文中的"青樓"一詞，校注後面没有出現解釋，大概校注者認爲這是一個常用詞，不需要解釋。《中國古代名物大典》和《漢語大詞典》對"青樓"的解釋用在這裏顯然也是不合適的。再如"銚"一詞。《中國古代名物大典》《漢語大詞典》《現代漢語詞典》在解釋作爲炊具的"銚（或銚子）"時都認爲"銚"是一種有柄的器具，但從文獻用例和實際情況來看，還有一種無柄的銚子。《中國古代名物大典》和《漢語大詞典》在"銚"和"銚子"條中引用的例證爲三國和明清時期的作品，其實"銚"作爲炊具在漢代《馬王堆漢墓帛書·五十二病方》中已見，"銚子"則見於唐代傳奇小説集《宣室志·孫思邈》和敦煌文書①，故二書例證均可以提前。又如"雄黃"是一種礦物，具體用途大致有藥物原料、冶煉原料、染料、製造火藥等，從上下文可以判斷，文中的雄黃是一種染料。《漢語大詞典》此條引例較晚，尤其是作爲染料的雄黃引用的是現代作品中的例句。

4. 有助於古籍整理與研究

"敦煌變文來自民間的土壤，採取的是接近當時口語的文字，其中有着大量的'字面普通而義别'的方俗語詞；同時由於變文基本是以寫

---

① 參看杜朝暉. 敦煌文獻名物研究［D］. 浙江大學博士學位論文，2006：44.

本的形式保存下來的，不但充塞着大量的俗體別字，訛、舛、衍、脱的情況也隨處可見，而且還有着許多殊異於今日的書寫特點。"① 然而這些方言俗語詞有時比雅言還難懂，不了解這些方言俗語詞的具體含義，則在古籍校勘、標點和注釋中一定會遇到一些難以克服的困難，甚至會造成不應有的失誤。

如"生杖"一詞在敦煌變文中共出現了 4 次，如果不理解這個詞的意思，我們閱讀時就會搞不清文中所描述的情景，所以弄懂詞義是理解上下文的關鍵。那麼"生杖"到底是什麼意思呢？對此，不同的學者有不同的理解，歸納起來大致有兩種説法。其一，"生杖"就是枷，如蔣禮鴻（1997：553）："生杖"是拘捕犯人的刑具，未知其詳。蔣禮鴻、黃征等（1994：286）"生杖"：大枷、長枷。黃征、張涌泉（1997：84，432，577）"生杖"卽大枷、長枷，以其一端狹長如杖，故名。枷形多爲方者，但后魏、唐、五代甚至元，實際尚存長者爲圓者。黃征（2002：60）"生杖"卽"古代的重刑刑具'大枷''長枷'"。之所以又叫"生杖"，是因爲它能拘繫生人，又有一端長長的像挂杖，所以"生杖"是大枷的一個形象的俗稱。"生杖魚鱗似雲集"中的"'生杖'是長枷，'魚鱗'是圓枷"。其二，"生杖"就是杖，如項楚（1990：128，2006：170）凡"生杖"皆應作"繩杖"，是古代捆縛罪人的刑具。江藍生、曹廣順（1997：337）"生杖"卽繩杖，爲捆人用的刑具。蔣冀騁（2005：254）"生杖"爲"新砍的荆條"，杖是行刑所用之棍棒，多以生荆製成。杜朝暉（2006：232）"生杖"卽"生死杖"。"生死杖"又作"生死仗"。

枷爲加於罪犯頸項之刑具，大枷爲特製的重而大的枷具，長枷爲一種連犯人頭部和上肢都枷住的刑具。生杖也是一種刑具，如果理解爲杖，上下文則不貫通，所以理解爲枷比較合理。但至於生杖得名的原因，筆者認爲生杖之"生"當爲"生死"之生，具體可參看杜朝暉《敦煌文獻名物研究》的有關論述。

再如變文校注中的"黃蘗"一詞，其中"蘗"就是一個誤字。"檗"的俗寫爲"蘗"，又由於"蘗"與"蘖"形體相近，所以把"黃

---

① 黃征，張涌泉. 敦煌變文校注［M］. 北京：中華書局，1997：前言，6.

蘗"寫成"黃蘗"。具體見"黃蘗"條。

可見，如果不明俗語詞和俗字，就不能很好地理解文意，有時候俗語詞和俗字會給閱讀帶來障礙，只有克服它，才不會犯錯誤。

## （二）研究方法

從事任何一件工作都是需要方法的。"不是正確的方法，就是錯誤的方法。任何研究者都是依靠科學的方法才架起從已知通向未知的橋梁。在科學領域，正確的方法是打開科學寶庫的鑰匙。"① 黃金貴經過對 1500 多個通義詞和 1500 多個文化詞的訓詁實踐，在《論古代文化詞語的訓釋》中提出了文化詞語的六種訓釋方法，這些總結和理論對我們研究名物詞很有用處。基於以上認識，本書在輯釋敦煌變文名物詞的過程中主要參照以下幾種方法：同義、類義系統辨考法，文獻、實物、圖像結合法，專科知識法，語言與文化結合法。

### 1. 同義、類義系統辨考法

"由實踐而知，凡是正確的訓釋，其義必是獨特的'這一個'：縱向觀，是該詞本義引申義網絡中的一目；橫向觀，是該義的同義、類義群體中的一員；整體觀，則是縱橫兩种系統交叉的坐標點。"② 如對變文中"蓮花"一詞的解釋，我們通過對蓮花與荷花的同與異等的考察，就可以把它的來龍去脈、意義變遷搞清楚。再如"海岸香"，通過考察白檀、紫檀、黃檀等幾種檀香，明白了它們的主要用途和功能以及得名的原因。

### 2. 文獻、實物、圖像結合法

傳統名物詞考釋一般是從文獻到文獻，很少利用實物與文物來驗證。王國維曾提出"二重證據法"（紙上之材料與地下之新材料即文獻材料與出土材料），陳東輝（1996）提出三重證據法即文獻典籍、實物

---

① 黃金貴. 古代同義詞辨釋論［M］. 上海：上海古籍出版社，2002：302.
② 黃金貴. 論古代文化詞語的訓釋［J］. 天津師大學報，1993（3）：68－69. 黃金貴. 古代文化詞義集類辨考［M］. 上海：上海教育教育出版社，1995：2.

資料（考古出土物）、活材料（方言、親屬語言、民俗等）相結合①；黃金貴多次提到的（1993：71，1995：1499，2002：406）"多重證據法"，即文獻證、文化史證、考古文物證、今語證、方言證相合證。②尤其是近年來隨着大量文物的出土，這些方法也被語言學界廣泛地吸收利用。錢玄《三禮名物通釋》（1987），揚之水《詩經名物新證》（2000）、《古詩文名物新證》（2004）、《終朝採藍：古名物尋微》（2008），閻艷《〈全唐詩〉名物詞研究》（2004），汪少華《中國古車輿名物考辨》（2005），杜朝暉《敦煌文獻名物研究》（2006）等都是這方面的典型例子。如對變文中"魚、木、鐸、鸁、轆轤"等的考證，我們就可以利用這些方法多角度、多側面地考察，以深刻認識所釋名物。

3. 專科知識法

敦煌變文名物涉及的範圍很廣，而以個人的精力和見識不可能面面俱道，所以，這項研究必須注意收集、參考、運用相關學科的成果，尤其是佛教知識和文物考古成果，可以説没有這些專科資料的幫助，許多名物詞條的考證就無法進行。因此，專科知識法是研究名物詞的一個非常有用的、重要的方法。如考釋敦煌變文中的"納袍"一詞，不但需要查找《宗教大辭典》《佛教大辭典》《敦煌大辭典》等專科辭典，還需要了解佛學的基本知識；再如考釋"枷"一詞，不僅需要了解法律方面的專著如《唐律疏議》，還需説明它的起源、發展和變化等。

4. 語言與文化結合法

語言隨着社會的産生而産生、發展而發展。語言和文化存在着千絲萬縷的聯繫。格裏姆説："我們的語言也就是我們的歷史。"③歷史上存在過的各種文化現象，都會在語言中留下痕迹。而那些"歷史上已經消失了的文化現象，常常還在語言中保存着，哪怕語言已經變化了，仍可

---

① 參看陳東輝. 試述古漢語研究中的三重證據法 [J]. 傳統文化與現代化，1996（3）：71.
② 參看黃金貴. 論古代文化詞語的訓釋 [J]. 天津師大學報，1993（3）：71. 黃金貴. 古代文化詞義集類辨考 [M]. 上海：上海教育教育出版社，1995：1499. 黃金貴. 古漢語同義詞辨釋論 [M]. 上海：上海古籍出版社，2002：406.
③ 轉引自張公瑾. 語言的文化價值 [J]. 民族語文，1989（5）：2.

按照語言内部發展規律加以重建，並通過重建的語言材料揭示歷史文化的本來面貌，並對其起源和本質作出解釋。"① 黄金貴通過對 1500 多個文化詞的訓釋實踐，提出了訓釋文化詞的幾種方法，其中一種就是"堅持語言環境和文化環境的統一"。本書對詞條的考釋均貫穿了這一方法。

### （三）研究手段與著述體例

#### 1. 研究手段

（1）名物研究成果累累，可利用的資源比較多。本書運用已有的研究資料，篩選出相關材料，把出土材料與傳世文獻結合起來進行研究。

（2）運用圖書館提供的數據庫資源、電子文獻，如 CNKI 中國期刊全文數據庫、CNKI 中國優秀博碩士學位論文全文數據庫、超星數字圖書館等，檢索出與本書有關的論文和專著，經過仔細閱讀和鑽研，有選擇地利用。

（3）在輯釋敦煌變文名物詞條時，主要利用了傳世文獻，尤其是漢籍檢索 4 電子語料庫和文淵閣四庫全書電子語料庫。另外還用到了《大正新修大藏經》2010 年電子版語料庫，在引用資料和選擇例句時，一一和原文進行對照，以盡可能地減少錯誤和失誤。

#### 2. 著述體例

（1）本書以中華書局 1997 年出版，黄征、張涌泉校注的《敦煌變文校注》爲底本，參考《敦煌變文集》《敦煌變文集新書》《敦煌變文集校議》《敦煌變文選注》等。

（2）書中所用《敦煌變文校注》中的例子一律在括號裏標注頁碼，以便查找核對。

（3）輯釋的詞條按音序依次排列。

（4）書中所引用的内容已在腳注中注明，書末只列出主要參考文獻。

---

① 張公瑾. 語言的文化價值 [J]. 民族語文，1989（5）：2.

# 敦煌變文名物輯釋

## 一、樗蒲

(1) 貪歡逐樂無時歇，打論樗蒲更不休。（頁 970）

(2) 伴惡人，爲惡迹，飲酒樗蒲難勸激。（頁 978）

(3) ……飲酒樗蒲，姦非過失，帶累兄弟，惱亂耶孃。（頁 997）

樗（chū）蒲或作摴蒲、摴蒱、摴薄；又名蒲戲（蒲戲）、蒱博。《説文·木部》："樗，木也。以其皮裏松脂。從木，雩聲。讀若華。檴，或從隻。乎化切。"① 徐鍇《繫傳》云樗爲"今人書樺字"。段注樗作檴，檴木也。從木，虖聲。讀若雩。檴樺古今字也。樺是華的俗體。依徐鍇和段注是樺樹。② 一般認爲樗是臭椿，苦木科，落葉喬木，抗旱性較強，耐煙塵，生長快，爲工礦區較合適的綠化樹之一。其材粗硬，不耐水濕。可供膠合板、建築、造紙用，根皮可入藥。不管樗是樺樹還是臭椿，總之它是一種樹木的名稱。蒲，"水艸也。可以作席。從艸，浦聲。薄胡切"③。湯可敬注釋云："蒲，又名香蒲，水生植物。莖和葉可編蓆、蒲包和扇子。嫩苗叫蒲菜，可吃。花粉稱蒲黃，可作止血藥。"④ 看來樗、蒲合起來與作爲具有娛樂和賭博性質的樗蒲没什麽關

---

① ［東漢］許慎著，［宋］徐鉉校定. 説文解字（附檢字）［M］. 北京：中華書局（影印本），1963：117.

② 參看［東漢］許慎著，［清］段玉裁注. 説文解字注［M］. 上海：上海古籍出版社，1981：244−245.

③ ［東漢］許慎著，［宋］徐鉉校定. 説文解字（附檢字）［M］. 北京：中華書局（影印本），1963：17.

④ ［東漢］許慎著，湯可敬撰. 説文解字今釋（上、下册）［M］. 長沙：岳麓書社，2002：82−83.

係。蒲是"博"的音轉，博與"簿"通。所以，樗蒲即"樗簿"。博，"大、通也，從十，從尃。尃，布也。補各切"[①]。簿，"局戲也。六箸十二棋也。從竹，博聲。古者烏胄作簿。補各切"[②]。樗簿是一種局戲，用具常用樗木做成，故稱樗簿（樗博、樗蒲）。

## （一）樗蒲的起源

關於樗蒲的起源有以下幾種說法：

### 1. 相傳爲老子所作

西晉張華、北宋高承等皆認爲是老子入胡所作。宋高承《事物紀原》卷九"投子"條和"摴蒲"條認爲樗蒲爲老子所造。"投子"條："按烏曹始置六博，老子置摴蒲。……謂摴蒲五木，然則蒲皆有投子耳。""摴蒲"條引《博物志》曰："摴蒲，老子入西戎所造。或云胡亦以此卜也。"[③] 一些史書、專著、論文認爲樗蒲"蓋胡戲"，來自西方，如《北史》卷九十說圍棋、樗蒲、握槊三者"此蓋胡戲，近入中國"，並言"（北魏）宣武以後，大盛於世"。[④] 戈春源在《賭博史》中謂樗蒲很可能來自西方，更有人指出"此戲是從阿拉伯傳來的"。[⑤] 寧稼雨在《〈世說新語〉中樗蒲的文化精神》中認爲樗蒲這種帶有賭博性質的遊戲體現了西域遊牧民族刺激、冒險、競技等文化精神。[⑥]

### 2. 從六博發展而來，但有所變異

南宋程大昌《繁演露》認爲"摴蒲之名至晉始，不知起於何代，要

① ［東漢］許慎著，［宋］徐鉉校定. 說文解字（附檢字）［M］. 北京：中華書局（影印本），1963：50.
② ［東漢］許慎著，［宋］徐鉉校定. 說文解字（附檢字）［M］. 北京：中華書局（影印本），1963：98.
③ ［北宋］高承. 事物紀原［M］. 北京：中華書局，1989：489-490.
④ ［唐］李延壽. 北史［M］. 北京：中華書局，1974：2985.
⑤ 參看戈春源. 賭博史［M］. 上海：上海文藝出版社，1995：19.
⑥ 寧稼雨. 世說新語中樗蒲的文化精神［J］. 鹽城師範學院學報（哲學社會科學版），2000（1）：61-62.

其流派，必自博出也"①。博，即六博也。郭雙林、肖梅花認爲馬融和
張華之説均不可信，就樗蒲而言，"是從秦漢時期的六博轉化而來"，不
過，"早期的樗蒲雖係由六博轉化而來，已與六博有很大的不同"②。此
後很多人採用了這一説法，如張麗君《魏晉南北朝賭博研究》、張有
《絲綢之路河西地區魏晉墓彩繪磚畫——六博新考》等。③

### 3. 與古代的占卜有關

尤國勛《釋"摴蒲"》一文指出，古人多用樗葉和蒲來占卜以預測
禍福吉凶，後來人們創製了一種棋戲，擲彩的東西稱作"五木"，"因類
似古人占卜用的樗和蒲，所以便稱這種棋戲爲'樗蒲'（摴蒲）"④。

博戲在我國起源很早，夏商周均有傳説，秦漢有實物與文獻，漢代
達到全盛，此後歷代屢禁不止，花樣時有翻新，如先秦的六博，秦漢興
起的格五，魏晉南北朝盛行的樗蒲，隋唐流行的雙陸，宋元的打馬、鬥
促織，明代的馬吊，清代的麻將、彩票，民國的跑馬、撲克等，一代有
一代之遊戲、娛樂、消遣，既有所繼承，又有所發展。截至目前，考古
中發現較早的博局實物集中出於秦漢墓中，其中秦墓兩具，漢墓十餘
具。⑤ "樗蒲"一詞，漢代已有文獻記載，如《西京雜記》卷四"古生雜
術"條載"京兆有古生者，學從橫、揣摩、弄矢、搖丸、樗蒲之術，爲
都掾史四十餘年，善詆謾"⑥；東漢馬融《樗蒲賦》"昔玄通先生遊於京
都，道德既備，好此樗蒲。伯陽入戎，以斯消憂。枰則素旃紫罽，出乎
西鄰，緣以績繡，綵以綺文"⑦。此後的史書、筆記小説等文獻都有記載，
如《晉書》《世説新語》《抱樸子》《南史》《北史》《隋書》《舊唐書》《朝

---

① ［南宋］程大昌. 繁演露［M］. 文淵閣影印四庫全書（852 册）［Z］. 上海：上海古籍出版社，
1987：112.

② 郭雙林，肖梅花. 中華賭博史［M］. 北京：中國社會科學出版社，1995：33.

③ 參看張麗君. 魏晉南北朝賭博研究［D］. 江西師範大學碩士學位論文，2009：6. 張有. 絲綢
之路河西地區魏晉墓彩繪磚畫——六博新考［J］. 敦煌研究，2011（2）：75.

④ 參看尤國勛. 釋"摴蒲"［J］. 語文知識，1994（1）：55.

⑤ 具體内容參看傅舉有. 論秦漢時期的博具、博戲兼及博局紋鏡［J］. 考古學報，1986（1）：
21—41.

⑥ ［西漢］劉歆撰，［東晉］葛洪集. 向新陽，劉克任校注. 西京雜記校注［M］. 上海：上海古
籍出版社，1991：207.

⑦ ［東漢］馬融. 樗蒲賦［A］. ［清］嚴可均. 全上古三代秦漢三國六朝文［Z］. 北京：中華書
局，1958：566.

野僉載》《唐律疏議》《宋史》《文獻通考》《明史》《金史》《遼史》等。由此可以看出，樗蒲當起源於戰國後期或秦代，以秦代的可能性爲最大，流行於兩漢，盛行於魏晉南北朝（如圖1-1、1-2、1-3所示①），隋唐繼續，宋代以後漸漸荒廢，至清代仍有玩者，但已不知古製。至於源於老子、與占卜有關的起源説，論據和證明似乎不足，還需要進一步考證。我們認爲樗蒲源於六博，且有所變異的提法是合情合理的。

圖1-1　彩繪博戲磚畫　嘉峪關新城鄉7號墓中室東壁

圖1-2　博戲圖　高臺縣駱駝城魏晉墓室的壁畫磚

圖1-3　彩繪樗蒲磚畫　高臺縣許三灣魏晉墓室

---

①　圖片來自張有. 絲綢之路河西地區魏晉墓彩繪磚畫——六博新考［J］. 敦煌研究，2011（2）：76.

## （二）樗蒲的玩法

樗蒲作爲一種博戲，在不同的時代其玩法及博具的名字、材質、總數等有所不同，下面根據文獻加以説明。

### 1. 九種彩玩法

馬融的《樗蒲賦》對有漢一代樗蒲的玩法作了詳盡的描繪："枰則素旄紫罽，出乎西鄰，緣以績繡，紩以綺文。杯則瑶木之幹，出自昆山。矢則藍田之石，卞和所工，含精玉潤，不細不洪。馬則元犀象牙，是磋是礱。杯爲上將，木爲君副，齒爲號令，馬爲翼距，籌爲策動，矢法卒數。於是芬葩貴戚，公侯之儔，坐華榱之高殿，臨激水之清流。排五木，散九齒，勒良馬，取道里。是以戰無常勝，時有逼逐。臨敵攘圍，事在將帥。見利電發，紛綸滂沸。精誠一叫，十盧九雉，磊落踔踔，並來猥至。先名所射，應聲紛潰。勝貴歡悦，負者沉悴。"① 從以上描述可知，玩樗蒲的博具有枰、杯、矢、馬、齒、籌等。枰，棋盤，以供行棋；杯，杯子，以供投擲；矢，箸，以供計算齒彩多少；馬，棋子，以供在棋盤上行走爭道；齒，博齒，用木塊組成，上面刻有盧雉等彩名，共有九種；籌，賭注，即參與者下的賭物。由於史料有限，我們無法弄清當時這種博戲的具體玩法，從描述中僅可以得知此種博法變化多端，除擲彩時需憑運氣外，尚需在行棋時斗智斗勇，呼盧喝雉，場面激動人心，熱鬧非凡，乍驚乍險。

### 2. 十種彩玩法

唐代李翱《五木經》記述了樗蒲的十種彩玩法，具體爲："樗蒲五木玄白判，厥二作雉，背雉作牛。王采四：盧、白、雉、牛；田云采六：開、塞、塔、秃、撅、摋。全爲王，駁爲田云。皆玄爲盧，厥筴十六。皆白曰白，厥筴八。雉二玄三曰雉，厥筴十四。牛三（應作二）白三曰犢，厥筴十。雉一牛二（應作一）白三曰開，厥筴十二。雉如

---

① ［東漢］馬融. 樗蒲賦［A］.［清］嚴可均. 全上古三代秦漢三國六朝文［Z］. 北京：中華書局，1958：566－567.

開，餘厥皆玄曰塞，厥筊十一。雉白各二玄一曰塔，厥筊五。牛玄各二白一曰禿，厥筊四。白三玄二曰撅，厥筊三。白二玄三曰㩧，厥筊二。矢百有二十，設關二，間矢爲三。馬筊二十，厥色五。凡擊馬及王采，皆又投。馬出初關疊行，非王采不出關，不越坑。入坑有謫，行不擇筊，馬一矢，爲坑。"①《五木經》雖記述了樗蒲的玩法，但由於比較簡略，又無局圖，所以很難讀懂，雖歷有注釋，不過大都語焉不詳。

### 3. 十二種彩玩法

李肇《唐國史補》卷下記述了樗蒲的新玩法："洛陽令崔師本，又好爲古之樗蒲。其法：三分其子三百六十，限以過關，人執六馬，其骰五枚，分上爲黑，下爲白。黑者刻二爲犢，白者刻二爲雉。擲之全黑者爲盧，其采十六；二雉三黑爲雉，其采十四；二犢三白爲犢，其采十；全白爲白，其采八：四者貴采也。開爲十二，塞爲十一，塔爲五，禿爲四，撅爲三，梟爲二：六者雜采也。貴采得連擲，得打馬，得過關，餘采則否。新加進九退六兩采。"②

### 4. 其他玩法

以上幾種玩法看起來比較複雜，需要一定的基礎和智力，顯然是達官貴族、閑雅文士的娛樂項目。兩晉南北朝時，除繁復的玩法外，還出現了一種僅憑投擲五木所得齒彩的貴賤來決定勝負的樗蒲，主要在下層社會流行，偶爾也被一些新貴帶到上層社會。東晉賭神袁耽一擲十萬，非盧卽雉，不僅替好樗蒲的桓溫還清了賭債，而且贏了對方數百萬錢。劉宋的劉毅與劉裕均出自寒門，曾一起與人"東府聚樗蒲，大擲一判，應至數百萬"，劉毅擲成雉彩喜狂言，劉裕喝子成盧生不快，通過賭態刻畫人物，形象可謂逼真。

以上幾種玩法可以歸結爲簡和繁兩種：簡單的易操作，隨時隨地均可進行，適合下層社會的人們消遣和娛樂；正規的樗蒲玩法比較繁復講究，參加的人數可達 5 人，適合中上層社會的人打發時間。三國兩晉南

---

① ［唐］李翱撰，［唐］元革注，［明］周履靖校. 五木經［M］. 北京：中華書局，1985：1—6.
② ［唐］李肇等. 唐國史補［M］. 上海：上海古籍出版社，1979 年新 1 版：61—62.

北朝時期樗蒲的正規玩法基本與唐代相同，比較明顯的區別是，以前是九種彩，而唐代《五木經》中所説爲十種，究竟後者比前者多了哪一種彩，不得而知；到《唐國史補》時又有十二種采，即在十種彩玩法的基礎上增加了兩種：進（采筴九）、退（采筴六）。《五木經》中的矢爲120，《唐國史補》中有360。這些情況説明當時的樗蒲仍在不斷的發展變化。

## （三）樗蒲的禁止與消亡

歷代對具有賭博性質的樗蒲雖屢有禁止，但從事者不絕。唐代以前已經有很多有志之士與開明的君主表示過對博戲或樗蒲一類的賭博活動的不滿或擔憂，甚至要求明令禁止。孔子認爲博戲中"兼行惡道"，所以説"君子不博"。[①] 莊子述臧與穀二人俱亡羊的原因時雖無表示出明確的立場，但可以看出他對"博塞以遊"的輕視態度[②]；《管子》四稱篇裏管子與齊桓公的談話中提到了"流於博塞"的害處，齊桓公也意識到了這種活動的危害性，所以四時篇秋五政之首爲"禁博塞"[③]。班固《弈旨》則認爲博戲是靠僥幸和運氣取勝的，"雖有雌雄，未足以爲平也"[④]。王充認爲"巨人博戲，亦畫墁之類也"[⑤]，對博戲也持批判態度；東晉陶侃認爲"樗蒱者，牧豬奴戲耳"[⑥]。而虞翼"頃聞諸君樗蒱有過差者，初爲是，政事閑暇，以娛以甘，故未有言也。今知大相聚集，漸以成俗。聞之能不憮然？"所以後來批示"今唯許其圍棋，餘悉斷！"[⑦]何法盛《晉中興書》載"安帝義熙元年，禁絹扇及樗蒲"[⑧]。顔之推在《顔氏家訓·雜藝》中教育自己的子孫時認爲博戲中包含不良的惡習，

① 參看［三國魏］王肅注. 孔子家語［M］. 上海：上海古籍出版社，1990：15.
② 參看［戰國］莊子，［清］郭慶藩輯；王孝魚整理. 莊子集釋［M］. 北京：中華書局，1961：323.
③ 參看［戰國］管子，［唐］房玄齡注；劉績增注. 管子［M］. 上海：上海古籍出版社，1989：112, 137.
④ 轉引自趙光懷. 漢代博戲風氣［J］. 華夏文化，2003（2）：19.
⑤ 參看［東漢］王充著，陳蒲清點校. 論衡［M］. 長沙：岳麓書社，1991：163.
⑥ 參看［唐］房玄齡等. 晉書［M］. 北京：中華書局，1974：1774.
⑦ 參看［清］嚴可均. 全上古三代秦漢三國六朝文［Z］. 北京：中華書局，1958：1675-1676.
⑧ 參看［清］湯球輯，楊朝明校補. 九家舊晉書輯本·何法盛晉中興書［M］. 鄭州：中州古籍出版社，1991：327.

"令人耽慣，廢喪實多"，所以"不可常也"。① 《唐律疏議·職制》規定："諸聞父母若夫之喪，匿不舉哀者，流二千里；喪制未終，釋服從吉，若忘哀作樂，徒三年；親戲，徒一年；卽遇樂而聽及參預吉席者，各杖一百。"疏曰："雜戲，謂樗蒲、雙陸、彈棋、象博之屬。"② 北宋淳化二年（991）春二月，宋太宗下令"京城蒲博者開封府捕之，犯者斬"；南宋官吏薛季宣任荆南書寫機宜文字時，"禁蒲博雜戲，而許以武事角勝負"。③ 明代沈德符《萬曆野獲編》補遺卷三"賭博屬禁"條載，洪武二十二年（1389）詔旨天下，學唱者割舌，下棋打雙陸者斷手，蹴圓者卸腳。④ 清康熙七年（1668）六月，朝廷認爲"樗蒲等物乃敗壞人性、導引爲非之具"，所以諭刑部"嚴禁賭博，向有定例"。⑤

宋代以後樗蒲漸漸荒廢。李清照在《打馬圖序》中言："藏酒、摴蒱、雙蹙融，近漸廢絕。"《打馬賦》中説"打馬爰興，摴蒱遂廢"。⑥ 明胡應麟撰《少室山房筆叢》卷四十辛部《莊嶽委談上》載："今之戲具與古同而盛行於世者，圍棋、象戲、握槊而已，彈棋、樗蒲、打馬、打彄、采選、葉子等俱不傳。"⑦ 清段玉裁《説文解字》注："簙，古戲，今不得其實。"⑧ 清俞樾《春在堂隨筆》卷九："樗蒱，古制久失其傳。"⑨ 《宋史》記載李仲寓（李煜之子）"雅好蒲博飲宴"、郭進"嗜酒蒲博"、李飛雄"縱酒蒲博爲務"、楊景宗"少蒲博無賴"等，皆是好樗蒲之人。⑩ 《金史·海陵嫡母傳》云海陵伺機殺太后時，"太后方樗蒲"⑪。《遼史·耶律屋質列傳》載劉哥因不服潛告結黨，遂"邀駕觀樗

---

① 參看王利器. 顏氏家訓集解（增補本）[M]. 北京：中華書局：1993：590－591.

② ［唐］長孫無忌等撰，劉俊文點校. 唐律疏議［M］. 北京：中華書局，1983：204.

③ 參看［元］脱脱等. 宋史［M］. 北京：中華書局，1977：87，12883－12884.

④ 參看［明］沈德符. 萬曆野獲編［Z］. 北京：中華書局，1959：881.

⑤ 文淵閣影印四庫全書（411 册）[Z]. 上海：上海古籍出版社，1987：441.

⑥ 參看徐北文. 李清照全集評注［C］. 濟南：濟南出版社，1990：256，263.

⑦ 參看［明］胡應麟. 莊嶽委談上［A］. 少室山房筆叢［C］. 上海：上海書店出版社，2001：417－418.

⑧ 參看［東漢］許慎，［清］段玉裁注. 説文解字注［M］. 上海：上海古籍出版社，1981：198.

⑨ 參看［清］俞樾著，方霏點校. 春在堂隨筆［Z］. 南京：江蘇古籍出版社，2000：140.

⑩ 參看［元］脱脱等. 宋史［M］. 北京：中華書局，1977：9215，9334，13546，13553.

⑪ 參看［元］脱脱等. 金史［M］. 北京：中華書局，1975：1506.

蒲，捧觴上壽，袖刃而進。帝覺，命執之，親詰其事"①，才算免得一死。《列朝詩集》丁集十五《李副使襲四十四首》《拶蒲歌》並序言："餘友李襲美，豪蓋一世。其姬多慧智，襲美授以諸佛妙經，蓋箭鋒機也。襲美令宛平，政暇卽與拶蒲，亦遊戲三昧者乎？因作是歌。"② 清葛虛存著《清代名人軼事·雜錄類》謂晚清文人龔定庵（卽龔自珍）生平嗜賭，自鳴賭學之精，自言能以數學占盧雉盈虛之來復，然"每戰輒北"。有次他參加揚州某鹽商家的宴會，"酒闌，於屋後花圃中作樗蒲戲"，自珍向王君借了巨資參加，哪知"偕入局，每戰輒去，不三五次，所借之資已全數烏有，定庵怒甚，遂狂步出門以去"。③ 看來，一代思想家也不過如此。

唐宋以後的人們別出心裁，把樗蒲印在織物上（卽樗蒲紋），作爲一種紋飾，配以多種色彩以及花卉、龍鳳等，工藝精巧，莊重而華美（如圖1—4所示④）。《唐六典》卷三、《南村輟耕錄》卷二十三、《通雅》卷三十五中均有記載。可見樗蒲在當時流傳之廣泛，影響之深遠。

圖1—4　明代綠地四季花卉樗蒲紋粧花緞　故宮博物院收藏

## （四）樗蒲的性質與用途

賭博作爲一種社會現象至遲在原始社會末期就已出現，歷禁歷新。

　　① 參看［元］脫脫等. 遼史［M］. 北京：中華書局，1974：1257.
　　② 參看［明］李襲. 拶蒲歌［A］.［清］錢謙益撰集，許逸民，林淑敏點校. 列朝詩集［M］. 北京：中華書局，2007：5775.
　　③ 參看［清］葛虛存原編，琴石山人校訂，馬蓉點校. 清代名人軼事［Z］. 北京：書目文獻出版社，1994：305—306.
　　④ 圖片來自張淑賢. 古代樗蒲紋粧花織物［J］. 紫禁城，1987（6）：23.

尤其是社會強盛、動蕩時更是花樣翻新，皇帝、達官貴人、平民百姓，各有各的玩法，富的富玩，窮的窮玩。或爲貪財，或爲無聊，或爲好勝，或爲別有用心，甚至還有用來占卜的。正如東漢王充《論衡》"刺孟篇"所言："博戲之人，其志復求食乎？博戲者尚有相奪錢財，錢財眾多，己亦得食，或時有志。"① 真可謂言其實也。下面舉例分類説明。

## 1. 賭博性質的樗蒲

人們玩樗蒲大多數時候具有"賭"的性質，兩晉南北朝時尤其盛行。如諸葛瑾之子諸葛融領兵駐公安時，常延賓高會，"或有博弈，或有摴蒱，投壺弓彈，部別類分，於是甘果繼進，清酒徐行，融周流觀覽，終日不倦"② 東晉殷叡"素好摴蒱……濫奪其妻妹及伯母兩姑之分，以還戲責"。南朝劉宋時，王弘執掌中央大權，公城子野舍向其求官，王弘因其"嘗以蒱戲得罪"而嚴正拒絶了他的要求，並詰之曰："君得錢會戲，何用祿爲？"③ 東晉大司馬桓溫少子桓玄曾"見人有好園宅，悉欲取之，勒以樗博而賭之"④。《晉書》劉毅傳和何無忌傳記東晉劉毅，小字盤龍，"家無儋石之儲，摴蒱一擲百萬"，後世因稱樗蒲成癖者爲"盤龍癖"⑤。劉宋王朝的開國皇帝劉裕曾"樗蒲傾產，爲時賤薄"，嘗因欠刁逵三万賭錢而被録而徵責，後王謐以錢代還，才算了事⑥。南朝齊王敬則夜呼僚佐文武樗蒲賭錢，李安民破王子勛事平後，"明帝大會新亭，勞接諸軍主，樗蒲官賭，安民五擲皆盧，帝大驚，目安民曰：'卿面方如田，封侯狀也。'"⑦ 北魏"始孝文時，有范甯兒者善圍棋，曾與李彪使齊，齊令江南上品王抗與甯兒，制勝而還。又有浮陽高光宗善樗蒲。趙國李幼序、洛陽丘何奴並工握槊"⑧。北齊祖珽爲了換錢"摴蒱"，偷了宮中的一部要籍《華林遍略》出賣，受到文襄皇

---

① 參看［東漢］王充著，陳蒲清點校. 論衡［M］. 長沙：岳麓書社：1991：163.
② 參看［西晉］陳壽撰，［南朝宋］裴松之注. 三國志［M］. 北京：中華書局：1971：1235.
③ 參看［唐］李延壽. 南史［M］. 北京：中華書局：1975：552，572.
④ 參看［北宋］李昉等. 太平御覽（卷754·工藝部）［M］. 张元济等. 四部叢刊本（三編子部）［Z］. 上海：上海書店出版社，1985.
⑤ 參看［唐］房玄齡等. 晉書［M］. 北京：中華書局：1974：2210，2214.
⑥ 參看［北齊］魏收. 魏書［M］. 北京：中華書局：1974：2129.
⑦ 參看［南朝梁］蕭子顯. 南齊書［M］. 北京：中華書局：1972：485，505.
⑧ 參看［唐］李延壽. 北史［M］. 北京：中華書局，1974：2985.

帝"杖之四十"的嚴厲處罰。①

唐代亦如此。武則天時酷吏來俊臣之父博徒來操，本與蔡本爲莫逆之交，卻又私通其妻，"因樗蒲贏本錢數十萬，本無以酬，操遂納本妻"②。此可謂無賴賭徒也。唐玄宗時外戚楊國忠原來極"嗜飲博，數虧貸於人，無行檢，不爲姻族齒"。後從父玄琰死蜀州，由國忠護視其家，結果"哀其贊，至成都樗蒲，一日費輒盡，乃亡去"。後來他進入京師，因"善樗蒲"被引見於玄宗，擢金吾兵曹參軍、閑廄判官。國忠供奉皇上時，"專主蒲簿，計算鉤畫，分銖不誤"，深得玄宗寵信，大贊其"度支郎才也"，累遷監察御史，官至宰相。③ 看來楊國忠是因禍得福，權極一時皆因樗蒲，真可謂敗也樗蒲，成也樗蒲。

## 2. 占筮性質的樗蒲

《博物志》云："樗蒲者，老子作之用卜，今人擲之爲戲。"④《太平御覽》卷七二六方術部"樗蒲卜"條云："樗蒲，五木也。或云胡人亦爲樗蒲卜，後傳樓陰善其功。"⑤ 二說皆爲傳說，不足爲憑，但因樗蒲具有"賭"性，用來占卜也不是沒有可能。但涉及用樗蒲占筮的文獻材料罕見，暫且存疑。

## 3. 別有用心的樗蒲

別有用心的樗蒲有以下幾種：

利用玩樗蒲行賄的，如劉宋顏師伯與孝武帝劉駿"樗蒲"："帝擲得雉，大悅，謂必勝。師伯後得盧，帝失色，師伯遽斂子曰：'幾作盧。'爾日，師伯一輸百萬。仍遷吏部尚書、右軍將軍。"⑥ 顏師伯醉翁之意不在賭，而是要通過賭博中故意輸錢的手段拍馬屁，取得皇帝的信任和賞識，以求飛黃騰達。雖然他在賭場輸了百萬，卻贏得了官場，可見

---

① 參看 [唐] 李延壽. 北史 [M]. 北京：中華書局，1974：1737.
② 參看 [後晉] 劉昫等. 舊唐書 [M]. 北京：中華書局，1975：4837.
③ 參看 [北宋] 歐陽修，宋祁. 新唐書 [M]. 北京：中華書局，1975：5846.
④ [西晉] 張華編纂，張恩福譯. 博物志 [M]. 重慶：重慶出版社，2007：188.
⑤ 參看 [北宋] 李昉等. 太平御覽（卷726·方術部）[M]. 張元濟等. 四部叢刊本（三編子部）[Z]. 上海：上海書店出版社，1985.
⑥ 參看 [唐] 李延壽. 南史 [M]. 北京：中華書局：1975：886.

"用心良苦"。《新唐書·裴寂傳》記載裴寂與李淵兩人經常一起玩樗蒲、飲酒，通宵達旦。後來李世民投其所好，送給龍山令高斌廉數百萬私錢，讓其和裴寂佯賭，裴寂因此贏了很多錢，不得不參與李世民政事，最終成了唐朝開國的元勛之一。①

利用玩樗蒲顯示其人格魅力的，如南朝梁韋叡："初，邵陽之役，昌義之甚德叡，請曹景宗與叡會，因設錢二十萬官賭之。景宗擲得雉，叡徐擲得盧，遽取一子反之，曰'異事'，遂作塞。景宗時與群帥爭先啟之捷，叡獨居後，其不尚勝率多如是，世尤以此賢之。"其"雅有曠世之度，涖人以愛惠爲本"的性格躍然紙上。②

利用玩樗蒲諂媚取寵的，如武則天"每宴集，則二張諸武，雜侍摴蒲"③。"二張"指武則天的寵臣張昌宗、張易之；"諸武"指武則天的娘家子侄，武承嗣、武三思、武攸緒等人。他們都以伺候女皇賭博爲榮，已把陪玩樗蒲作爲日常生活的一部分。

利用玩樗蒲打發時光的，如北齊秘書監祖珽，他常與一些紈綺子弟到娼家，"出山東大文綾羅並連珠孔雀羅等百餘匹，令諸嫗擲摴蒲賭之，以爲戲樂"④。唐代詩歌中對此類現象也多有反映，如岑參《玉門關蓋將軍歌》中有"美人一雙閑且都……紅牙縷馬對摴蒲。玉盤纖手撒作盧，衆中誇道不曾輸"；杜甫《今夕行》"今夕何夕歲雲徂，更長燭明不可孤。咸陽客舍一事無，相與博塞爲歡娛。憑陵大叫呼五白，袒跣不肯成梟盧"。⑤ 例多，不勝枚舉。

凡事都有兩面性，正如杜甫所說："英雄有時亦如此，邂逅豈卽非良圖。"⑥ 在閑暇時偶爾玩一下樗蒲未必都是壞事，顏之推雖然同意"君子不博"的觀點，但他並不十分反對，言"有時疲倦，則儻爲之，猶勝飽食昏睡，兀然端坐耳"，只是不可沉迷，"不可常也"。⑦

---

① 參看［北宋］歐陽修，宋祁. 新唐書［M］. 北京：中華書局，1975：3736-3737.

② 參看［唐］李延壽. 南史［M］. 北京：中華書局，1975：1430.

③ 參看［清］張英等纂修. 影印本淵鑑類函·巧藝部（下）［Z］. 上海：上海文藝出版社，1996.

④ 參看［唐］李延壽. 北史［M］. 北京：中華書局，1974：1736.

⑤ 參看林德保等. 詳注全唐詩［M］. 大連：大連出版社，1997：692，760.

⑥ 參看林德保等. 詳注全唐詩［M］. 大連：大連出版社，1997：760.

⑦ 參看王利器. 顏氏家訓集解（增補本）［M］. 北京：中華書局：1993：590-591.

## 二、纛

(1) 楚国土曠人稠，遂卽興兵百萬，緹毒（旗纛）蔽日，衣甲漫天，列陣橫行，擬共子胥交戰。（頁 12）

(2) 子胥隨帝步卒入城，檢納干戈，酬功給效。中有先鋒、猛將，賞緋各賜金魚；執毒（纛）旌兵，皆占班位；自餘戰卒，各悉酬柱國之勛。（頁 15）

(3) 紅旗卷處殘霞起，皂纛懸處碧雲飛。（頁 533）

(4) 於是槍旗耀日，皂纛隱映，〔七寶珍財，奉獻其佛〕。（頁 1108）

纛，先秦文獻已見。《周禮·地官司徒·鄉師》："及葬，執纛以與匠師御匶而治役。"① 鄭玄注引《禮記·雜記》："匠人執翿以御柩。"引鄭司農曰："翿，羽葆幢也。《爾雅》曰：'纛，翳也。'以指麾輓柩之役，正其行列進退。"《詩經·國風》"君子陽陽"篇載："君子陶陶，左執翿，右招我由敖，其樂只且！"② 毛亨传：翿，纛也，翳也。郑玄笺：翳，舞者所持，謂羽舞也。《儀禮·鄉射禮》記載國君在城中燕射時説："君國中射，則皮樹中，以翿旌獲，白羽與朱羽糅。"③ 鄭玄注：以翿旌獲，尚文德也。賈公彥疏：以其以文德者舞文舞羽舞也，以武德者舞武舞干舞也，此既用羽，知取"尚文德"也。彭林譯注釋爲：翿，卽纛，旗名，旗杆頂部有鳥羽聚合如傘蓋。④ 又士參加的射禮爲"士鹿中，翿旌以獲"⑤。可以看出，纛既可以在送葬時用來正其行列的進退，也可

---

① ［東漢］鄭玄注，［唐］賈公彥疏，彭林整理. 周禮注疏（上）［M］. 上海：上海古籍出版社，2010：408.

② ［西漢］毛亨注，［東漢］鄭玄笺，［唐］孔穎達疏. 毛詩正義（上）［M］. 北京：北京大學出版社，1999：258.

③ ［東漢］鄭玄注，［唐］賈公彥疏，王暉整理. 儀禮注疏（上）［M］. 上海：上海古籍出版社，2008：381.

④ 彭林譯注. 儀禮全譯［M］. 貴陽：貴州人民出版社，1997：188.

⑤ ［東漢］鄭玄注，［唐］賈公彥疏，王暉整理. 儀禮注疏（上）［M］. 上海：上海古籍出版社，2008：383.

以是舞者所持的舞具，還可以用作旗幟（如圖 2－1、2－2 所示）。①

　　秦漢時期，纛是皇帝乘輿的一種重要飾件。《史記·項羽本紀》載劉邦被项羽围於滎阳，事情緊急，紀信詐爲王，乃"乘黃屋车，傅左纛"②。《集解》引李斐曰："纛，毛羽幢也。在乘輿车衡左方上柱之。"蔡邕《獨斷》卷下載："左纛者，以犛牛尾爲之，大如斗，在最後左騑馬髀上。"③《史記·南越列傳》記載高后時，趙佗自尊號爲南越武帝，"乃乘黃屋左纛，稱制，與中國侔"，後孝文帝時去帝制黃屋左纛。④ 高誘《淮南鴻烈解敍》説劉安之父劉長"還歸國，为黃屋左纛，稱東帝，坐徙蜀嚴道，死於雍"⑤。《漢書·霍光列傳》記載了霍光出殯時的殊遇："載光屍柩以輼輬車，黃屋左纛……以送其葬……"⑥ 根據以上文獻資料，可推知纛應該是飾於左驂馬頭上或衡上。秦始皇陵一、二號銅車馬共出土兩件銅纛，並有半球形銅底座，纛的位置既不在左驂馬頭上，也不在衡上，而是樹立在右驂馬額的頂部，看來與漢制有所不同（如圖 2－3 至 2－7 所示）。⑦

――――――――

　　① ［北宋］聶崇義集注. 新定三禮圖［M］. 上海：上海古籍出版社，1985：第 1 册卷 9 正文頁 125，第 2 册卷 18 正文頁 102.

　　② ［西漢］司馬遷撰，［宋］裴駰集解，［唐］司馬貞索隱，張守節正義. 史記［M］. 北京：中華書局，1959：326.

　　③ ［東漢］蔡邕撰. 獨斷［M］. 文淵閣影印四庫全書（850 册）［Z］. 上海：上海古籍出版社，1987：92.

　　④ 參看［西漢］司馬遷撰，［宋］裴駰集解，［唐］司馬貞索隱，張守節正義. 史記［M］. 北京：中華書局，1959：2969，2990.

　　⑤ 張雙棣. 淮南子校釋（序）［M］. 北京：北京大學出版社，1997：1.

　　⑥ ［東漢］班固撰，［唐］顏師古注. 漢書［M］. 北京：中華書局，1962：2948.

　　⑦ 參看秦始皇兵馬俑博物館，陝西省考古研究所. 秦始皇陵銅車馬發掘報告［M］. 北京：文物出版社，1998：103，104 圖 68（2），105，231 圖 137（2），306 圖 184，471 彩版 25，518 圖版 40（1），538 圖版 60.

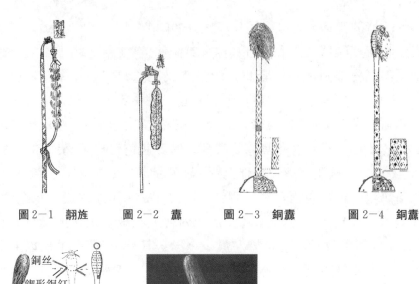

圖 2-1　翮旌　　　　圖 2-2　纛　　　　圖 2-3　銅纛　　　　圖 2-4　銅纛

銅丝
鍥形銅釘

彩繪
焊迹
金泡
革帶紋
金泡

圖 2-5　一號車纛製造　　圖 2-6　二號車右驂馬　　圖 2-7　二號銅車馬
　　　　工藝示意圖　　　　　　頭部纛特寫

　　漢代以後的纛除了左纛，還有狼頭纛（五狼頭纛、金狼頭纛）、龍纛、黃龍大纛、龍鳳大纛、牙纛（高牙大纛）、狐尾纛、孔雀羽飾纛、茸纛、黃纛、皂纛、絳纛、白纛、彩纛、大纛、神纛（纛神）等，樣式可謂豐富多彩。這些纛主要用作儀仗或軍中指揮的旗幟，不僅具有軍事用途，有時還有特殊的政治內涵。

　　《北史·突厥列傳》說突厥"牙門建狼頭纛，示不忘本也"，又"旗纛之上，施金狼頭"。[①]《舊唐書·劉武周列傳》："突厥立武周爲定楊可汗，遺以狼頭纛。"又《梁師都列傳》："突厥始畢可汗遺以狼頭纛，號爲大度毗伽可汗。"[②]《新唐書·李承乾列傳》記載常山王李承乾："又

────────────────

① ［唐］李延壽. 北史［M］. 北京：中華書局，1974：3285，3288.
② ［後晉］劉昫等. 舊唐書［M］. 北京：中華書局，1975：2253，2280.

好突厥言及所服，選貌類胡者，被以羊裘，辮髮，五人建一落，張氈舍，造五狼頭纛……"[1] 王涯《從軍行》有"燕頷多奇相，狼頭敢犯邊"、高適《部落曲》有"雕戈蒙豹尾，紅旆插狼頭"的描繪。[2] 根據《北史》《通典》《舊唐書》《新唐書》等的記載，古代的突厥、回鶻等少數民族曾盛行"牙門建狼頭纛""旗纛之上，施金狼頭""造五狼頭纛"、贈狼頭纛等習俗，唐代的一些文學作品也透露了有關狼頭纛的信息，但是狼頭纛在實際運用中是什麼樣子，文獻資料中似乎沒有明確的記述，就是一些具有視覺效果的繪畫、雕塑、實物等造型藝術材料也很少見這方面的例子。不過隨着文化交流的進一步發展，有些資料得以出版翻譯，狼頭纛的形象（如圖2-8至2-10所示）也漸漸進入人們的視野。關於這方面的論述可以參看那木吉拉的《"雕戈蒙豹尾，紅旆插狼頭"——古代突厥語族民族狼頭纛考述》[3]。另外，有些少數民族還有祭纛的習俗，如蒙古族、契丹族等，具體可參看王朝格斯仁的《蒙古族白纛祭祀探析》，陳曉偉、石艷軍的《〈契丹國志〉一則史料芻議——兼論契丹之旗鼓》等論文。[4]

圖2-8　狼頭纛（復原的狼頭纛）　　圖2-9　狼頭纛詳細　　圖2-10　龍王

① ［北宋］歐陽修等. 新唐書［M］. 北京：中華書局，1975：3564.

② 林德保等. 詳注全唐詩［M］. 大連：大連出版社，1997：69，749.

③ 那木吉拉. "雕戈蒙豹尾，紅旆插狼頭"——古代突厥語族民族狼頭纛考述［J］. 內蒙古師範大學學報（哲學社會科學版），2010（5）：33，35.

④ 參看王朝格斯仁. 蒙古族白纛祭祀探析［D］. 內蒙古師範大學碩士學位論文，2008. 陳曉偉，石艷軍.《契丹國志》一則史料芻議——兼論契丹之旗鼓［J］. 東北史地，2010（2）.

隋唐時期對纛的使用有明確的規定。《隋書·禮儀志》記隋煬帝大業七年（611）征遼東，遣諸將，"眾軍將發，帝御臨朔宮，親授節度。每軍，大將、亞將各一人。騎兵四十隊。隊百人置一纛"；又《音樂志》載高祖既受命定令，文舞由"二人執纛，引前，在舞人數外，衣冠同舞人"①。《唐六典·太常寺》云宮縣、軒縣之樂，"文舞之制：左執籥，右執翟，二人執纛以引之"②。《唐令拾遺》載開元二十五年（737）"軍防令"規定："諸纛，大將六口，中營建，出引軍；五方旗五口在六纛後；嚴警鼓十二面，在六纛後"。《唐令拾遺》載開元七年（719）"喪葬令"規定："其纛，五品已上竿長九尺，六品已下五尺。"③ 唐代鹵薄以畫旗為主，旗之制有 32，如青龍旗、白獸旗、朱雀旗、玄武旗、黃龍負圖旗等。岑參《北庭西郊候封大夫受降回軍獻上》有"喜鵲捧金印，蛟龍盤畫旗"，戎昱《入劍門》有"征戰何年定，家家有畫旗"，劉禹錫《謝寺雙檜》有"晚依禪客當金殿，初對將軍映畫旗"等，所詠皆是。④ 這些畫旗在唐李壽墓和李重潤墓的壁畫中也有反映。由上可見纛的畫面也應該是多種多樣、豐富多彩的。

宋以後，纛的形製又增加了一些新的內容，在唐代盛行火焰紋的基礎上把以前周邊飾鋸齒狀的牙與裝飾的旒合二為一，成為火焰式樣的波曲。如南宋蕭照《瑞應圖》中的門旗，元代曾巽申《大駕鹵薄圖》中的纛（如圖 2—11 所示）⑤。火焰之義到清代仍無大的變化，如《清會典圖·輿衛五》載"皇帝鹵薄八旗護軍纛"，其形製為"斜幅，繡金雲龍"，"斿徑六尺五寸，緣為火焰形，旁垂彩帶九尺五寸，色與緣同，亦火焰形"（如圖 2—12 所示）⑥。

① ［唐］魏徵等. 隋書［M］. 北京：中華書局，1973：160，343.
② ［唐］李林甫等，陳仲夫點校. 唐六典［M］. 北京：中華書局，1992：403.
③ ［日］仁井田升著，栗勁等編譯. 唐令拾遺［M］. 長春：長春出版社出版，1989：287，758.
④ 林德保等. 詳注全唐詩［M］. 大連：大連出版社，1997：676，1026，1389.
⑤ 參看揚之水. 古詩文名物新證（二）［M］. 北京：紫禁城出版社，2004：502—503.
⑥ 參看揚之水. 古詩文名物新證（二）［M］. 北京：紫禁城出版社，2004：502—503.

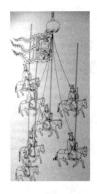

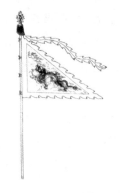

圖 2-11　　《大駕卤薄圖》中的纛　　　圖 2-12　　《清會典圖》中的纛

《事物紀原》"皂纛"云："《六典》曰：'後魏有纛頭。'《宋朝會要》
曰：'皂纛本後魏纛頭之制。唐衛尉，纛居其一，蓋旄頭之遺像。'"①
《宋史·儀衛志》："皂纛，本後魏纛頭之制。唐衛尉器用，纛居其一，
蓋旄頭之遺象。制同旗，無文采，去鏇首六腳。《後志》云：'今制，皂
邊皂斿，斿爲火焰之形。'金吾仗主之，每纛一人持，一人之拓。乘輿
行，則陳於卤薄，左右各六。"② 從以上説法中可以看出纛作爲旗幟之
制似乎起於後魏，其實不然，先秦已有使用，如《儀禮·鄉射禮》在國
君與士的射禮中就已經提到，所以皂纛本後魏之制的説法值得商榷。

《中國古代名物大典》"纛"條：亦作"翿"，古代用羽毛做的舞具。
諸侯出殯時亦用以指揮柩車。北京等地出殯時所用"響尺"即其遺
俗。③ 北京等地出殯用的響尺是杠頭發號施令的工具，一般採用堅硬的
木材，杠頭用的響尺較長，有二尺來長，一寸多寬、厚。不過還有一根
一尺長的圓檀木棍，用一丈二尺長的絨繩把它和響尺連接在一起，用短
的打長的，聲音響亮高昂。全體杠夫及執事等起落走步，均以尺響爲
號，不准亂説亂動。另外，響尺還有一個用處，就是起杠前用來亂打梆
子，使遠近人等都聞聲聚齊，各司其職。等所有人各就各位之後，響尺
一打，就一起上肩抬起棺材開步走，到了墓地，杠頭響尺橫打，大家一
起摘肩落地，然後下葬。④ 看來這裏的"響尺"與用作旗幟的纛還有差

①　[北宋] 高承. 事物紀原 [M]. 北京：中華書局，1989：124.

②　[元] 脱脱等. 宋史 [M]. 北京：中華書局，1977：3465.

③　華夫. 中國古代名物大典（上）[Z]. 濟南：濟南出版社，1993：1377.

④　參看中華網論壇十周年. 三百六十行，行行出狀元：話説京城老行當 [Z]. 2009-04-16.

異，或許是纛的變異，不知然否。

以上論述可以表明，由旗幟這條發展綫索來看，春秋戰國時期纛用作羽旌（卽旗幟）[①]，兩漢時，起旗幟作用的纛漸漸成了皇帝車馬的裝飾，魏晉以後纛一般用作旗幟，它不僅是身份、地位、權力的象徵，同時還有豐富的政治内涵和強烈的圖騰崇拜效果。

由於纛在每個歷史時期的形製和用途比較複雜，論述時雖都有涉及，但仍有探討的必要，例如纛的質地、形狀（方幅、三角、筒形）、正幅、邊緣等。

## 三、銚

(1) 煎湯幸有黄金銚，熬藥寧無白玉鍋。（頁 770）

銚，《説文》中有兩種解釋：一爲溫器，一爲田器。其實先秦用例中也有用爲武器的，不過目前僅見一例，後代已很少用。從文獻記載來看，銚在先秦一般用作農具，只有一例用作武器。漢代已用爲溫器，後代沿用。下面分三個方面來討論。

### （一）農具（田器）

銚（yáo），古代的一種農具。《説文》："錢，銚也。"段注："古田器古謂之錢，今則但謂之銚，謂之臿，不謂之錢，而錢謂之貨泉之名。"[②] 有人認爲銚是"刈物之器"，有人認爲是"開墾之器"。《詩經·周頌·臣工篇》："命我眾人：庤乃錢鎛，奄觀銍艾。"《敬齋古今黈》卷五李治認爲漢末大儒宋仲子注"惟錢銚爲刈物之器，其義頗昧"，如果"以詩意求之，銚必開墾之器，或種蒔所用，決非刈物之器也"，原因爲"農事耕穫，悉有次第。必先耕種，然後鋤耨。既堅既好，然後收穫。故錢也、鎛也、銍也，詩人以次言之。若以銚爲刈物之器，銍又爲穫禾之器，刈卽穫也，穫卽刈也。兩句之内，前後重複。而復雜言鎛耨。此

---

① 參看王厚宇，榖玲. 戰國時代的羽旌 [J]. 社會科學戰綫，1997（5）：173.

② 參看 [東漢] 許慎撰，[清] 段玉裁注. 説文解字注 [M]. 上海：上海古籍出版社，1981：706.

詩不亦太猥亂乎？乃知銚爲耕墾所須，但古今器用不同，名號隨時屢改，不可考耳……此詩蓋謂命我眾農，具女錢鎛等物以趨事，候秋成時，同汝共觀，見其銚刈之功也。"① 不管是刈物還是開墾，銚都是農具。農具在有些時候可以兼而用之，所以我們也不必爲此而局限於一説。

先秦文獻中銚作爲農具的用例很多，如《晏子春秋》載景公遊公阜言："使古而無死，何如？"晏子曰："若使古而無死……君將戴笠衣褐，執銚耨以蹲行畎畝之中，孰暇患死！"② 《管子》有"推引銚耨以當劍戟""耕者必有一耒一耜一銚，若其事立""一農之事必有一耜、一銚、一鐮、一鎒、一椎、一銍，然後成爲農""張耜當弩，銚耨當劍戟"等記載。③《莊子》有"春雨日時，草木怒生，銚鎒於是乎始修，草木之到植者過半而不知其然"④。《戰國策》有"無把銚推耨之勢，而有積粟之實，此有其實而無其名者也""曹沫之奮三尺之劍，一軍不能當；使曹沫釋其三尺之劍，而操銚鎒與農夫居壟畝之中，則不若農夫。故物舍其所長，之其所短，堯亦有所不及矣"⑤。《韓非子》有"古者寡事而備簡，樸陋而不盡，故有挑銚而椎車者"⑥。

漢代以降，銚用作農具的例子很少，如《鹽鐵論》："犀銚利鉏，五穀之利而閑草之害也。"張之象注："銚音調。"⑦ 另一個版本注銚音yáo，古代的一種大鋤；鉏，通"鋤"，鋒利的鋤頭，對於五穀禾苗有利，而對於苗間的雜草有害。⑧

關於銚作爲農具的性質和作用有以下兩種觀點：

銚就是臿、鍬或從臿、鍬發展而來的。《説文》認爲銚是一種古田器，但究竟有什麼作用不清楚，在"錢"條下訓："錢，銚也。"段注曰

---

① 參看［東漢］宋衷注，［清］孫馮翼集. 世本（二種）［M］. 北京：中華書局，1985：2.［元］李治撰，劉德權點校. 敬齋古今黈卷之五［M］. 北京：中華書局，1995：60.

② 吳則盧. 晏子春秋集釋［M］. 北京：中華書局，1962：65.

③ 姜濤. 管子新注［M］. 濟南：齊魯書社，2006：387，474，546，582.

④ 參看張採民，張石川. 莊子注評［M］. 南京：鳳凰出版社，2007：328.

⑤ 參看［西漢］劉向. 戰國策［M］. 上海：上海古籍出版社，1965：238，384.

⑥ 參看張覺. 韓非子校注［M］. 長沙：岳麓書社，2006：619.

⑦ ［西漢］桓寬撰，［明］張之象注. 鹽鐵論［M］. 上海：上海古籍出版社，1990：172.

⑧ 參看王貞珉注譯，王利器審訂. 鹽鐵論譯注［M］. 長春：吉林文史出版社，1995：488.

古田器古謂之錢，今則但謂之銚，謂之舌，不謂之錢，而錢謂之貨泉之名。① 也就是說作爲農具的銚、錢、舌是同義詞。舌，《爾雅·釋器》《方言》皆作斛。《釋器》曰斛謂之䃺，郭云卽古鍫鍸字；《方言》"舌"條曰燕之東北、朝鮮洌水之間謂之斛，宋魏之間謂之鏵，或謂之鍏，江淮南楚之間謂之舌，沅湘之間謂之畚，趙魏之間謂之梟（亦作鏺），東齊謂之梩。郭注云："斛，湯料反，此亦鏺聲轉也。"② 《釋名》解釋了鍸的作用："鍸，插也，插地起土也。或曰銷，銷，削也，能有所穿削也；或曰鏵，鏵，剫也，剫地爲坎也，其版曰葉，象木葉也。"③ 孫常敘認爲鍸是從耒耜發展而來的，而後又被鍫代替，並指出從耜到舌、鍫的時代是戰國到漢代。④ 尚鉞在《釋舌》一文中指出，舌是從掘土棒發展而來的，不過有三條發展綫索：掘土棒—杵向田器發展，掘土棒—杵向家具發展，掘土棒—杵向幹類發展。⑤

元代王禎則認爲錢乃"特鏟之別名耳"，似鍫非鍫，和鏟差不多。原文如下："錢，《臣工》詩曰'庤乃錢鎛'。注，錢、銚也。《世本》垂作銚。《唐韻》作'剗'，今鍫與鍸同。此錢與鎛爲類，薅器也，非鍫屬也。兹度其制，似鍫非鍫，殆與鏟同。《纂文》曰，養苗之道，鋤不如耨，耨不如鏟。鏟，柄長二尺，刃廣二寸，以剗地除草（古制鏟）；此鏟之体用與錢同，錢特鏟之別名耳。"不過也指出："今鏟與古制不同，柄長數尺，首廣四寸許，兩手持之，但用前進擱之，剗去壠草，就覆其根，特號敏捷。"⑥ 對此劉仙洲認爲錢、鏟、銚屬於同類農具或就是同樣的農具，只是名稱不同而已。它們的用途是除了可以掘土翻土，還可以除草松土，"發明的時期早於耒耜或晚於耒耜或與耒耜同時，都不易推斷。名字上雖説彼此不同，但構造上是大同小異，甚至在古籍上及古代字書上，往往互相注釋"⑦。

① ［東漢］許慎著，［清］段玉裁注. 説文解字注［M］. 上海：上海古籍出版社，1981：706.
② 參看［東晉］郭璞注，［北宋］邢昺疏. 爾雅注疏［M］. 北京：北京大學出版社，1999：138.［西漢］揚雄記，［東晉］郭璞注. 方言［M］. 北京：中華書局，1985：48—49.
③ ［東漢］劉熙. 釋名［M］. 北京：中華書局，1985：104—105.
④ 孫常敘. 耒耜的起源及其發展［M］. 上海：上海人民出版社，1959：49.
⑤ 尚鉞. 釋舌［A］. 尚鉞史學論文選集［C］. 北京：人民出版社，1984：275—287.
⑥ ［元］王禎，王毓瑚校. 王禎農書［M］. 北京：農業出版社，1981：227，231.
⑦ 劉仙洲. 中國古代農業機械發明史［M］. 北京：北京科學出版社，1963：38—40.

以上兩種觀點要麼以爲銚就是臿、鍬或從中發展而來，要麼以爲銚就是鏟。不過從王禎所繪的臿、錢、鏟三種農具的示意圖來看，它們應該屬於同類農具，只是隨着時代的遷移和變化，名稱有所不同，功能有所增加或減少而已，實質應該是一樣的。銚究竟是否就是臿或鏟，它到底是什麼樣的，古代已遠，又無實物鐵證，我們也只是從零星的文獻中找到蛛絲馬迹來謹慎地判斷，不過隨着地下文物的出土，相信不久的將來作爲農具的銚會有實物，這樣我們的疑問或推測就會得到證明。或許我們也可以認爲從錢—銚、臿—鍬屬於詞語替換。

## （二）炊具（溫器）

銚（diào），亦作“盄”，亦稱“銚子”“吊子”，煮開水或溫東西用的器具。它的主要功能是煎藥、煮粥、煎茶、燒水等。多以砂土或金屬燒鑄而成。[①] 如陶銚、石銚、銅銚、銀銚（子）、黃金銚、鐵銚子、瓦銚子等。《說文》段注：“今煮物瓦器謂之銚子。讀徒吊切是也。”[②] 朱駿聲《說文通訓定聲》謂：“今蘇俗煎茶器曰吊子，卽此盄字。”[③] 現在吳方言中仍有些地方把燒水或熬藥用的器具稱爲銚子或水銚子，如吳中方言的茶盄、藥盄之類。[④]

銚，漢代已見，後代沿用。《事物紀原·什物器用部》“銚”條云：“疑漢人始爲之也。”[⑤] 如《馬王堆漢墓帛書·五十二病方》中治“身有痈者方”，白芷、白衡、菌〇桂、枯畺（薑）、新夷五物“並以金銚煏桑炭”，和藥、敷患處。[⑥] 曹操《上器物表》云：“臣祖騰，有順帝賜器：今上四石銅鋗四枚，五石銅鋗一枚，御物有純銀粉銚一枚，藥杵臼一具。”杜預《奏事》認爲藥杵臼、澡槃、熨斗、釜甑銚槃、鎢錥等皆爲“民間之急用物也”。吳均《餅說》言製餅除各種主料之後，還要“然以

---

① 參看華夫．中國古代名物大典（下）[Z]．濟南：濟南出版社，1993：46—47.

② 參看［東漢］許慎著，［清］段玉裁注．說文解字注［M]．上海：上海古籍出版社，1981：704.

③ 參看［清］朱駿聲．說文通訓定聲［M]．北京：中華書局，1984：329.

④ 參看吳連生等．吳方言詞典［Z]．上海：漢語大詞典出版社，1995：369.

⑤ ［北宋］高承．事物紀原［M]．北京：中華書局，1989：417.

⑥ 馬王堆漢墓帛書整理小組．馬王堆漢墓帛書·五十二病方［M]．北京：文物出版社，1979：113—114.

銀屑，煎以金銚，洞庭負霜之橘，仇池連蒂之椒，調以濟北之鹽，封以新豐之雞，細如華山之玉屑，白如梁甫之銀泥”，這樣做出的餅才能使人“既聞香而口悶，亦見色而心迷”①，色香味俱全。《宣室志·孫思邈》云：“顧視煎湯銚子，已成金矣。”② 唐代白居易《村居寄張殷衡》：“藥銚夜傾殘酒暖，竹牀寒取舊氊鋪。”③ 蘇軾《試院煎茶》：“且學公家作茗飲，磚爐石銚行相隨。”④ 元代杜思敬《十便良方》膠飴丸：“治脾胃虛弱，飲食減少，易傷難化，無力，肌瘦。乾薑爲細末，以白餳判如櫻桃大，以新水浴過，入鐵銚子，灰火中煨令溶，和薑末如梧桐子大。每服三十粒，空心米飲下。”⑤ 明代宋應星《天工開物·甘嗜·造獸糖》：“然後打入銅銚，下用自風慢火溫之，看定火色然後入模。”⑥《紅樓夢》第四十五回有用銀銚子來熬粥喝的。《東西湖史話》記載清末民初書法家趙石橋以賣字畫爲業，特別講究茶道。對於茶葉，愛用綠茶和清茶。用水主張用江河水，反對用井水、塘水。對於燒水的壺也很講究，不用銅壺、鐵壺，只用瓦銚子燒。對燒茶的燃料，他最愛農家用的劈柴。⑦

釋慧琳《一切經音義》卷五十九“須銚”條釋銚云：“古文鐎，同餘昭反，《廣雅》：銷謂之銚。《說文》：溫器也。以鬲上有環，山東行此音。又徒吊反，今江南行此音。銚形似鎗而無腳，上加踞龍爲襻也。”⑧《現代漢語詞典》以“銚子”爲主條，注明“也作吊子”。《漢語大詞典》兩詞均收，釋義相同。《現代漢語異形詞規範詞典》認爲吊子與銚子兩者爲全等異形詞，釋爲“用沙土或金屬製成的煎藥或燒水的器具，形狀似壺，較高，口大有蓋，旁邊有柄”；並以爲“銚”字難認，又爲多音

---

① ［清］嚴可均. 全上古三代秦漢三國六朝文［M］. 北京：中華書局，1958：1057，1697，3306.

② ［唐］張讀撰，張永欽，侯志明點校. 宣室志［M］. 北京：中華書局，1983：157.

③ 參看林德保等. 詳注全唐詩［M］. 大連：大連出版社，1997：1657.

④ 參看［清］曾國藩. 十八家詩鈔［Z］. 長沙：岳麓書社，1991：696.

⑤ 轉引自賈丹兵，李乃民. 疲勞學［M］. 北京：學苑出版社，2009：337.

⑥ ［明］宋應星著，潘吉星譯注. 天工開物譯注［M］. 上海：上海古籍出版社，2008：66.

⑦ 王平生. 東西湖史話［M］. 武漢：武漢出版社，2004：195－196.

⑧ 參看［唐］釋慧琳，［遼］釋希麟. 一切經音義［Z］. 臺北：臺灣大通書局，1985. 轉引自揚之水. 古詩文名物新證（二）［M］. 北京：紫禁城出版社，2004：440－441.

字，詞頻統計：吊子1，銚子0，所以從俗以"吊子"爲推薦詞形。①

《中國古代名物大典》認爲銚"口大有蓋，旁有持柄及小流"，其中柄上或飾有龍頭（如圖3—1至3—4所示）。不過還有一種無柄的銚子，是在銚子上做出三股交合的提梁，如"臺北故宮博物院"所藏一件北宋定窯瓷銚（如圖3—5所示），四川德陽縣孝泉清真寺所出宋代銀器中的一件"銀匜形器"，劉松年《攆茶圖》中所繪的均是此類（如圖3—6所示）。② 現在湖北武漢仍用銚子煲湯，尤其是女婿第一次上門，一般都要喝"吊子藕湯"。煨湯的瓦罐稱"吊子"（或銚子），"形狀古怪，細頸，口略大，肚子比口大，整個呈'U'形"③。

 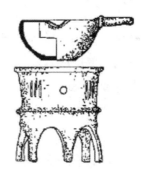 

圖3—1　宋《人物圖》　　　圖3—2　宣化下八里遼　　　圖3—3　曲陽縣澗磁村
　中的銚子　　　　　　　　金壁畫墓出土的銚子　　　出土的銚子

圖3—4　《蕭翼賺蘭亭圖》中煎茶用的銚子
（遼寧省博物館、"臺北故宮博物館"藏）

---

① 參看李行健. 現代漢語異形詞規範詞典［Z］. 上海：上海辭書出版社，2002：120—121.
② 參看揚之水. 古詩文名物新證（二）［M］. 北京：紫禁城出版社，2004：441.
③ 參看莊臣編. 瓜果蔬菜的N種烹·食法［M］. 廣州：廣東人民出版社，2010：31.

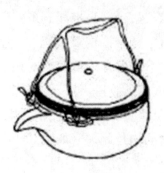

圖 3-5　北宋定窯瓷銚

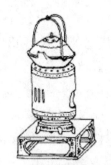

图 3-6　銚子（劉松年［傳］
《攆茶圖》)①

## （三）干具（武器）

銚（tiáo），古代兵器，矛。《呂氏春秋·簡選》："鋤櫌白梃，可以勝人之長銚利兵。"高誘注："長銚，長矛也。銚讀曰葦苕之苕。"② 不過用例不多。宋、明、清有銚子箭。尚鉞在《釋臿》一文中也提到掘土棒—杵向幹類發展的綫索。至於矛的發展綫索，可參看相關內容，此處略而不論。

從上述論述可以看出，銚有三個讀音，且意義不一樣，不過作爲溫器的銚沿用至今，其他的要麼換了名稱，要麼隨着這種事物的消亡而消亡。

## 四、鐸

（1）寶鐸瓊幡響亮，拂層層之煙靄。（頁 961）

（2）幢幡寶蓋滿虛空，玉鐸金鈴振寰宇。（頁 962）

鐸，古代的一種打擊樂器，青銅製品（所以也稱銅鐸），鈴中之大者，形似鐃、鉦，體腔內有舌，可搖擊發聲。《說文》："鐸，大鈴也。"③《釋名》曰："鐸，度也，號令之限度也。"④ 春秋時期至漢代盛

---

① 圖 3-1 至 3-6 均來自揚之水. 兩宋之煎茶 [Z]. 中國典籍與文化，2002（4）：26-28.

② ［戰國］呂不韋，［東漢］高誘注. 呂氏春秋 [M]. 上海：上海古籍出版社，1989：62.

③ ［東漢］許慎著，［宋］徐鉉校定. 說文解字（附檢字）[M]. 北京：中華書局（影印本），1963：297.

④ ［東漢］劉熙. 釋名 [M]. 北京：中華書局（影印本），1985：115.

行（如圖 4−1 至 4−5 所示），魏晉至隋唐的主要打擊樂器之一，宋金元時期作爲引舞的儀仗用具，明清時期成爲教化的代名詞。

圖 4−1　戰國外卒鐸

圖 4−2　周蟠夔鐸

圖 4−3　周乳鐸

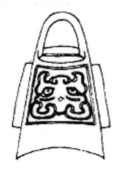

圖 4−4　漢風鈴

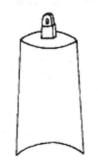

圖 4−5　漢簨鐸

## （一）鐸的起源

鐸起源於夏商，盛行於春秋至漢代。《物原·樂原》認爲"禹作鐸"[1]。《淮南子·氾論訓》曰："禹之時，以五音聽治，懸鐘鼓磬鐸置鞀，以待四方之士，爲號曰：'教寡人以道者擊鼓，諭寡人以義者擊鐘，告寡人以事者振鐸，語寡人以憂者擊磬，有獄訟者搖鞀。'"高誘注："鐸，鈴。金口木舌，合爲音聲。"[2] 現代考古材料顯示：山東泰安大汶口遺址出土的陶鈴距今 6210～6100 年；陶寺文化發現陶鈴 6 件、銅鈴 1 件（早期屬堯舜、晚期進入夏朝紀年，距今 4000～4500 年）；二里頭

① ［明］羅頎. 物原 [M]. 北京：中華書局，1985：8.
② ［西漢］劉安著，［東漢］高誘注. 淮南子注 [M]. 上海：上海書店出版社（影印本），1986：218.

文化（夏文化，距今 3500～3800 年）發現銅鈴 3 件；1989 年江西横峰縣青板鄉下陽村發現了 27 件春秋戰國時期的小型青銅器，其中有銅鐸 14 件（如圖 4－6 所示）、銅鈴 11 件（如圖 4－7 所示）。銅鐸最大者高 11 厘米，銑距 8 厘米，重 325 克；最小者高 7.1 厘米，銑距 6 厘米，重 70 克。方形短銎，器表裝飾菱形乳釘紋。銅鈴高 3 厘米，銑距 3.3 厘米，重約 30 克，有平口和弧形口兩種，紐爲半環形，器表裝飾方格乳釘紋。[①] 這些表明原始社會鈴已經存在，所以鐸的出現不會晚於夏商。

圖 4－6　銅鐸　　　　　　　　　圖 4－7　銅鈴

## （二）鐸的種類及作用

鐸的分類有兩種：按照鐸舌材質的不同，可以分爲木鐸、金鐸；按照鐸兩端的形狀，可以分爲單鐸和雙鐸。

### 1. 木鐸與金鐸

木鐸，舌爲木質或銅質的鐸。搖動發聲起到警醒作用，用於宣傳布教，一般指文事，周代時多使用。明清時木鐸成爲教化或教育的代稱。

《尚書·胤征》：“每歲孟春，遒人以木鐸徇於路，官師相規，工執藝事以諫。”孔安國傳：“遒人，宣令之官。木鐸，金鈴木舌，所以振文教。”孔穎達疏：“以執木鐸徇於路，是宣令之事，故言‘宣令之官’。”[②]《周禮·天官冢宰》：“正歲，帥治官之屬而觀治象之法，徇以木鐸，曰：‘不用法者，國有常刑。’”“徇以木鐸”，鄭玄注：“古者將有新令，必奮木鐸以警衆，使明聽也。木鐸，木舌也。文事奮木鐸，武事奮金鐸。”賈公彥疏：“‘木鐸，木舌’者，鐸皆以金爲之，以木爲舌，

---

① 鄭祖襄. 試述中國音樂起源的多地域、多民族現象 [J]. 中央音樂學院學報，2005（3）：35，37. 滕引忠. 横峰出土春秋戰國銅器 [J]. 江西文物，1991（2）：40.
② [西漢] 孔安國傳，[唐] 孔穎達疏. 尚書正義 [M]. 北京：北京大學出版社，1999：182.

則曰'木鐸'，以金爲舌，則曰'金鐸'也。"① 《左傳·襄公》載："故《夏書》曰：'遒人以木鐸徇於路，官師相規，工執藝事以諫。'" 杜預注："木鐸，木舌金鈴。徇於路，求歌謠之言。" 孔穎達正義："木鐸徇路，是號令之事。" 《禮記·明堂位》："振木鐸於朝，天子之政也。" 鄭玄注："天子將發號令，必以木鐸警衆。"② 《論語·八佾》："儀封人請見，曰：'君子之至於斯也，吾未嘗不得見也。'從者見之。出曰：'二三子何患於喪乎？天下之無道也久矣，天將以夫子爲木鐸。'" 邢昺疏："禮有金鐸、木鐸，鐸是鈴也，其體以金爲之，明舌有金、木之異，知木鐸，是木舌也。"③ 楊伯峻注："銅製木舌的鈴子。古代公家有什麽事情要宣布，便搖這鈴，召集大家來聽。"④ 朱熹注："木鐸，金口木舌，施政教時所振以警眾者也。"⑤

漢學、唐儒、宋理，"至若夫子繼聖，獨秀前哲，熔鈞六經，必金聲而玉振；雕琢性情，組織辭令，木鐸起而千里應，席珍流而萬世響，寫天地之輝光，曉生民之耳目矣"⑥。木鐸聲響，書聲琅琅，木鐸在明清時期成了教化的代稱。洪武三十五年（1402）九月，朱棣命户部申明"木鐸教民之令"："太祖高皇帝開創洪業，仿古爲治，三十餘年，海宇寧謐，民咸樂生。尚慮教化未洽，遊食者眾，自京師至於天下郡縣，皆嘗置木鐸及見丁著業牌……可傳萬世。"⑦ 正統八年（1443）二月直隸揚州府通州知州魏復奏："洪武中嘗頒《教民榜文》，令每鄉各里各置木鐸，選年老或殘疾不能生理之人持鐸循行，直言喻眾，其言曰：'孝順父母，尊敬長上，和睦鄉里，教訓子孫，各安生理，毋作非爲。'如此者每月六次，此誠化民成俗之良法也。近歲以來，木鐸之教不行，民俗之偷日甚，乞令天下鄉里仍置木鐸，循行告戒，庶人心有所警省，風俗

---

① ［東漢］鄭玄注，［唐］賈公彥疏. 周禮注疏（上）［M］. 北京：北京大學出版社，1999：63-64.

② ［東漢］鄭玄注，［唐］孔穎達疏. 禮記正義（中）［M］. 北京：北京大學出版社，1999：942.

③ ［魏］何晏注，［宋］邢昺疏. 論語注疏［M］. 北京：北京大學出版社，1999：45.

④ 楊伯峻譯注. 論語譯注［M］. 北京：中華書局，1980：33.

⑤ ［南宋］朱熹. 四書集注［M］. 長沙：岳麓書社，1987：96.

⑥ ［南朝梁］劉勰著，郭晉稀注譯. 文心雕龍［M］. 長沙：岳麓書社，2004：4.

⑦ 參看《明太宗實錄》卷十二下，轉引自顧明遠. 歷代教育制度考（下）［M］. 武漢：湖北教育出版社，1994：1069.

日歸於厚，從之。"① 萬曆年間，禮部尚書沈鯉也極力推行此法，"一聖訓六言勸化民俗而設木鐸，徇於道路，則所以提撕警覺之也。近年以來，此舉久廢，合無行令，各掌印官，查復舊制於城市、坊廂、鄉、村、集、店，量設木鐸，老人免其差役，使朝暮宣諭聖訓"②。所以顧炎武《日知錄》卷六"木鐸"條中說："金鐸所以令軍中，木鐸所以令國中，此先王仁義之用也。一器之微，而剛柔別焉，其可以識治民之道也歟？"③

金鐸，舌爲金質或銅質的鐸。擊鐸發聲可以起到警戒作用，一般指武事，周代時多使用。以後用途漸漸擴大，可聽、可看、可賞、可飾等。從《四庫全書》明集禮樂器圖中可以看出金鐸比木鐸體形要大，形製和文飾要複雜。金鐸用得比較少，用在軍隊中時唯司馬執之，用在樂舞中則作爲武舞的道具。漢至隋有鐸舞。如《周禮·地官司徒》：'以金鐃止鼓，以金鐸通鼓。'鄭注：'鐸，大鈴也，振之以通鼓。'賈疏：'此是金鈴金舌，古曰金鐸，在軍所振。稱金鈴木舌者爲木鐸，施令時所振。言通鼓者，兩司馬振鐸，軍將已下卽擊鼓，故云通鼓也。'④ 從金鐸之聲可以判斷戰爭的成敗，如《吳子·論將》中吳子曰："夫鼙鼓金鐸，所以威耳。旌旗麾幟，所以威目。禁令刑罰，所以威心。"⑤《六韜·龍韜·兵征》載："三軍齊整，陣勢以固，深溝高壘，又有大風甚雨之利；三軍無故，旌旂前指；金鐸之聲揚以清，鼙鼓之聲宛以鳴。此得神明之助，大勝之徵也。……金鐸之聲下以濁，鼙鼓之聲濕以沐，此大敗之徵也。"⑥

除了用於武事，金鐸還可以懸掛於車馬、房檐、衣物上等。⑦ 如

---

① 參看《明英宗實錄》卷一〇一，轉引自周慶許. 何謂"木鐸之教"[J]. 文史知識，2010（3）：81.

② 參看 [明] 俞汝楫. 禮部志稿（卷四十五）[M]. 文淵閣影印四庫全書（597 册）[Z]. 上海：上海古籍出版社，1987：856.

③ [清] 顧炎武著；[清] 黃汝成集釋；欒保群，呂宗力校點. 日知錄集釋 [M]. 石家莊：花山文藝出版社，1990：220.

④ [東漢] 鄭玄注，[唐] 賈公彥疏. 周禮注疏（上）[M]. 北京：北京大學出版社，1999：317.

⑤ 王思平，傅雲龍注釋. 孫子·吳子全文注釋本 [M]. 北京：華夏出版社，2001：100.

⑥ 馮國超. 六韜 [M]. 長春：吉林人民出版社，2005：117—118.

⑦ 劉偉文. 日本出雲銅鐸與中國江南文化的關係 [J]. 東南文化，1998（3）：61.

《宋史·輿服志》："明遠車，古四望車也，駕以牛。太祖乾德元年改，仍舊四馬。赤質，制如屋，重欄勾闌，上有金龍，四角垂銅鐸，上曾四面垂簾，下層周以花版，三轅。駕士四十人，服繡對鳳。"① 文天祥《曉起》："遠寺鳴金鐸，疏窗試寶熏。"② 《大金國志·誥敕》："惟三品郡夫人以上，誥軸與羅銷金外加錦囊罩，以紅絡飾以小金鈴、金鐸，製作極華麗。"③ 晉代，金鐸被認爲是祥瑞的徵兆，如《晉書·王廙列傳》之《中興賦》："又驃騎將軍導向臣説晉陵有金鐸之瑞，郭璞云必致中興。"④

鐸也可以作爲貢品或兵器上的裝飾品。孟元老《東京夢華錄·元旦朝會》載："于闐皆小金花氈笠、金絲戰袍束帶，並妻男同來，乘駱駝，顚兜銅鐸入貢。"同書《駕行儀衛》又載："其矛戟皆綴五色結帶銅鐸，其旗扇者皆畫以龍，或虎，或雲彩，或山河。"⑤

## 2. 單鐸和雙鐸

單鐸也叫單頭鐸，柄長，以木爲柄，以木爲一頭；雙鐸也叫雙頭鐸，柄短，以金爲柄，以木爲兩頭。"木爲柄者謂之單頭鐸，金爲柄而兩鐸相屬者謂之雙頭鐸，非古制也。"⑥ 宋元時期用爲文武舞的引舞、振舞等。《宋史·樂志》載北宋徽宗政和三年（1114）制二舞之制："引武舞……雙鐸二人，單鐸二人……各立於宮架之東西，北向，北上，武舞在其後。"南宋宋孝宗時規定："按大禮用樂，凡三十有四色：……單鐸三十，雙鐸三十一……此國樂之用尤大者。"⑦ 《金史·樂志上》"宮縣樂三十六簴：……文舞所執籥、翟各六十四，武舞所執朱干、玉戚各六十四，引舞所執……單鐸二，雙鐸二……"⑧ 《文獻通考·樂考》載："單鐸，長柄一頭；雙鐸，兩頭。鐸制有二，有以木爲單頭者，今太常

① ［元］脱脱等. 宋史［M］. 北京：中華書局，1977：3490.
② ［清］吳之振等選，［清］管庭芬等補. 宋詩鈔［M］. 北京：中華書局，1986：2878.
③ ［宋］宇文懋昭撰，崔文印校證. 大金國志校證［M］. 北京：中華書局，1986：507.
④ ［唐］房玄齡等. 晉書［M］. 北京：中華書局，1974：2003.
⑤ ［北宋］孟元老，鄧之誠注. 東京夢華錄注［M］. 北京：中華書局，1982：159，239－240.
⑥ 參看［清］金鉷. 廣西通志（卷39中）［M］. 文淵閣影印四庫全書（566册）［Z］. 上海：上海古籍出版社，1987：145.
⑦ ［元］脱脱等. 宋史［M］. 北京：中華書局，1977：3015，3042.
⑧ ［元］脱脱等. 金史［M］. 北京：中華書局，1975：887.

用之，所以引文武之舞也。"①《元史·禮樂志》載元英宗、明宗登歌樂於太廟時有"單鐸、雙鐸各二，制如小鐘，上有柄，以金爲舌，用以振武舞。兩鐸通一柄者，號曰雙鐸"②。

### （三）朝鮮、日本的鐸與中國鐸的關係

近年來考古發現，銅鐸在朝鮮和日本分布較廣（如圖4－8所示）。③那麼被稱爲朝鮮小銅鐸和日本彌生時代的銅鐸與中國的銅鐸有沒有關係？如果有，它們之間的淵源又是什麼？

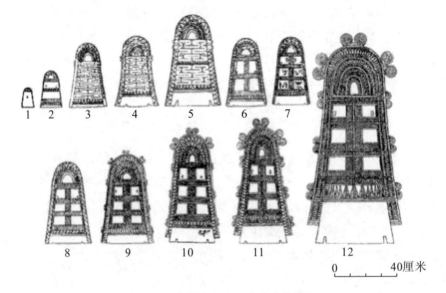

圖4－8　朝鮮半島和日本出土的銅鐸

注：1爲朝鮮小銅鐸，2爲日本横帶紋銅鐸，3－5爲日本流水紋銅鐸，6－12爲日本裝裳紋銅鐸。

目前有兩種説法：

一説朝鮮、日本兩地的銅鐸有着某種聯繫。④ 日本學者指出，日本的銅鐸源於朝鮮半島，其前身是"朝鮮小銅鐸"。⑤ 堅持朝鮮、日本的

---

①　[元] 馬端臨. 文獻通考 [M]. 杭州：浙江古籍出版社影印，1988：1196.

②　[明] 宋濂等. 元史 [M]. 北京：中華書局，1976：1707.

③　王巍. 出雲與東亞的青銅文化 [J]. 考古，2003 (8)：87.

④　[日] 小林行雄. 日本考古學概論——連載之六 [J]. 韓釗，李自智譯. 考古與文物，1997 (4)：92.

⑤　[日] 高倉洋彰. 銅鐸起源研究 [J]. 蔡鳳書譯. 華夏考古，2003 (1)：82－90

銅鐸有關係的説法大多爲朝鮮、日本的學者。

　　一説朝鮮、日本兩地的銅鐸起源於中國。月朗、顧軍根據現有的考古成果和文獻記載，借助民族學、傳説學等資料對日本、韓鮮、中國三國的銅鐸文化進行了比較，從銅鐸的地域分布、形製、文飾、使用功能、埋葬方式等方面進行了論證，得出如下結論：中國銅鐸文化是"隨着東南沿海吳越民族的遷徙，與稻作文化一同，經朝鮮最終傳至日本"，所以朝鮮、日本的銅鐸文化當源自中國古代的東南沿海地區。[①] 劉偉文在《日本出雲銅鐸與中國江南文化的關係》一文中也有同樣的論述，其通過對日本出雲銅鐸和中國江南同類器物的比較，發現日本與中國江南在歷史上有密切的文化聯繫。[②] 對此，王巍提出了不同的看法，他認爲日本的小銅鐸"最早出現於中國東北地區的青銅文化中，可以追溯到中國山西襄汾陶寺遺址出土的距今 4000 多年的純銅鈴。……銅鐸的祖源可以追溯到中國的黃河流域，首先被傳到遼寧地區，後被傳到朝鮮半島，最後到日本"[③]。吳釗則認爲，至晚在秦漢之際，朝鮮半島和日本半島都已存在着被日本稱爲"朝鮮小銅鐸"與"銅鐸"的器物。考古發現證明，銅鐸在朝鮮半島分布較廣，北部、南部、中部皆有。從形製上看，朝鮮半島新石器時代所用銅鐸與中國戰國中期的遼西凌源三官甸青銅短劍墓出土的銅製大鈴極爲接近，因此推斷朝鮮半島的銅鐸極有可能受了遼西的影響。日本出土的很多彌生時代的銅鐸，證明是受到了中國二里頭文化遺址銅製大鈴或鑄鐘的影響。中國東南部百越地區、朝鮮、日本（主要是畿内周圍地區）在上古時代連成一個以銅鐸爲代表性器物的環太平洋北係文化圈——銅鐸文化圈。[④]

　　鄭祖襄用歷史學界提出的華夏集團、東夷集團、苗蠻集團"三集團學説"論證了中國音樂起源的多地域性、多民族性，認爲無論從歷史傳説還是考古發現的樂器來看，從新石器時期到夏朝，中國音樂的多地域

　　① 參看月朗，顧軍. 日韓銅鐸文化源出中國東南沿海考［J］. 北京聯合大學學報，1992（2）：77，79.

　　② 劉偉文. 日本出雲銅鐸與中國江南文化的關係［J］. 東南文化，1998（3）：56—62.

　　③ 王巍. 出雲與東亞的青銅文化［J］. 考古，2003（8）：87.

　　④ 參看吳釗. 上古中國與環太平洋音樂文化的聯係［J］. 天津音樂學院學報，1999（3）：24—27.

性、多民族現象都是十分清晰的。① 到此，我們就會明白朝鮮、日本的銅鐸雖然都來源於中國，爲什麼會有來源方向的差異。文化是複雜的，文化交流更是錯綜的，在未找到確切的證據之前，我們只能認爲日本、朝鮮的銅鐸來源於中國，但具體是從中國哪個地區輸出的，還有待進一步的考察和論證。

## 五、海岸香

（1）盡欲庵園聽，皆焚海岸香。（頁 765）

（2）於是幡花滿座，珠寶百味珍羞，爐焚海岸之香，供設蘇陀蜜味，獻珍饌千般羞味，造盂蘭百寶裝成，虔心供養如來，啓告十方諸佛。/七日六時長禮懺，爐焚海岸六銖香。（頁 1014）

海岸香，或稱海岸之香。海岸香者，經云："海此岸栴檀之香。"（《止觀輔行傳弘決》46/0189a）"海岸香者，只是旃檀。"（《止觀輔行搜要記》55/0760b）即栴檀或旃檀。栴檀，梵文"栴檀那"（Candana）的省稱，又作栴檀樹、真檀樹、栴陀那樹、栴彈那樹、栴檀那樹、真檀等，也就是通常所說的檀香（如圖 5－1 所示②）。檀香是名貴珍稀植物，木材極香，可製器物，亦可入藥，寺廟中用以燃燒祀佛。檀香科檀香屬，現有 15 個種和 3 個變種，主要產於印度等國。③

《説文解字·木部》云："檀，木也。"④《詩經·鄭風·將仲子》："勿折我樹檀。"毛亨傳曰："檀，彊韌之木。"《詩經·小雅·鶴鳴》："爰有樹檀。"孔穎達疏："檀，善木。"⑤ 檀，梵語 Dāna，又作檀那、陀那，譯爲布施，施與。《大乘義章》十二曰："言檀者是外國語，此名布

---

① 參看鄭祖襄. 試述中國音樂起源的多地域、多民族現象 [J]. 中央音樂學院學報，2005（3）：33.

② 圖片來自楊利民. 植物資源學 [M]. 北京：中國農業出版社，2008：241.

③ 參看李春麗等. 檀香化合物的合成研究成果 [J]. 香料香精化妝品，2006（1）：31. 溫翠芳. 印度之香藥，http://www.bskk.com/thread－146749－1－1.html.

④ ［東漢］許慎撰，［宋］徐鉉校定. 説文解字（附檢字）［M］. 北京：中華書局（影印本），1963：117.

⑤ ［西漢］毛亨注，［東漢］鄭玄箋，［唐］孔穎達疏. 毛詩正義 [M]. 北京：北京大學出版社，1999：282，670.

施。以己財事分布與他，名之爲布。慾己惠人目之爲施。"《慧琳音義》十二曰："陀那，正云馱曩。唐云施，古曰檀那，一也。"所以李時珍謂："檀，善木也，故字從亶。亶，善也。釋氏呼爲旃檀，以爲湯沐，猶言離垢也。番人訛爲真檀。雲南人呼紫檀爲勝沉香，卽赤檀也。"①《説文·香部》言香，"芳也，從黍，從甘"②，表明它與芳一樣，指的是植物發出的"甘味"。由此看來，檀和香二字組合起來意爲具有天然香氣、強靭的樹木，本義是天生的香木。

圖 5-1　檀香　　圖 5-2　白檀香　　圖 5-3　紫檀　　圖 5-4　黃檀

　　檀木之名，漢代文獻中早已有之，《詩經》中便多次提到。如《魏風·伐檀》"坎坎伐檀兮"，《小雅·杕杜》"檀车幝幝"，《大雅·大明》"檀車煌煌"等。不過据考證，《詩經》中的檀爲青檀，又稱檀樹、檀木、翼撲、青藤、榆樹等，落葉喬木，高達 20 米，因樹葉及幼樹幹皮呈青（深綠）色，故名"青檀"，屬榆科青檀屬蕁麻目，是我國特有的單種屬植物。樹皮可作爲纖維原料，木材供建築、車輛、家具及細木等用。黃河中下游地區爲青檀的分布中心，河南、河北、山東、陝西、山西、甘肅、安徽、江蘇、江西、湖南、湖北、四川、貴州、廣西、廣東等省區海拔 500～1100 米的濕潤地帶或石灰岩山區也有分布。③ 所以此檀應該不是我們平時所説的具有香味的檀香，卽蘇頌所謂"江淮、河朔所生檀木，卽其類，但不香爾"④。

　　①　［明］李時珍編著，張守康校注. 本草綱目［M］. 北京：中國中醫藥出版社，1998：828.

　　②　［東漢］許慎著，［宋］徐鉉校定. 説文解字（附檢字）［M］. 北京：中華書局（影印本），1963：147.

　　③　參看羅良才. 檀木名實錄［J］. 雲南林業科技，2003（1）：58-61. 周默. 紫檀［M］. 太原：山西古籍出版社，2007：148-149.

　　④　轉引自［明］李時珍編著，張守康校注. 本草綱目［M］. 北京：中國中醫藥出版社，1998：828.

關於檀木的分類，不同的角度有不同的分法，如下：

1. 按照國别分，可分为國産檀樹種類，如有青檀、黄檀、烏檀、新烏檀；進口檀木樹種，如有紫檀、酸枝、檀香。①

2. 根據檀木利用的傳統歷史、結合當代世界植物分類系統，可分爲三大類：黄檀木類（分爲顯心材黄檀木和隱心材黄檀木）、紫檀木類（分爲紫檀木、花梨木、亞花梨木）、檀香木類（分爲檀香木、亞檀香）。②

羅萍等集中了幾種分類法，將檀木分爲三類：按照商品名分爲老山香（也稱白皮老山香或印度香）、新山香、地門香、雪梨香，按處方名分爲檀香、白檀香、真檀香等，按色澤分爲白檀、黄檀、紫檀。③

文獻中常用顏色來分類。如李時珍在《本草綱目》中引用的北宋蘇頌《圖經本草》和葉廷珪《香譜》都按顏色將檀木分爲三種：白檀、黄檀、紫檀。白檀香爲檀香科檀香屬常綠小喬木，性清涼，具香味，主幹和根部均含有芳香油（如圖5－2所示）④。紫檀香是豆科紫檀屬常綠大喬木，木材堅重細緻（如圖5－3所示）⑤。黄檀屬於蝶形花科黄檀屬，落葉小喬木或喬木，高達20米，分布在熱帶地區，用途不及白檀和紫檀（如圖5－4所示）⑥。但關於哪種檀最香，説法不一：唐代釋慧琳以紫檀爲上，北宋葉廷珪以白檀爲優良，明代王認爲黄檀最香。一般來説，用於熏燃的檀香主要以白檀爲主。如《三國典略》云："初，梁主以白檀木爲梁武之像，每朔望親祭之，軍人以其香也，剖而分之。"⑦可見白檀是一種香味十足的香木，佛典中有很多關於白檀的記述，如《大佛頂廣聚陀羅尼經》卷二："欲作法時，如前洗浴，燒白檀香，一日一夜不食，誦八千遍。"（19/163a）《金剛頂瑜伽千手千眼觀自在菩薩修

---

① 參看羅良才. 檀木名實錄 [J]. 雲南林業科技，2003 (1)：58－60.

② 參看王劍菁等. 檀木分類、性狀及辨別淺析 [J]. 廣東林業科技，2010 (6)：60－63.

③ 參看羅萍等. 檀香研究生產現狀及栽培應用 [J]. 中國種業，2008 (S1)：135.

④ 參看南京中醫藥大學. 中藥大辭典（上册第2版）[Z]. 上海：上海科學技術出版社，2006：968.

⑤ 圖片來自周京南. 中國古代紫檀用藥考 [J]. 家具，2009 (S1)：84.

⑥ 參看陳嘉文，高瑞峰. 木材及木製品歸類指南 [M]. 北京：中國商務出版社，2008：31. 圖片來自郭成源. 北方鄉土樹種園林應用 [M]. 北京：中國建築工業出版社，2009：121.

⑦ 參看 [北宋] 李昉等. 太平御覽（卷982·香部）[M]. 張元济等撰. 四部叢刊本（三編子部）[Z]. 上海：上海書店，1985.

行儀軌經》卷二："若作增益法者……燒白檀香，然油麻油燈……如是
念誦能遷官榮，及增壽命、求福德、聰慧名聞。"（20/81a）《七俱胝佛
母所説準提陀羅尼經會釋》卷二："塗香用黄檀，或白檀，加少鬱金；
燒香用白檀，然麻油燈。"（23/767b）《水陸道場法輪寶懺》卷九："若
作增益法者：面向東，像面向西……塗香用白檀，加少鬱金，燒白檀
香，然油麻油燈，以金剛眼顧視。"（74/1007a）中土文獻中也有記載，
如皮日休《江南道中懷茅山廣文南陽博士三首》："半日始齋青食迅，移
時空印白檀香。"齊己《不睡》云："永夜不欲睡，虛堂閉復開。卻離燈
影去，待得月光來。落葉逢巢住，飛螢值我回。天明拂經案，一炷白檀
灰。"① 唐段成式《酉陽雜俎·貝編》記載唐高僧不空就曾燃燒白檀香
龍行咒祈雨之事："唐玄宗曾召術士羅公遠與不空同祈雨，互挍功力之
事。上問之，不空曰：'臣昨焚白檀香龍。'上令左右掬庭水嗅之，果有
檀香氣。"② 另外，白檀也可用作器具、入藥、美容、熏衣等。如梁元
帝《金樓子》之白檀牀，唐末五代王定保《唐摭言》卷七記載了白檀
亭，云白檀能治熱病，爲理氣之藥，白檀能除黑痣、雀斑等面部瑕
疵等。

紫檀全稱檀香紫檀，又叫印度小葉紫檀，即佛典中所謂的赤紫檀或
黑栴檀。常綠喬木，高 15～20 米，產於印度南部、西南部山區，主要
是邁索爾邦。③ 屬豆科紫檀屬，此屬世界上約有 30 種，是著名的名貴
木材和香料之一，統稱"紅木"。④ 紫檀香爲豆科植物紫檀的乾燥心材。
我國廣東、廣西、海南及雲南引种栽培，野生數量很少。我國已有 70
多年的紫檀引種歷史，海南文昌現存有胸徑 70～100 厘米的大樹。1957
年，中國熱帶農業科學院從印度引種在海南栽培，紫檀對氣候要求特别
嚴格，對光熱條件的要求尤其高，因此人工栽培難有大的發展，藥用資
源十分緊缺。紫檀不但是藥用植物，也是木雕、工藝家具的名貴用材，
市場需求很大。⑤

---

① 參看林德保等. 詳注全唐詩［M］. 大連：大連出版社，1997：2389，3222.

② 參看［唐］段成式撰，方南生點校. 酉陽雜俎［M］. 北京：中華書局，1981：39.

③ 參看吳立. 淺談紫檀的樹種名稱與產地［J］. 東方收藏，2010（5）.

④ 參看羅良才. 檀木名實錄［J］. 雲南林業科技，2003（1）：59.

⑤ 徐秀佳等. 中藥資源學［M］. 上海：上海科學技術文獻出版社，2007：219-220.

"紫檀"一詞最早出現於西晉，崔豹所著的《古今注·草木》記載："紫旃木，出扶南，色紫，亦謂之紫檀。"① 這是我國古代有關認識和使用紫檀木記載的開始。隨着紫檀名稱的出現，在此後歷代的史書、筆記、藥典等典籍中，均可見關於紫檀的記載。南宋趙汝适的《諸蕃志·志物》載："其樹如中國之荔枝，其葉亦然……紫者謂之紫檀。"② 明代王佐在《新增格古要論》卷八《異木論》中對紫檀木的特徵作了最早且可靠的描述："紫檀木，出交趾、廣西、湖廣，性堅。新者色紅；舊者色紫，有蟹爪紋。新者以水濕浸之，色能染物，作冠子最妙。近以真者揩粉壁上，果紫；餘木不然。"③ 明代李時珍《本草綱目·木部》記載了紫檀的醫療功效，紫檀"咸、微寒，無毒"，爲血分之藥，"能和營氣而消腫毒，治金瘡"。④ 清代屈大均《廣東新語·香語》檀香條云："嶺南亦有檀香，皮堅而黃者黃檀，白者白檀，皮腐而色紫者紫檀。皆有香，而白檀爲勝，與紫檀皆來自海舶。然羅浮亦有白檀。"⑤

紫檀在佛典中的記載很多，是五種堅香之一，主要用作香料。如《蘇悉地羯羅經》卷二："五種堅香：謂沉水香、白檀香、紫檀香、娑羅羅香、天木香。"（T18/651c）浴像、供養等皆用紫檀。如《浴佛功德經》卷一："若浴像時，應以牛頭栴檀、白檀、紫檀、沉水、熏陸、欝金香、龍腦香、零陵、藿香等，於淨石上磨作香泥，用爲香水，置淨器中。"（T16/800b）《蘇悉地羯羅經》卷一："諸事金剛應用天火所燒之木，或苦練木，或取燒屍殘火糟木，或用白檀，或紫檀木，隨取一木，作拔折羅……以紫檀香塗是金剛，置本尊前，當用如前所説真言持誦花香而供養之。"（T18/607b）《蘇悉地羯羅經》卷一："佛部供養，唯用白檀和少龍腦，以爲塗香；蓮花部用，唯用欝金和少龍腦以爲塗香；金剛部用，紫檀塗香，通於一切金剛等用。"（T18/609a）《蕤呬耶經》卷二："若供養諸佛塗香者，當用新好欝金香或黑沉香，和龍腦而作塗香；若作供養觀自在者，當用白檀以爲塗香；若供養執金剛及眷屬者，當用

① ［西晉］崔豹. 古今注 ［M］. 上海：商務印書館，1956：22.
② ［南宋］趙汝适. 諸蕃志 ［M］. 北京：中華書局，1985：33.
③ 參看［明］曹昭著，舒敏編，王佐增. 新增格古要論 ［M］. 北京：中華書局，1985：163.
④ ［明］李時珍編著，張守康校注. 本草綱目 ［M］. 北京：中國中醫藥出版社，1998：828.
⑤ ［清］屈大均. 廣東新語 ［M］. 北京：中華書局，1985：680.

紫檀而爲塗香；自餘諸尊，隨意而合用供養之。”（T18/766c）《如意寶珠轉輪秘密現身成佛金輪咒王經》卷一：“復以十一種珍寶合成如意寶珠：所謂一者卽佛舍利，二者黃金，三者白銀，四者沉香，五者白檀，六者紫檀，七者香桃，八者桑沉，九者白心樹沉，十者柏沉，十一者真漆。”（T19/332b）《續高僧傳》卷四：“佛之錫杖，以鐵爲環，紫檀爲笴。”（T50/448b）

　　傳世文獻中，唐代以後關於紫檀的記載漸次增多。尤其是有唐一代，上至皇帝，下到權貴顯要都很看重紫檀，特別是明清時期，紫檀木家具尤爲受到皇親貴戚的青睞。唐代常用紫檀木製作琵琶的槽，如張籍《宮詞》：“黃金捍撥紫檀槽，弦索初張調更高。”李宣古《杜司空席上賦》：“觱栗詞清銀象管，琵琶聲亮紫檀槽。”王仁裕《荊南席上詠胡琴妓二首》：“紅妝齊抱紫檀槽，一抹朱弦四十條。”① 唐代張彥遠《法書要錄》記載唐太宗非常喜愛王羲之父子的書法，購求後“取其書迹及言語，以類相從，綴成卷”，“裝背，率多紫檀軸首，白檀身，紫羅褾織成帶”。② 此外，開元中朝廷對庫藏的書籍進行了集中整理與裝裱，子庫的書籍皆用紫檀軸裝卷。如《舊唐書·經籍志下》云：“凡四部庫書，兩京各一本，共一十二萬五千九百六十卷，皆以益州麻紙寫……子庫皆雕紫檀軸，紫帶，碧牙籤……以分別之。”③ 紫檀還可以製成貴族家才配使用的遊戲用具棋子等，如《雲仙雜記》“貴家棋子”條載：“開成中，貴家以紫檀心、瑞龍腦爲棋子。”④ 另外，唐代品級較高的佛教法師的衣裳是用紫檀熏過的，如曹松《青龍寺贈雲顥法師》“紫檀衣且香，春殿日尤長”；又《薦福寺贈應制白公》“才子紫檀衣，明君寵顧時”。⑤ 元代大都有紫檀殿，“皆以紫檀香木爲之，縷花龍涎香，間白玉飾壁，草色縈綠，其皮爲地衣”⑥。明清有紫檀家具，如明代蓮花紋紫檀寶座、牡丹紋開光紫檀扶手椅，清代紫檀木邊豆瓣楠木心套桌、紫檀木龕、紫檀木盤子、紫檀屏風、紫檀彩漆銅掐絲琺琅龍舟仙台等，不一而足。乾

---

① 參看林德保等. 詳注全唐詩［M］. 大連：大連出版社，1997：1490，2156，2879.

② 參看［唐］張彥遠撰，劉石點校. 法書要錄［M］. 沈陽：遼寧教育出版社，1998：155.

③ 參看［後晉］劉昫等. 舊唐書［M］. 北京：中華書局，1975：2082.

④ 參看［後唐］馮贄. 雲仙雜記［M］. 北京：中華書局，1985：30.

⑤ 參看林德保等. 詳注全唐詩［M］. 大連：大連出版社，1997：2827.

⑥ 參看［元］陶宗儀著，文灝點校. 南村輟耕錄［M］. 北京：文化藝術出版社，1998：288.

隆帝退位後還住進了"紫檀樓"。① 紫檀的地位由此可見一斑。

與白檀和紫檀相比，不管是在佛典文獻還是中土文獻中，黃檀出現的頻率都比較低。如《大寶積經》卷一："其人命終以天識故。見三十三天百千樓閣，金摩竭魚莊飾門柱，蛇勝栴檀香水塗灑，其地柔潔，白逾霜雪、淨如頸珠，黃檀香樹，天寶燈燭雜錯行列。"（T 11/682b）《金剛峰樓閣一切瑜伽瑜祇經》卷二："令速疾成就，黃檀常護摩。"（T18/268a）《七俱胝佛母所説準提陀羅尼經會釋》卷二："塗香用黃檀，或白檀，加少鬱金；燒香用白檀，然麻油燈。"（T 23/767b）《五燈嚴統》卷二十一："無準忌，拈香曰：'盡道先師今日死，誰知今日是生朝。不知卻有何憑據，紫栢黃檀一處燒。'"（T81/262c）《太平御覽·樂部》"羯鼓"條云擊打羯鼓的樂杖用的是"黃檀、狗骨、花楸等木"，且"須至乾緊，絕濕氣而復柔膩。乾取發越響亮，膩取戰嫋健舉"。② 南宋趙汝适撰《諸蕃志·志國》言在胡茶辣國南海島中的層拔國"産象牙、生金、龍涎、黃檀香"等，同書《志物》曰："檀香，出闍婆（今爪哇島）之打綱（今加里曼島之吉打榜）、底勿（今帝汶島）二國；三佛齊（今蘇門答臘島）亦有之。其樹如中國之荔支，其葉亦然。土人斫而陰乾，氣清勁而易泄，爇之能奪眾香。色黃者謂之黃檀，紫者謂之紫檀，輕而脆者謂之沙檀，氣味大率相類。樹之老者，其皮薄、其香滿，此上品也；次則有七八分香者；其下者謂之點星香，爲雨滴漏者，謂之破漏香，其根謂之香頭。"③ 明代王佐認爲"黃檀木最香，今人多以作帶"④。《漢語大詞典》"黃檀"條目下列有兩個義項：一爲木料之黃檀，二爲檀香的一種。⑤ 不知道兩者是否爲一物，有待考證。

黃檀屬豆科蝶形花亞科黃檀屬。黃檀屬植物有 120 多種，主要分布於南亞、東南亞、非洲中部及南美洲熱帶地區。我國有黃檀約 25 種，其中列入國家紅木標準的黃檀類樹種有 16 種，如降香黃檀、鈍葉黃檀、思茅黃檀、南嶺黃檀等，主要產於長江中下游地區，北自秦嶺、山東南

---

① 參看周默. 紫檀［M］. 太原：山西古籍出版社，2007：84-102.

② 參看［北宋］李昉等. 太平御覽（卷583·樂部）［M］. 张元济等撰. 四部叢刊本（三編子部）［Z］. 上海：上海書店出版社，1985.

③ ［南宋］趙汝适撰. 諸蕃志［M］. 北京：中華書局，1985：17，33.

④ 參看［明］曹昭著，舒敏編，王佐增. 新增格古要論［M］. 北京：中華書局，1985：163.

⑤ 參看漢語大詞典編輯委員會等. 漢語大詞典［Z］. 上海：汉语大词典出版社，2001：1007.

部、安徽，南至華南，西至四川、貴州等皆有分布。其木材多爲黄色或黄褐色，故稱爲黄檀。主要用於製作車輛、農具的柄、家具及日常用具、木梭、雕刻、算盤、玩具、樂器等。[①]

自然狀態下的檀香生長期較長，需 10 年以上才能形成心材，30～40 年才可採伐，樹越大，心材越多，精油含量越高，品質也越佳。原産印度、印度尼西亞、馬來西亞等地，主要分布於東南亞、大洋洲、太平洋地區。我國有 1500 多年利用檀香的歷史，但引進的時間還不到 100 年。我國引進檀香最早的是臺灣地區，從 1913 年開始，大陸是 1962 年由中國科學院華南植物園首次從印度引入檀香種子並繁殖成功，現已在華南、西南的熱帶亞熱帶地區推廣種植。[②]

## 六、黄蘗（檗）

(1) 甘甜縱喫如黄蘗，口苦舌乾不欲餐。（頁 1000）

黄檗樹爲芸香科的闊葉喬木，高 10～15 米，樹皮灰色或灰褐色，外層木栓發達，柔軟，内層薄，鮮黄色，味苦。木材髓心黄色，無特殊氣味。雌雄異株，15～20 年生開始結實，種子可以通過食果實鳥類傳播。黄檗是乾燥的樹皮，唐五代以前的“黄檗”主要以川産爲優，清代以後“關黄柏”即黄檗逐漸成爲正品。在我國，“川黄柏”即黄皮樹主要以四川、貴州爲産地。黄檗分布於東北大興安嶺東南部、小興安嶺、長白山、完達山、天山等山區及華北燕山山脉北部山地，主要産於遼寧、吉林、黑龍江，河北、北京、内蒙古、山西也有分布。[③]

① 參看羅良才. 檀木名實錄 [J]. 雲南林業科技，2003 (1)：59. 周默. 紫檀 [M]. 太原：山西古籍出版社，2007：148－149. 高兆蔚. 兩種黄檀的形態特徵差異及甄別方法的探討 [J]. 林業勘察設計，2009 (1)：58.

② 參看顔仁梁等. 檀香的研究進展 [J]. 中藥新藥與臨床藥理，2003 (3)：218. 羅萍等. 檀香研究生産現狀及栽培應用 [J]. 中國種業，2008 (S1)：134. 楊利民. 植物資源學 [M]. 北京：中國農業出版社，2008：240－241.

③ 參看秦彦傑. 黄檗主要藥用成分的分布規律研究 [D]. 東北林業大學碩士學位論文，2005：1, 3. 限穎，王立軍. 黄檗的種質資源學研究 [J]. 中草藥，2010 (20)：189.

（一）名字辨析

黄檗亦作“檗（蘖）木”“黄蘗”“黄蘖”“黄柏”“黄薛”等。其中“檗”字有幾種寫法，如蘖、蘗、柏、薛等，它們之間的關係是怎樣的，到底哪一個是本字呢？

檗，黄木也。從木、辟聲。博厄切，入聲，麥韻，幫母，音 bò。《説文》中無“蘖”，《廣韻》在“檗”字條注俗作“蘖”，可見“蘖”是“檗”的俗体。《説文》段注在“檗”字條下也指出“俗加‘艸’，作‘蘖’，多誤爲‘蘖’”①。

《康熙字典》辰集中木字部檗條，云《唐韻》《集韻》《韻會》《正韻》博陌切，音伯。引《本草》檗，或作蘖。《類篇》蒲曆切，音椑，榠也。從檗，蘖非。並指出蘖的本字爲木獻②。木獻，伐木餘也。從木、獻聲。……或從木辥聲。五葛切，入聲，薛韻，疑母，音 niè。③義爲樹木砍伐後從殘存莖根上長出的新芽，泛指植物由莖的基部長出的分枝，引申爲開端、萌生。如《尚書·槃庚上》有“若顛木之有由蘖”④的記載；《詩·商頌·長髮》“苞有三蘖，莫遂莫達”，毛亨傳曰“蘖，餘也”，孔穎達正義云“蘖者，樹木於根本之上更生枝餘之名”⑤；《孟子·告子上》云“是其日夜之所息，雨露之所潤，非無萌蘖之生焉，牛羊又從而牧之，是以若彼濯濯也”⑥；《國語·魯語上》載“且夫山不槎蘖，澤不伐夭……古之訓也”，韋昭注：“以株生曰蘖”⑦；西漢漢文

① 參看［東漢］許慎撰，［宋］徐鉉校定. 説文解字（附檢字）［M］. 北京：中華書局（影印本），1963：117. ［北宋］陳彭年等. 宋本廣韻［M］. 南京：江蘇教育出版社，2008：152. ［東漢］許慎撰，［清］段玉裁注. 説文解字注［M］. 上海：上海古籍出版社，1981：245.

② 參看［清］張玉書等編撰，王引之等校訂. 康熙字典［Z］. 上海：上海古籍出版社，1996：537，545.

③ 參看［東漢］許慎撰，［宋］徐鉉校定. 説文解字（附檢字）［M］. 北京：中華書局（影印本），1963：125. ［北宋］陳彭年等. 宋本廣韻［M］. 南京：江蘇教育出版社，2008：146.

④ ［西漢］孔安國傳，［唐］孔穎達疏. 尚書正義［M］. 北京：北京大學出版社，1999：226.

⑤ ［西漢］毛亨傳，［東漢］鄭玄箋，［唐］孔穎達疏. 毛詩正義［M］. 北京：北京大學出版社，1999：1459－1460.

⑥ ［東漢］趙歧注，［北宋］孫奭疏. 孟子注疏［M］. 北京：北京大學出版社，1999：305.

⑦ ［三國吳］韋昭注，明潔輯評，金良年導讀，梁毅整理. 國語［M］. 上海：上海古籍出版社，2008：80.

帝後元二年（前162），"诏吏遺单于秫蘖"等物"以圖長久"。① "秫蘖"，即發芽的穀物，製爲曲以當造酒的酵母，所以又稱曲蘖。張衡《東京賦》"堅冰作於履霜，尋木起於蘖栽"②。《漢書·枚乘列傳》"夫十圍之木，始生如蘖，足可搔而絕，手可擢而拔，據其未生，先其未形也"。師古曰："如蘖，言若蘖之生牙也"。③ 詞語"分蘖"的意思就是指禾本科等植物在地面以下或接近地面處所發生的分枝。可見黃檗亦作"黃蘖"的說法是錯誤的。《神農本草經》有些版本对此也混淆不清，以至於把"檗"作"蘖"。如三國魏吳普等述，清孫星衍、孫馮翼輯《神農本草經·上經》目錄列爲"蘖木"，正文則爲"檗木"，並引顏師古云"蘖，黃薜 bì 也"，"薜"應爲"蘖"或"檗"才對；《敦煌變文集新書》和《敦煌變文選注》均作"黃蘖"，項楚釋爲"常綠喬木，外皮白色，内皮深黃，味苦入藥"；而清顧觀光輯、楊鵬舉校注的《神農本草經校注》直接列的就是"檗木"，並在校勘第一條裏注明"檗（bò）木，《圖考長編》作黃蘖"；語譯和按語中用的都是"檗"字。④ 一些字典、詞典、文獻和論文不加辨別，以錯就錯，錯錯沿用者多。

再說"柏"字。黃檗俗稱"黃柏"，《漢語大詞典》《中國古代名物大典》《現代漢語詞典》等詞書中皆如此，一些論文和文獻也多採用此說法。《說文》："柏：鞠也。從木、白聲。博陌切。""鞠：踏鞠也。從革、匊聲。居六切。"⑤ 可見"鞠"與"柏"不同義。《爾雅》云："柏，木名，同'椈'。"⑥ 字典、詞典中列有三個讀音：常見的讀音 bǎi，如松柏、柏樹等；bó 用於外國語音譯，如柏林、柏拉圖等；同"檗"bò。李時珍《本草綱目》認爲"俗作黃柏者，省寫之謬也"。張舜徽《說文

① 參看［西漢］司馬遷撰，［南朝宋］裴駰集解，［唐］司馬貞索隱，［唐］張守義正義. 史記卷［M］. 北京：中華書局，1959：2903.

② ［東漢］張衡. 東京賦［A］.［清］嚴可均. 全上古三代秦漢三國六朝文［C］. 北京：中華書局，1958：767.

③ ［東漢］班固撰，［唐］顏師古注. 漢書［M］. 北京：中華書局，1962：2360－2361.

④ 參看［三國魏］吳普等述，［清］孫星衍，孫馮翼輯. 神農本草經（及其他一種）［M］. 北京：中華書局，1985：41.［清］顧觀光輯，楊鵬舉校注. 神農本草經校注［M］. 北京：學苑出版社，1998：160－161. 潘重規. 敦煌變文集新書（卷2）［M］. 臺北：文津出版社，1984：482. 項楚. 敦煌變文選注（增訂本）［M］. 北京：中華書局，2006：1521.

⑤ 參看［東漢］許慎撰，［宋］徐鉉校定. 說文解字（附檢字）［M］. 北京：中華書局（影印本），1963：118，61.

⑥ ［東晉］郭璞注，［宋］邢昺疏. 爾雅注疏［M］. 北京：北京大學出版社，1999：267.

解字約注》中認爲是"俗作黃柏，乃由音近而訛"。于廣元從語音規範和詞彙規範的角度也認爲已經有兩個讀音的"柏"，如果再專門爲"檗"立一個音 bò，"這樣處理是不妥當的"。[①]

綜上所述，我們可以梳理出這幾個字何以混用的原因：檗（本字）—蘗（俗字）—柏（李時珍：省寫之謬；張舜徽：音近而訛；于廣元：柏負擔太重）—薜（省寫之誤）—蘖（形近，音義與檗都不一樣）。"蘗"是"檗"的俗寫，在"檗"的基礎上加了"艸"，是漢字中的一種繁化現象；"柏"字用爲"檗"完全是省寫之誤，明代李時珍已經指出，不過後來錯錯沿用，至今仍在錯用；"檗"與"蘖"的音、形、義都不一樣，錯誤的原因是"蘖"與"檗"的俗寫"蘗"形近而誤，所以很多古籍、字典、詞典、辭書等皆不辨形體，以至錯錯相用；至於"檗"字用爲"薜"字，可能是俗寫"蘗"的省略，也可能是"蘗"的省寫之誤。總之，字由音、形、義三部分組成，忽視其中一個方面就會造成錯誤。

由以上論述可以看出，敦煌變文中的"黃蘖"應爲"黃檗"。

### （二）黃檗與黃柏

我國黃柏屬有兩種，卽爲芸香科植物黃皮樹或黃檗的乾燥樹皮，前者習稱"川黃柏"（如圖 6—1、6—2 所示），後者習稱"關黃柏"（如圖 6—3、6—4 所示）。兩個變種卽禿葉黃皮樹和美姑黃皮樹。"川黃柏"，原植物爲"禿葉黃皮樹及黃皮樹"，從五代《蜀本草》開始，藥用黃柏以川產爲優，卽正宗品種；"關黃柏"的原植物爲"黃檗"，清代成爲正品。國產川黃柏（卽黃皮樹）與關黃柏（卽黃檗）大致以陝西呂梁山和黃河爲界，以南者爲黃皮樹，黃皮樹、禿葉黃皮樹主要分布於四川、貴州、湖北、湖南及雲南，美姑黃皮樹僅分布於四川美姑縣，具體主產區爲四川都江堰、峨眉山、南充、茂縣，貴州遵義、安順、畢節、興義，陝西鳳縣、安康、雒南、洋縣、紫陽，湖北崇陽、竹溪，雲南滕沖、昭通等，以四川、貴州產量爲最大；以北者爲黃檗，主要分布在東北三省、內蒙古、河北、山西等省，主要產地爲遼寧撫順、鞍山、蓋平、海

---

① 參看于廣元. 說"蘖"和"蘗"——兼說"黃檗"和"黃柏"［J］. 語文建設，1999（5）：37.

城、本溪、鳳城、岫岩、新賓等，吉林永吉、磐石、敦化、通化、樺甸、集安等，黑龍江饒河、伊春、慶安、雞西、方正等，河北青龍、承德、撫寧、蔚縣等，以遼寧產量爲最大。① 那麼歷代本草中所載的檗木、黃檗或黃柏究竟是“川黃柏”還是“關黃柏”呢？据考證，古代本草中所記載的“檗木”“黃檗”“黃柏”均指現今的川黃柏，關黃柏爲後起藥材。黃鄭爽等也認爲“歷代古本草中的‘黃檗’乃是現在商品上的川黃柏”。不過据目前全國黃柏的供銷情況來看，關黃柏已成爲黃柏的主流商品，是黃柏的第一品種。②

圖 6-1　川黃柏原植物

圖 6-2　川黃柏原藥材

圖 6-3　關黃柏原植物

圖 6-4　關黃柏原藥材

---

① 參看甘曉冬，戴克敏. 中藥黃柏種及變種的鑑定［J］. 上海醫科大學學報，1990（1）：57. 秦彥傑. 黃檗主要藥用成分的分布規律研究［D］. 東北林業大學碩士學位論文，2005：3，6. 董玉瓊等. 黃柏質量研究現狀與問題探討［J］. 現代中藥研究與實踐，2007（3）：58. 胡俊青，胡曉. 黃柏化學成分和藥理作用的現代研究［J］. 當代醫學，2009（7）：139. 張倩. 關黃柏與川黃柏質量標準的研究［D］. 北京中醫藥大學碩士學位論文，2009：71-72.

② 參看甘曉冬，戴克敏. 中藥黃柏種及變種的鑑定［J］. 上海醫科大學學報，1990（1）：59. 黃鄭爽，周寧. 關於黃柏種類的探討［J］. 中草藥，1999（8）：623. 秦彥傑. 黃檗主要藥用成分的分布規律研究［D］. 東北林業大學碩士學位論文，2005：6.

（三）黃檗的地位與作用

植物是生命的源泉，植物的多樣性爲動物種類的多樣性創造了條件，動物必須依附於植物才能生存下去。植物的多樣性與人類的生存關係密切，植物種類越豐富，人類利用植物的空間就越大。1987 年出版的《中國珍稀瀕危保護植物名錄》將黃檗定爲漸危種類，列爲 3 級重點保護植物，後在《國家重點保護野生藥材物種名錄》中被改爲國家 2 級重點保護物種；1989 年、1990 年出版的《中國珍稀瀕危植物》《中國植物紅皮書》《國家重點保護野生植物名錄》都把黃檗列爲國家 2 級保護樹種，黃檗的重要性由此可見一斑。現將黃檗的主要價值綜述如下：

1. 研究價值[①]

黃檗是古老的殘遺植物，對古代植物區係、古代地理及第 4 紀冰川氣候有重要的科學研究價值。黃檗是研究植物起源、系統進化的有力證據，是人類必不可少的種質資源，是植物生殖生態研究可靠的借鑑，還可以作爲未知種研究的直接參照物，也是古地質、古氣候的生動記錄。

2. 園林價值[②]

黃檗樹株形優美，樹幹通直挺拔，秋葉金黃，花小巧可人，果實晶瑩剔透，是重要的觀形、觀葉、觀果植物，可作爲庭蔭樹、園景樹、街道樹以美化和綠化環境，是重要的環保植物之一。黃檗木材淡黃色至黃褐色，有光澤，質地堅硬，耐水濕、耐腐力強、富有彈性，紋理美觀，不裂不翹，宜製作上等家具、膠合板、槍托及飛機上的用件等，是重要的工業和國防用材。另外，黃檗還有抗污染、淨化空氣、保持水土、改善環境等功能。

---

① 參看傅立國. 中國紅皮書——稀有瀕危植物 [M]. 北京：科學出版社，1991：527－528. 張文煇. 試論我國珍稀瀕危植物保護 [J]. 西北林學院學報，1994（2）：94.
② 參看限穎，王立軍. 黃檗的種質資源學研究 [J]. 中草藥，2010（20）：190－191. 李岩等. 黃檗種質資源研究進展 [J]. 中國農村小康科技，2010（9）：57.

3. 醫藥價值[①]

黃檗的藥用價值多見於各種報道和論述，現總結如下。內皮入藥，具有清熱解毒、瀉火燥濕之功能，還有抑菌、降壓、降血糖及擴張冠狀動脉的作用。臨床用於治療急性濕疹、帶狀疱疹、小兒膿疱瘡、口腔扁平苔蘚、慢性咽炎、更年期綜合症、痛風性關節炎、乳腺癌術後皮瓣不愈、外陰炎及高尿酸血症等。歷代本草都有詳細的記載，如《神農本草經·木部上品》載："檗木，黃檗也。味苦，寒，無毒。主五臟腸胃中結熱，黃疸，腸痔，止泄痢，女子漏下赤白，陰傷蝕瘡。療驚氣在皮間，肌膚熱赤起，目熱赤痛，口瘡。久服通神。"[②]《本草綱目·木部》："黃檗性寒而沉，生用則降實火，熟用則不傷胃，酒制則治上，鹽制則治下，蜜制則治中。"[③] 黃檗葉也是生產治療便秘藥品的原材料。

4. 經濟價值[④]

黃檗是潛在的工業軟木材料，栓皮層厚軟，可製造瓶塞和某些隔音、絕緣、抗震配件，內皮可作染料，黃檗葉可用於提取芳香油，作爲美容商品；種子可榨油、製肥皂及機械潤滑油，種子油還有殺蟲劑的功能。黃檗的根、莖、葉、果實和種子粉粹萃取可以作爲開胃性食品添加劑等。

5. 其他價值

黃檗是大自然美景的縮影，是人們在閑暇時用以欣賞、陶冶情操的樹種之一；也是重要的蜜源樹種，與紅松混交還可以改良土壤等。

總之，黃檗是一種重要的珍稀植物，它的多重價值給人類帶來了許多益處，爲人類的生活增添了樂趣和活力。

---

① 參看李岩等. 黃檗種質資源研究進展［J］. 中國農村小康科技，2010（9）：57. 限穎，王立軍. 黃檗的種質資源學研究［J］. 中草藥，2010（20）：190. 秦彥傑. 黃檗主要藥用成分的分布規律研究［D］. 東北林業大學碩士學位論文，2005：5.

② ［明］繆希雍著，鄭金生校注. 神農本草經疏［M］. 北京：中醫古籍出版社，2002：458.

③ ［明］李時珍編著，張守康校注. 本草綱目［M］. 北京：中國中醫藥出版社，1998：842.

④ 參看限穎，王立軍. 黃檗的種質資源學研究［J］. 中草藥，2010（20）：191.

## 七、枷 (刑具)

(1) 項上盤枷驅上馬，不經旬日，便到楚国。/陵母遂乃喫苦不禁，撲卻槍、枷如 (而) 倒，一手案 (按) 身，一手按地，仰面向天哭"大夫嬌子王陵"一聲。/撲枷臥於槍下倒，失聲不覺喚嬌兒。(頁 69—70)

(2) 責情且決五下，枷項禁身推斷。/崔兒被禁數日，求守獄子脱枷，獄子再三不肯。/乍可從君懊惱，不得遣我脱枷。(頁 377—378)

(3) 大枷搕項，背上抛椽。(頁 424)

(4) 枷鎖杻械，不曾離身。牛頭每日淩遲，獄卒終朝來拷。(頁 1013)

枷是加於罪犯頸項的刑具 (如圖 7—1 所示)[①]。《廣韻》"枷"："求迦切，平聲戈韻群母，刑具。古牙切，平聲麻韻見母，枷鎖。"[②] 《康熙字典》引用《廣韻》枷爲項械也。[③] 《中國古代名物大典》認爲作爲刑具的大枷始見於唐代。[④] 枷是刑具的一種，一般戴在犯人的頸項上，但根據文獻記載，大枷的出現時間並不是唐代。

從文獻看，作爲頸械的枷在魏晉南北朝時期便已存在。

《晉書·石勒載記》記述，胡人石勒 (即後趙開國之君) 少時恰逢饑荒，與其伙伴商量想做販賣人口的生意以解決生計問題，不過這時正好碰上東晉建威將軍閻粹慫恿并州刺史東瀛公司馬騰在山東捕捉北方的胡人賣給富家做奴隸，得到的錢財以補充軍實。於是"騰使將軍郭陽、張隆虜群胡將詣冀州，兩胡一枷。勒時年二十餘，亦在其中，數爲隆所毆辱"[⑤]。這應該是枷作爲頸械刑具見於文字記載的最早一例。但頸械刑具出土實物表明枷作爲頸械刑具應該早於此。山西侯馬喬村的東周墓中，發現有頸戴鐵鉗的殉葬者；雲南晉寧石寨山西漢前期的滇人墓葬

---

① 參看華夫. 中國古代名物大典 [Z]. 濟南：濟南出版社，1993：646.

② [北宋] 陳彭年等. 宋本廣韻 (3 版) [M]. 南京：江蘇教育出版社，2008：46—47.

③ 參看 [清] 張玉書等編撰，王引之等校訂. 康熙字典 [Z]. 上海：上海古籍出版社，1996：492.

④ 華夫. 中國古代名物大典 [Z]. 濟南：濟南出版社，1993：646.

⑤ [唐] 房玄齡等. 晉書 [M]. 北京：中華書局，1974：2708.

中，曾出土過一件長方形銅板，上面就有頸手共械的人形（如圖 7－2 所示）；陝西涇陽漢代陽陵附近的西漢刑徒墓中，刑徒頸上也戴着鉗。①可見戰國至兩漢鐵製刑具應用較廣。

《魏書·刑罰志》記載北魏孝文帝（卽拓跋宏）太和年間，"法官及州郡縣，不能以情折獄。乃爲重枷，大幾圍；復以縋石懸於囚頸，傷內至骨；更使壯卒迭搏之。囚率不堪，因以誣服。吏持此以爲能。帝聞而傷之，乃制非大逆有明證而不款辟者，不得大枷"。永平元年（508）七月，世宗宣武帝（卽拓跋恪）詔尚書檢枷杖大小違製之由，科其罪失。尚書令高肇等"以枷杖之非度，愍民命之或傷"，奏定大枷，謹案《獄官令》："……諸犯□年刑已上枷鎖，流徙已上，增以杻械，迭用不俱。非大逆外叛之罪，皆不大枷、高杻、重械，又無用石之文。而法官州郡，因緣增加，遂爲恆法。……檢杖之大小，鞭之長短，令有定式，但枷之輕重，先無成製。臣等參量，造大枷長一丈三尺，喉下長一丈，通頰木各方五寸，以擬大逆外叛；杻械以掌流刑已上。諸台、寺、州、郡大枷，請悉焚之。枷本掌囚，非拷訊所用。從今斷獄，皆依令盡聽訊之理，量人強弱，加之拷掠，不聽非法拷人，兼以拷石。'自是枷杖之製，頗有定準。未幾，獄官肆虐，稍復重大。"②

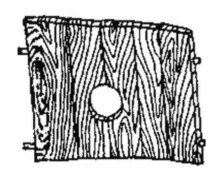

圖 7－1　枷（束頸）

圖 7－2　西漢前期滇人墓葬頸手共械人形

① 參看林沄. 枷的演變 [J]. 中國典籍與文化, 1994 (3)：103－104.
② ［北齊］魏收. 魏書 [M]. 北京：中華書局, 1974：2877－2879.

圖7-3　鉗（束頸）

　　另有一件事也可以表明北魏宣武帝以前確實到處都有大枷。《北史·宋翻傳》記載宋翻爲河陰令時，"縣舊有大枷，時人號曰彌尾青。及翻爲縣，主吏請焚之。翻曰：'置南牆下，以待豪右。'"因爲宋翻没聽主吏的建議（即燒毀大枷），後來被到縣城辦事的太監楊小駒告到皇帝那裏要求治罪。①

　　南朝梁陳及北朝北周、北齊同樣有關於頸械或用枷的規定和記述。南朝梁武帝時"因有械、杻、斗械及钳，並立轻重大小之差，而为定製"；南朝陳規定"死罪將決，乘露車，着三械，加壺手。至市，脱手械及壺手焉"。② 北周保定三年（563）《大律》規定："凡死罪枷而拳，流罪枷而桍，徒罪枷，鞭罪桎，杖罪散以待斷。"③ 北齊武成帝（高湛）河清三年（564）規定："罪刑年者锁，无锁以枷。流罪已上加杻械。死罪者桁之。"④ 北齊蕭子良《淨住子·開物歸信門二》云："譬如牢獄重囚，具嬰衆苦，抱長枷，牢大械，帶金鉗，負鐵鎖。"⑤

　　南北朝以後，拘係犯人的頸械刑具一般稱爲枷，以前一般稱爲校、桁、鉗（如圖7-3所示⑥）等。《周易·噬嗑》："屨校滅趾，無咎。"王弼注："'校'者，以木絞校者也，即械也，校者取其通名也。"孔穎達正義："'屨校滅趾'者，屨謂著而履踐也，校謂所施之械也"。又

　　① ［唐］李延壽. 北史［M］. 北京：中華書局，1974：940.

　　② ［唐］魏徵等. 隋書［M］. 北京：中華書局，1973：699，703.

　　③ ［唐］魏徵等. 隋書［M］. 北京：中華書局，1973：708.

　　④ ［唐］魏徵等. 隋書［M］. 北京：中華書局，1973：706.

　　⑤ ［北齊］蕭子良. 淨住子［M］. 影印本四庫全書（1414 冊）［Z］. 上海：上海古籍出版社，1987：248.

　　⑥ 參看華夫. 中國古代名物大典（下）［Z］. 濟南：濟南出版社，1993：647.

"何校滅耳凶"者，孔穎達正義曰："'何'謂擔荷，處罰之極，惡積不改，故罪及其首，何擔枷械，滅沒於耳，以至諙没。"① 周振甫注："屨，通'婁'，曳也，卽拖；校，腳枷；滅，遮蓋；何，荷，擔；校，頭枷。"兩句翻譯爲：拖着腳枷，遮住腳趾，無害。擔枷遮住耳朵，凶。② 《莊子外篇·在宥》："今世殊死者相枕也，桁楊者相推也，刑戮者相望也，而儒墨乃始離跂攘臂乎桎梏之間。意，甚矣哉！其無愧而不知恥也甚矣！吾未知聖知之不爲桁楊椄槢也，仁義之不爲桎梏鑿枘也，焉知曾史之不爲桀跖嚆矢也！故曰：'絶聖棄知而天下大治。'"③ 陸德明釋文："桁，戶剛反。司馬云：腳長械也。崔云：械夾頸及脛者，皆曰桁楊。"成玄英疏："桁楊者，械也，夾腳及頸，皆名桁楊。"《漢書·陳咸傳》漢成帝卽位時規定："或私解脫鉗鈦，衣服不如法，輒加罪答。"④ 顏師古注："鉗在頸，鈦在足，皆以鐵爲之。"鉗鈦是鐵製的刑具，鉗的主要部位在頸，鈦的主要部位在腳，用來拘係犯人，也可防止逃跑。戰國以後，獄外服苦役則佩戴鉗鈦，獄內監禁一般使用木械。不過秦漢時期的製鐵業尚屬初級階段，所以一般只對參加勞動的刑徒係以鉗鈦，而拘禁牢內的囚犯仍以木械爲主。⑤ 三國時期，由於戰亂不斷，經濟衰敗，冶鐵生產嚴重不足，所以曹操下令將鉗鈦改爲桎梏。《晉書·刑法志》記載："魏武帝亦難以藩國改漢朝之制，遂寝不行。於是乃定甲子科，犯鈦左右趾者易以木械，是時乏鐵，故易以木焉。又嫌漢律太重，故令依律論者聽得科半，使從半減也。"⑥

隋唐時期法定的枷逐漸縮小。隋煬帝卽位後，認爲《開皇律》刑罰過重，命牛弘等予以重修，於大業三年（607）修成並頒布天下，史稱《大業律》。其中關於枷的記載如下："其枷杖決罰訊囚之制，並輕於舊。"⑦ 唐代規定："枷長五尺已上、六尺已下，頰長二尺五寸已上、六

① ［魏］王弼注，［唐］孔穎達疏. 周易正義 ［M］. 北京：北京大學出版社，1999：102，104.
② 周振甫.《周易》譯注 ［M］. 南京：江蘇教育出版社，2006：114，115.
③ ［清］郭慶藩撰，王孝魚點校. 莊子集釋 ［M］. 北京：中華書局，1961：377.
④ ［東漢］班固撰，［唐］顏師古注. 漢書 ［M］. 北京：中華書局，1962：2901.
⑤ 參看宋傑. 漢朝刑具拘係制度考述 ［J］. 社會科學戰綫，2005（1）：140－143.
⑥ ［唐］房玄齡等. 晉書 ［M］. 北京：中華書局，1974：922.
⑦ ［唐］魏徵等. 隋書 ［M］. 北京：中華書局，1973：717.

寸已下，共閣一尺四寸已上、六寸已下，徑頭三寸已上、四寸已下。"①
《朝野僉載》卷二載："王弘，冀州恒恆水人，少無賴，告密羅織善人。
曾遊河北趙、貝，見老人每年作邑齋，遂告二百人，授遊擊將軍。俄除
侍御史。時有告勝州都督王安仁者，密差弘往推索，大枷夾頸，安仁不
承伏。遂于枷上斫安仁死，便卽脫之。"《朝野僉載》補輯裏記："唐洛
州司馬弓嗣業、洛陽令張嗣明造大枷長六尺、閣四尺、厚五寸，倚前，
人莫之犯。後嗣明及嗣業資遣逆賊徐真北投突厥，事敗，業等自着此
枷，百姓快之也。"② 可見枷在實際運用中確實"立功不少"。

另外，敦煌卷子裏也有不少圖片，有助於我們了解枷的形製。如
S3971－7《十王經》"過宋帝王"處、"過平正王"處、"過閻羅王"
處、"過五道轉輪王"處（如圖7－4至7－7所示）③，犯人頸上皆戴有
枷。從圖上可以看出，枷有長形的、方形的，有的還帶有很長的枷稍。
"頰長二尺五寸已上、六寸已下"中的"頰長"指的應該是短的一片的
長度，伸長的一片是枷稍。

圖7－4　"過宋帝王"處　　　　圖7－5　"過平正王"處

---

① ［唐］李林甫等，陳仲夫點校. 唐六典［M］. 北京：中華書局，1992：191.
② ［唐］張鷟，趙守儼點校. 朝野僉載［M］. 北京：中華書局，1979：44，156.
③ 黃征. 敦煌語言文學研究［M］. 蘭州：甘肅教育出版社，2002：彩圖16－19.

圖 7-6　"過閻羅王"處　　　圖 7-7　"過五道轉輪王"處

　　唐代文獻對枷的尺寸大小描述得比較詳細，但對枷的重量沒有明確的記載。北宋高承《事物紀原》中"枷重"條載："《宋朝會要》曰：淳化二年九月，敕所司置枷，徒流罪重二十斤，死重二十五斤。蓋舊制有長短而無斤重。則枷之有等重，自此其始也。又景德四年五月，河北提刑司勘事，杖以下拒抗不招當枷問者，未有定制，請置枷重十五斤也。"①《宋朝事實類苑·枷三等》也有相同的記載："旧制，枷唯二等，以二十五斤、二十斤为限。景德初，陈纲提点河北路刑狱，上言，请置杖罪枷十五斤，为三等。诏可其奏，遂为常法。"② 看來，枷重得以固定或所謂的常法應該是從北宋宋太宗淳化二年（991）開始的。自此，作爲頸械的枷的形製從長短、闊狹、厚度到重量已基本固定，以後也就是在這個基礎上或增或減，沒有太大的變化。如山西高平縣開化寺宋代壁畫《華色比丘尼》的故事中，比丘尼被判死刑時所戴的枷是有枷稍的，且枷稍上有孔，以供吊懸之用（如圖 7-8 所示）。

　　元代諸獄具中對枷的規定基本上沿用前代："枷長五尺以上，六尺以下，闊一尺四寸以上，一尺六寸以下，死罪重二十五斤，徒流二十斤，杖罪一十五斤，皆以幹木爲之，長闊輕重各刻志其上。"③

　　《明會典·刑部·獄具》規定："枷长五尺五寸，头阔一尺五寸"，"以幹木爲之，死罪重二十五斤，徒、流重二十斤，杖罪重一十五斤，

①　[北宋] 高承. 事物紀原 [M]. 北京：中華書局，1989：532.
②　[北宋末南宋初] 江少虞. 宋朝事實類苑 [M]. 上海：上海古籍出版社，1981：256.
③　[明] 宋廉等. 元史 [M]. 北京：中華書局，1976：2635.

長短輕重刻志其上"。又《明會典・工部・獄具》洪武二十六年（1393）規定："刑部每年該用長枷五百二十面……方枷二百六十面"，"都察院每年該用長枷一百二十面……方枷二百六十面"，且指定枷只能在龍江提舉司成造。[1] 明代對枷的應用可謂登峰造極，這時的枷不僅被作爲刑具，而且開始被作爲"五刑"之外的"法外之刑"，用來懲罰犯人，另外還出現了立枷（如圖7－9所示[2]）。《明史・孫瑋列傳》載"帝好用立枷，重三百餘斤，犯者立死"；《明史・李應昇列傳》載"忠賢領東廠，好用立枷，有重三百斤者，不數日即死，先後死者六七十人"。[3] 可謂嚴刑。《水滸傳》裏還出現了"行枷"，重量一般是七斤半（"七斤半鐵葉團頭護身枷""七斤半鐵葉子盤頭護身枷""七斤半鐵葉盤頭枷"，或稱爲"輕罪枷"等），即在押解犯人的途中使用，以便犯人行走。[4] 容與堂本《水滸傳》和崇禎本《金瓶梅》的繡像中，都把"團頭鐵葉枷"畫成了很小的圓角方枷（如圖7－10所示）。[5] 《水滸傳》和《金瓶梅》都是小說，至於宋代或明代是否有這種規格的行枷和近於圓形的行枷，史書上沒有明確的記錄，有待考證。

 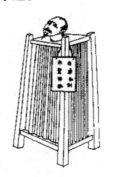 

圖7-8　宋代壁畫《華色比丘尼》　　圖7-9　立枷　　圖7-10　圓角方枷

《大清律例》卷二"獄具之圖"中對板、枷、杻、鐵索、鐐等刑具都有規定，其中枷"長三尺，闊二尺九寸"，"以幹木爲之。重二十五

① 參看萬曆朝重修本，[明] 申時行等修. 明會典 [M]. 北京：中華書局，1989：906，948.
② 參看華夫. 中國古代名物大典 [Z]. 濟南：濟南出版社，1993：647.
③ [清] 張廷玉等. 明史 [M]. 北京：中華書局，1974：6271，6365.
④ 參看 [明] 施耐庵. 水滸傳 [M]. 上海：上海古籍出版社，2004.
⑤ 參看林沄. 枷的演變 [J]. 中國典籍與文化，1994 (3)：105，106.

斤，斤數刻志枷上。再律例内有特用重枷者，不在此限”。<sup>①</sup> 順治八年
（1651），“嗣後凡例内應用重枷枷號者，應於尋常枷號斤數上酌加十斤，
計重三十五斤，其枷面止於加厚，而寬大悉照尋常枷號尺寸，長二尺五
寸，闊二尺四寸爲度”。<sup>②</sup> 康熙八年（1669），“經刑部議準：部禁人犯，
止用細練，不用長枷。其應枷號人犯，重者七十斤，輕者六十斤，長三
尺，闊二尺九寸。内外問刑衙門，俱照部式遵行。此例向列《會典》，
乾隆五年律例館奏準，應枷人犯俱重二十五斤，始纂爲專條，附列律
後。其一百斤重枷，斤數另見罵詈罵制使條下。再查從前曾有一百三十
斤重枷，於康熙三十七年永行禁止”<sup>③</sup>。嘉慶十七年（1812）改爲：“凡
尋常枷號，重二十五斤，重枷重三十五斤，枷面各長二尺五寸，闊二尺
四寸，至監禁人犯，止用細鏈，不用長枷。”<sup>④</sup>

　　始於明代的枷號是刑罰名，就是戴枷而號，在監外帶枷示眾，卽揭
露犯人的罪狀。枷號有斷趾號令、常枷號令、枷項遊歷等；刑期爲一
月、二月、三月、六月、永遠五種。枷的重量從十幾斤、幾十斤到上百
斤，有的甚至多達一百二十斤、一百五十斤、三百斤，枷號刑由重刑演
變成了致命的酷刑，不過這樣的情況皆非常法。清代開始作爲常法，清
初枷號刑的主要職能對旗人而言是替代刑，對民人而言是附加刑，卽
“同罪異罰”，中後期則趨向於“畫一辦理”，卽不分旗民，成爲一種普
遍運用的刑罰手段。直到宣統三年（1911）《大清新刑律》頒布，枷號
刑纔被芟削，遂成爲歷史。<sup>⑤</sup>

　　附：枷（農具）

　　枷同“耞”，是我國農村常用的農具之一，一種手工脱粒工具。始
見於先秦。漢代有“僉”“攝殳”“度”“棓”“梻”“柍”“桲”等稱呼。
晉代前後稱“連枷”（或“連架”）、“連耞”。明代何孟春《餘冬序錄》

　　① 上海大學法學院，上海市政法管理幹部學院，張榮錚等點校. 大清律例［M］. 天津：天津古
籍出版社，1993：74.
　　② 中華書局編輯部影印. 清會典事例（第9册）［M］. 北京：中華書局，1991：7.
　　③ 馬建石，楊育棠. 大清律例通考校注［M］. 北京：中國政法大學出版社，1992：193.
　　④ 中華書局編輯部影印. 清會典事例（第9册）［M］. 北京：中華書局，1991：2.
　　⑤ 參看馬建石，楊育棠. 大清律例通考校注［M］. 北京：中國政法大學出版社，1992：202.
羅莉婭. 清代枷號研究［D］. 中國政法大學碩士學位論文，2010：38－39.

卷五十："打稻具，古謂之拂，今吳人謂之連枷，楚人謂之掉花。"①

關於枷的起源，《物原》"器原"篇認爲"神農作枷"②。神農卽傳説中的炎帝，農業和醫藥的發明者。羅頎把製枷的功勞歸爲神農，帶有神話色彩。枷作爲農具，甲骨文中已有象形字 𝄃 𝄃 ，第一期甲骨文中的穀字寫成 𝄃 ，意思是用連枷敲打的稻實。③ 因此可以説公元前 1300 多年前我們的祖先就已經在用枷這種農具給農作物脱粒了。

《説文·木部》枷，"柫也，從木，加聲，淮南謂之枳"；柫，"擊禾連枷也，從木，弗聲"。④《釋名》不僅描寫了枷的功能，還指出了其命名的理据。"枷，加也，加杖於柄頭，以撾穗而出其穀也。或曰羅枷，三杖而用之也；或曰丫丫，杖轉於頭，故以名之也。"⑤ "三杖"必爲"互杖"之僞，枷、加、羅、丫皆取疊韻。⑥《玉篇·木部》枷"音加，枷鎖；又連枷，打穀具"⑦。

漢代以前作爲農具的"枷"旣可寫成"枷"，也可寫作"枷"，晉代也有寫成"架"的，字形不固定。《管子·小匡》："今夫農群萃而州處，審其四時，權節其用，備其械器，比耒耜枷芟。"⑧ 注枷爲"打穀用的連枷"。《國語·齊語》："令夫农，群萃而州处，察其四时，權節其用，耒耜枷芟，及寒，击菒除田，以待时耕……"⑨ 韋昭注："枷，柫也，所以擊草也。"王褒《僮約》券文中對奴僕便了的規定中有"晨起早掃，食了洗滌。居當穿臼縛箒，截竿鑿斗，浚渠縛落，鉏園斫陌，杜埻地，刻大枷，屈竹作杷，削治鹿盧"⑩。從上下文可以看出"大枷"應該是

---

① ［明］何孟春. 餘冬序錄［M］. 四庫全書存目叢書編纂委員會. 四庫全書存目叢書（子部 102 册）［Z］. 濟南：齊魯書社，1995：107.

② ［明］羅頎. 物原［M］. 北京：中華書局，1985：33.

③ 參看徐雲峰. 試論商王朝的穀物征收［J］. 中國農史，1984（4）：12.

④ ［東漢］許慎撰，［宋］徐鉉校定. 説文解字（附檢字）［M］. 北京：中華書局（影印本），1963：122.

⑤ ［東漢］劉熙. 釋名［M］. 北京：中華書局，1985：104.

⑥ 參看［清］王先謙. 釋名疏證補［M］. 上海：上海古籍出版社，1984：324.

⑦ 胡吉宣. 玉篇校釋（第 3 册）［Z］. 上海：上海古籍出版社，1989：2517.

⑧ 姜濤. 管子新注［M］. 濟南：齊魯書社，2006：178.

⑨ ［吳］韋昭注，明潔輯評，金良年導讀，梁毅整理. 國語［M］. 上海：上海古籍出版社，2008：104.

⑩ ［西漢］王褒撰. 僮約［M］. ［清］嚴可均. 全上古三代秦漢三國六朝文［Z］. 北京：中華書局，1958：359.

一種農具。《方言》卷五列舉了農具“枷”的許多稱呼：“拂：宋、魏之間謂之攝殳，或謂之度；自關而西謂之棓，或謂之柫；齊、楚、江、淮謂之桲，或謂之梻。”① 郭璞注：“拂，今連架，所以打穀者。”

魏晉以後連枷的用途在壁畫和文獻中都有反映。甘肅嘉峪關魏晉壁畫墓中的“打穀”圖（如圖1所示）和魏晉墓畫像磚上描繪軍屯的農業生產場面也都有用連枷這種農具脫粒的。② 敦煌壁畫描繪打場的場面中，12幅打場圖中用的工具全是連枷，而且都是唐代的壁畫（如圖2、圖3所示）。另外，敦煌遺書S259白描畫收穫的場面中也有手持連枷脫粒的畫面（如圖4所示），由此可見當時連枷的使用比較普遍。③

圖1　打穀圖　　　　　　圖2　敦煌莫高窟205窟打場圖（盛唐）

圖3　敦煌莫高窟445窟農作圖（盛唐）　　圖4　敦煌遺書S259白描畫中的收穫場面

枷，《廣韻》求迦切，平聲戈韻群母，刑具，又音加。古牙切，平聲麻韻見母，枷鎖，又連枷打穀具。④ 宋代文獻中也有連枷的記載，如樓璹《耕圖二十一首》之《持穗》：“霜時天氣佳，風勁木葉脫，持穗及

①　［西漢］揚雄撰，［晉］郭璞注. 方言［M］. 北京：中華書局，1985：49.
②　參看肖亢達. 河西壁畫墓中所見的農業生產概況［J］. 農業考古，1985（2）：133，137圖10. 王進玉. 敦煌壁畫中的糧食脫粒及揚場工具［J］. 農業考古，1994（1）：264.
③　參看王進玉. 敦煌壁畫中農作圖實地調查［J］. 農業考古，1985（2）：147圖3，148圖7. 王進玉. 敦煌壁畫中的糧食脫粒及揚場工具［J］. 農業考古，1994（1）：264-267.
④　［北宋］陳彭年等. 宋本廣韻（3版）［M］. 南京：江蘇教育出版社，2008：46-47.

此時，連耞聲亂發，黃雞啄遺粒，烏鳥喜聒聒，歸家抖塵埃，夜屋燒榾柮。"① 范成大《秋日田園雜興十二絕》之八："新築場泥鏡面平，家家打稻趁霜晴。笑歌聲裏輕雷動，一夜連耞響到明。"② 周密《癸辛雜識》後集"連架"條謂："今農家打稻之連架，古之所謂拂也。"③

宋代以後的文獻如王禎《農書》、高啓《打麥詞》、宋應星《天工開物》、徐光啓《農政全書》、邝璠《便民圖纂》、趙翼《陔余叢考》等中都有關於連耞的記載。王禎《農書》載："連耞，擊禾器。……其製用木條四莖，以生革編之，長可三尺，闊可四寸。又有以獨梃爲之者。皆於長木柄頭造爲擐軸，舉而轉之，以撲禾也。……今呼爲'連耞'，南方農家皆用之，北方穫禾少者亦易取辦也。"④（如圖 5 所示）《打麥詞》中有"場頭負歸日色白，穗落連耞聲拍拍"⑤。《天工開物》載："凡豆菽刈穫，少者用耞……凡打豆耞竹木竿爲柄，其端鑿圓眼，拴木一條，長三尺許，鋪豆於場執柄而擊之。"⑥（如圖 6 所示）《農政全書》的記述和王禎的記載基本一樣："《廣雅》曰'枷謂之架'。……連耞，擊禾器。……其製：用木條四莖，以生革編之。長可三尺，闊可四寸。又有以獨梃爲之者。皆於長木柄頭，造爲擐軸，舉而轉之，以撲禾也。……今呼爲'連耞'。南方農家皆用之。北方穫禾少者，亦易辦也。"⑦《便民圖纂》卷一裏有打稻圖，還配有竹枝詞（如圖 7 所示）。⑧《陔余叢考》卷三十三"連耞"條載："農家登麥，必用連耞擊之。"⑨ 由上可以判斷，連耞的形製，説明其可以給多種農作物脱粒，如稻、豆、油菜、麥子等，而不是只限於稻類。

① 轉引自王毓瑚. 王禎農書 [M]. 北京：農業出版社，1981：253—254.

② [南宋] 范成大. 石湖詩集（及其它二種）[M]. 北京：中華書局，1985：16.

③ [南宋] 周密撰，吳企明點校. 癸辛雜識 [M]. 北京：中華書局，1988：97.

④ 王毓瑚. 王禎農書 [M]. 北京：農業出版社，1981：253.

⑤ [清] 錢謙益撰集；許逸民，林淑敏點校. 列朝詩集（第 2 冊） [M]. 北京：中華書局，2007：958.

⑥ [明] 宋應星著，潘吉星譯注. 天工開物 [M]. 上海：上海古籍出版社，2008：46.

⑦ [明] 徐光啓撰，石聲漢校注；西北農學院古農學研究室整理. 農政全書校注（中冊）[M]. 上海：上海古籍出版社，1981：560.

⑧ [明] 邝璠著；石聲漢，康成懿校注. 便民圖纂 [M]. 北京：農業出版社，1959：12.

⑨ [清] 趙翼著；欒保群，呂宗力校點. 陔余叢考 [M]. 石家莊：河北人民出版社，1990：583.

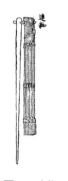  

圖 5　連枷　　　　圖 6　打枷圖　　　　圖 7　打稻圖

　　關於連枷的發展過程，劉義滿調查了我國 8 個少數民族農業脫粒工具，結果顯示：脫粒工具以獨木棍、彎棍、單棒枷等爲主，較先進的脫粒工具石磙均未使用，從而得出連枷的發展過程爲：竹片（圖 9－c）→現代連枷（圖 8）；獨木棍（圖 10－b）→彎棍（圖 9－a）→單棒枷（圖 10－c）→現代連枷（圖 8）。① 現在農村用來脫粒的工具除了脫粒機，一些地區仍在使用這些相對簡單的脫粒工具。如江蘇如皋市柴灣鎮、南通市北郊、浙江西部江山地區、西藏珞巴族等地方還在用其打油菜、打豆、打稻等。②

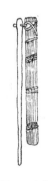 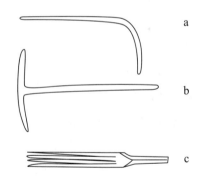

图 8　連枷　　　　　　圖 9　景頗族脫粒農具

a 彎棍　b T形打穀器　c 竹打穀棍（竹片）

　　① 參看劉義滿. 小議連枷［J］. 農業考古，1988（2）：222－223.
　　② 參看袁丁鵬. 連枷打油菜［J］. 少年文藝（寫作版），2007（5）：36. 朱謙. 學打連枷［J］.
少年作文輔導：2003（10）：33－34. 徐雲峰. 連枷和扳箸［J］. 尋根，2000（4）：98－99.

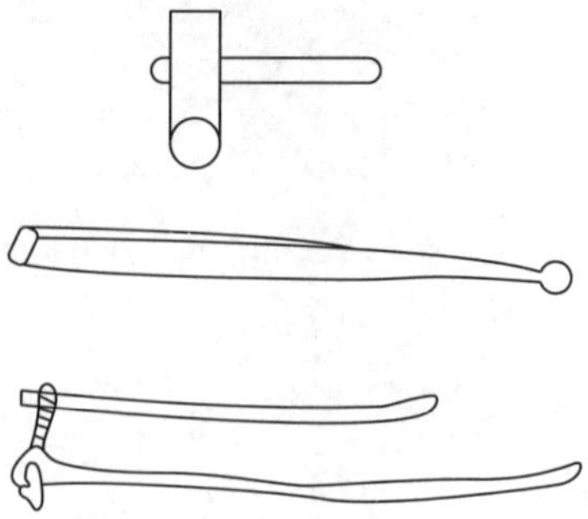


圖 10　苗族脱離農具

a　木榁　b　打蕎棍（獨木棍）　c　連枷（單棒枷）

## 八、钁

（1）夫子使人把鍬钁，撅着地下有石堂。（頁 359）

钁，長條形，厚體窄刃，單斜面或雙斜面刃，頂端有長方銎，銎中安直柄，柄與刃呈直角，是一種用來墾荒、挖土、疏土、碎土、除草的農具，使用時向下掘地向後翻土。商周時期未見有钁字，當時稱“欘”。《國語・齊語》：“惡金以鑄鉏、夷、斤、欘，試諸壤土。”欘卽钁字。韋昭注：“欘，斫也。”《爾雅》：“斫謂之鐯。”郭璞注：“钁也。”[①]《説文》：“钁，大鉏也；鉏，立薅斫用也。”[②] 段玉裁注：“鉏之大者曰钁。”木部“欘”段玉裁注引郭璞云：“蓋似鉏而健於鉏，似斤而不以斫木，專以斫田，其首如鉏然。句於矩，故爲句欘也。”[③] 新石器時代已有實物出土，初用石製，春秋之前已有青銅钁，戰國時期有大量的鐵钁；南北朝的钁分大、中、小三種，可適應不同的用途，宋元時期的钁已定型，與今天農村使用的钁基本一樣（如圖 8－1 至 8－15 所示）[④]。

① ［東晉］郭璞注，［宋］邢昺疏．爾雅注疏［M］．北京：北京大學出版社，1999：137.

② ［東漢］許慎撰，［宋］徐鉉校定．説文解字（附檢字）［M］．北京：中華書局（影印本），1963：296.

③ ［東漢］許慎撰，［清］段玉裁注．説文解字注［M］．上海：上海古籍出版社，1981：259，706.

④ 參看李京華．河南古代鐵農具（續）［J］．農業考古，1985（1）：58．陳文華．中國古代農業科技史圖譜［M］．北京：農業出版社，1991：21－22，95．陳文華．中國農業考古圖錄［M］．南昌：江西科學技術出版社，1994：281，286－299.

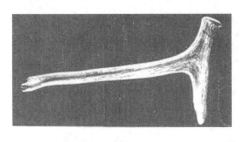

圖 8-1　鹿角钁（新石器時代，山東出土）　　圖 8-2　石钁（新石器時代，甘肅出土）

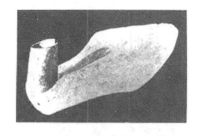

圖 8-3　商代銅钁（江西出土）　　　圖 8-4　春秋戰國銅钁（雲南出土）

圖 8-5　戰國鐵钁　　　圖 8-6　西漢鐵钁　　　圖 8-7　南北朝鐵钁
　　（河南出土）　　　　　（河北出土）　　　　　（河南出土）

圖 8-8　唐代鐵钁　　　圖 8-9　唐代銅钁　　　圖 8-10　北宋鐵钁
　　（遼寧出土）　　　　　（遼寧出土）　　　　　（江西出土）

圖 8—11　金元鐵钁　　　圖 8—12　元代鐵钁　　　圖 8—13　明代鐵钁
（黑龍江出土）　　　　　（山東出土）　　　　　（遼寧博物館藏）

圖 8—14　現代怒族使用的木钁　　　圖 8—15　現代怒族使用的木钁

　　钁，文獻中多有記載。《墨子城守各篇簡注》記述開穴的雜器"爲斤、斧、鋸、鑿、钁、財自足"[1] 等。钁亦稱櫡、钁頭等。《淮南子·精神訓》："今夫繇者，揭钁臿，負籠土，鹽汗交流，喘息薄喉。"[2] 高誘注："钁，斫也。"《論衡校釋·率性篇》云："以钁鍤鑿地，以埤增下，則其下與高者齊。如復增钁鍤，則夫下者不徒齊者也，反更爲高；而其高者反爲下。……猶下地增加钁鍤，更崇於高地也。"郝懿行曰："插地取土者，今登、萊間謂之钁頭。"[3] 三國魏張揖《博雅》："櫡謂之钁。"[4]《祖堂集·夾山和尚》記曰："師令大眾钁地次，佛日傾茶與師。師伸手接茶次，佛日問：'釃茶三兩碗，意在钁頭邊。速道，速道。'"[5] 前云"钁"，後云"钁頭"。元代王禎《農書》謂钁爲斸田器也，農家開闢土地，用以斸荒。田園山野之間用之者，有闊狹大小之分，钁爲總名（如

① 岑仲勉. 墨子城守各篇簡注 [M]. 中華書局，1959：73.
② 張雙棣. 淮南子校釋 [M]. 北京：北京大學出版社，1997：783，785.
③ 黃暉. 論衡校釋 [M]. 北京：中華書局，1990：68.
④ [三國魏] 張揖. 廣雅 [M]. 北京：中華書局，1985.
⑤ 張美蘭. 祖堂集校注 [M]. 北京：商務印書館，2009：193.

圖8-16所示)。① 明代《天工開物·五金》:"採工籩燈逐徑施钁,得礦方止。"《燔石·煤炭》:"凡取煤經歷久者,從土面能辨有無之色,然後掘挖,深至五丈許方始得煤。初見煤端時,毒氣灼人。有將巨竹鑿去中節,尖銳其末,插入炭中,其毒煙從竹中透上,人從其下施钁拾取者。或一井而下,炭縱橫廣有,則隨其左右闊取。其上枝板,以防壓崩耳。"② (如圖8-17、8-18所示)現在農村仍用此物刨地掘土,尤其是一些乾旱的菜地和荒地,一般都用它。钁一頭是木製的,一頭是鐵製的。木製部分用手握,就像我們所拿的鐵鍬、鐵鏟的後部,鐵製部分一頭有一個圓環扣在木製部分上面,鐵製部分的另一頭比較鋒利,形狀大體與鋤頭差不多。使用時兩手一前一後,用力向下刨,可將土挖起。但是用時需小心,不然手和腳會被割傷(如圖8-19、8-20所示)。③

圖8-16　钁　　　　　圖8-17　開採銀礦　　　　圖8-18　南方挖煤

圖8-19　钁的實物圖　　　　圖8-20　鑔頭圖

---

① 參看 [元] 王禎. 農書 [M]. 北京:中華書局,1956:178.

② [明] 宋應星著,潘吉星譯注. 天工開物 [M]. 上海:上海古籍出版社,2008:134,212.

③ 參看百度百科。

钁作爲農具的歷史比較悠久，文獻記載的使用方法和解釋也基本一致，即钁爲大鋤，主要用來刨地、除草、碎土。不過歷代文獻對其具體形製的記載卻是模糊不清的。結合文獻與出土文物，可以把钁分爲三類。第一類是直銎式的空首钁，基本形製是空頭（即直銎），狹長條形，刃在下端，一般來説長度超過 10 厘米，銎部厚度在 1.5 厘米以上者爲钁；其裝柄方法是在钁的頂部銎口插入長方形木塊，在木塊上橫鑿一孔以裝木柄，或直接安裝樹杈形的彎曲木柄。第二類是凹形钁，一般是刃寬小於 8 厘米，銎部厚度大於 2 厘米，窄刃、較厚。第三類是橫銎式的銅钁，钁身爲銅質，上部有橫穿之銎，與現代的钁頭最爲接近；其裝柄方法爲銎口橫穿钁体的上方，直接橫裝木柄，加木楔使其牢固，以至使用時不易脱落，掘土功效更高。以上三類可以概括爲：钁身狹長厚鈍，上有銎，下窄刃，便於深挖土。①

钁也可以用爲作戰武器。如《六韜》"龍韜"中有"钁鍤斧鋸杵臼，其攻城器也"的記載，"虎韜"有"桑钁，刃廣六寸，柄長五尺以上，三百枚"的記載等。②

## 九、傀儡

（1）也似機關傀儡，皆因繩索抽牽，或舞或歌，或行或走，曲罷事畢，拋向一邊，直饒萬劫驅遣，不肯行得。……若夜斷却諸緣，甚處有傀儡聲□。（頁 834）

傀儡一詞在宋代進入頻繁使用期，但關於傀儡的意義、來源以及發展衆説紛紜，筆者在前輩學者研究的基礎上，對傀儡的源流作了一番探究，以期對傀儡有更深刻的認識和了解。

---

① 參看陳文華. 中國農業考古圖錄 [M]. 南昌：江西科學技術出版社，1994：281. 黃金貴. 古代文化詞義集類辨考 [C]. 上海：上海教育出版社，1995：355－356.

② 唐書文. 六韜・三略譯注 [M]. 上海：上海古籍出版社，2006：79，85.

## （一）傀儡的音、形、義

### 1. 傀儡的音

傀儡的前上古音可能爲 ckhwlǝd，上古音爲 ckhwǝd－clǝd，中古音爲 ckhuǎi－cluǎi①，現在音爲 ckhuǝi－clǝi。傀儡與“鬼”或“魂”同源，它有許多轉音，如魁櫑、窟礧、鬱壘、畏壘、鬱律、族壘、骷髏、苟利、嘉禮。②

### 2. 傀儡的形

傀儡是個雙音詞，可以寫作魁櫑、魁壘、魁礧、魁壘、窟礧、窟磊，也作魁礧子、窟礧子、窟磊子。還有一些諧謔的説法，如郭禿、郭郎、郭老、郭公等。

### 3. 傀儡的義

傀，《説文》“偉也，從人，鬼聲”；《辭海》釋爲“怪異；獨立貌”。儡，《説文》“相敗也，從人，畾聲”；《辭海》釋爲“憔悴，贏瘦”。可見傀儡最初爲形容詞，所形容的對象應該是“高大、怪異又相貌不整的人形之物”③。《漢書·鮑宣傳》：“朝臣亡有大儒骨鯁，白首耆艾，魁壘之士；論議通古今，喟然動衆心，尤國如飢渴者，臣未見也。”顏師古注引服虔語“魁壘，壯貌也”，並注“魁音口賄反。壘音磊”④，義爲雄壯而高大，“魁壘之士”應該是棟梁之才的意思。後來作爲名詞，指古代凶神或木偶之類的東西，意義與殉葬的俑相通。

詞是一種復雜的語言現象，是聲音、形態和意義的統一體，只有全面研究這三方面的因素，才會發現一個詞的特徵。常任俠（1984）、邢

---

① 參看邢公畹. 傀儡戲尋根 [J]. 尋根，1995（5）：27.
② 參看常任俠. 我國傀儡戲的發展與俑的關係 [A]. 藝術考古論文選集 [C]. 北京：文物出版社，1984：118. 邢公畹. 傀儡戲尋根 [J]. 尋根，1995（5）：31. 廖奔，劉彦君. 中國戲曲發展史 [M]. 太原：山西教育出版社，2003：177. 康保成. 佛教與中國傀儡戲的發展 [J]. 藝術探索，2003（3）：59.
③ 邢公畹. 傀儡戲起源辨 [J]. 中國戲劇，2006（1）：44.
④ ［東漢］班固撰，［唐］顏師古注. 漢書 [M]. 北京：中華書局，1962：3087.

公婉（1995）、康寶成（2003）等認爲傀儡是本土詞；陳志良、鹽穀溫①、江玉祥（2007）等認爲傀儡是外來詞。從傀儡的音、形、義來看，我們認爲傀儡應該是一個本土詞，那些認爲傀儡這個名稱十分奇怪，發音不大像漢語，可能"是外來的語言，而不是我國原有的名稱""大概是譯音"，在"漢代傳到中國"等的説法是站不住腳的。

## （二）傀儡的起源

一説傀儡起源於西周。陳暘《樂書》、高承《事物紀原》引《列子·湯問》説周穆王西巡狩時工人偃師獻"假人"，皆"革木膠漆白黑丹青之所爲"，可以"歌合律""舞應節""趣步俯仰"，並能"瞬其目以招王之左右侍妾"。② 二説傀儡起源於漢代。唐代段安節《樂府雜錄》"傀儡子"條引用傳説，認爲傀儡起源於漢高祖平城之圍，説陳平"造木偶人，運機關，舞於陴間。閼氏望見，謂是生人……遂退軍。……以秘計免……後樂家翻爲戲"③。《列子·湯問》是魏晉人僞托，且具有神話色彩，不足爲憑。《樂府雜錄》引用陳平傳説，記載之事不見於正史，可信度小，似乎是流不是源。

木偶古稱傀儡，傀儡原爲形容詞，意爲雄壯而醜惡。形狀魁偉而丑怪，足以驚邪避祟，故稱傀儡。傀儡與鬱壘、畏壘、鬱律、族壘皆是一音之轉，具有相同的語義，都是指古代的凶神。王充《論衡·訂鬼篇》引《山海經》曰："滄海之中，有度朔之山。上有大桃木，其屈蟠三千里，其枝間東北曰鬼門，萬鬼所出入也。上有二神人，一曰神荼，一曰鬱壘，主閲領萬鬼。惡害之鬼，執以葦索而以食虎。於是黃帝乃作禮以時驅之，立大桃人，門户畫神荼、鬱壘與虎，懸葦索以御凶魅。"④ 傀儡原爲古代凶神，因雄壯醜惡而得名，最早用於喪祭陪葬，是春秋時期俑殉代替人殉風俗的産物。

---

① 參看任半塘. 唐戲弄（上册）[M]. 上海：上海古籍出版社，1984：420.

② 參看廖奔，劉彦君. 中國戲曲發展史 [M]. 太原：山西教育出版社，2003：174－175. [北宋] 高承撰，[明] 李果訂；金圓，許佩藻點校. 事物紀原 [M]. 北京：中華書局，1989：493.

③ [唐] 段安節. 樂府雜錄 [M]. 王云五. 叢書集成初編樂府雜錄及其他二種 [Z]. 上海：商務印書館，1936：40.

④ [東漢] 王充著，陳蒲清點校. 論衡 [M]. 長沙：嶽麓書社，1991：350.

## （三）傀儡的發展

### 1. 喪家之用

傀儡源於俑、偶（古時俑、偶本爲一字）。俑最初被用於喪葬之樂。《越絶書》記吳王占夢云：“桐不爲器用，但爲甬，當與人俱葬。”① 《禮記·檀弓下》：“孔子謂爲芻靈者善，謂爲俑者不仁，不殆於用人乎哉！”鄭玄注曰：“俑，偶人也。有面目機發，有似于生人，孔子善古而非周。”② 可見周初已用偶人代替活人殉葬。《孟子·梁惠王上》：“仲尼曰：‘始作俑者，其無後乎？’爲其象人而用之也。”趙岐注曰：“俑，偶人也。用之送死。”③ 《淮南子·繆稱訓》云：“魯以偶人葬而孔子嘆。”④ 《史記·孟嘗君列傳》記有土偶人與木偶人的故事：秦昭王聽説孟嘗君很賢良，爲了見他一面，就先派涇陽君到齊國做人質。孟嘗君準備到秦國時，他的門客都勸他不要去，可他不聽，這時蘇代説：“今旦代從外來，見木禺人與土禺人相與語。木禺人曰：‘天雨，子將敗矣。’土禺人曰：‘我生於土，敗則歸土。今天雨，流子而行，未知所止息也。’今秦，虎狼之國也，而君欲往，如有不得還，君得無爲土禺人所笑乎？”⑤《史記》索隱：“禺，音偶。謂以土木爲之偶，類於人也。蘇代以土偶比涇陽君，木偶比孟嘗君也。”

從原始社會起，墓葬中就有陪葬的明器，即把死者生時所用的物品放入墓穴。到了奴隸制社會，有了殉葬的奴隸。春秋戰國以後，人的價值提高，人祭現象大量減少，祭祀用俑來代替，有銅製俑、銀製俑、木製俑、陶製俑。隨着社會的發展，俑的種類漸漸增多，有奏樂俑、歌舞俑、僕從俑、武俑等，不一而足。河南安陽殷墟出土了商代奴隸陶俑（前16世紀初—前11世紀），春秋、戰國（前770—前221）時期有了

① ［東漢］袁康，吳平輯錄；樂祖謨點校. 越絶書［M］. 上海：上海古籍出版社，1985：74.
② ［東漢］鄭玄注，［唐］孔穎達疏. 禮記正義（上）［M］. 北京：北京大學出版社，1999：277.
③ ［東漢］趙歧注，［宋］孫奭疏. 孟子注疏（上）［M］. 北京：北京大學出版社，1999：14.
④ 張雙棣. 淮南子校釋［M］. 北京：北京大學出版社，1997：1090.
⑤ ［西漢］司馬遷撰，［宋］裴駰集解，［唐］司馬貞索隱，［唐］張守節正義. 史記［M］. 北京：中華書局，1959：2354.

木俑（其中包括部分"樂俑"），最著名的是 1974 年陝西西安發現的秦始皇兵馬俑。

## 2. 嘉會之用

唐代杜佑《通典》卷一四六"散樂"云："窟礌子，亦曰魁礌子，作偶人以戲，善歌舞。本喪家樂也，漢末始之用於嘉會。北齊后主高緯尤所好。高麗之國亦有之。今閭市盛行焉。"① 《舊唐書·音樂志》也有相同的說法："窟礌子，亦云魁礌子，作偶人以戲。善歌舞，木喪家樂也。漢末始用之於嘉會。"② 其實傀儡用於宴會歌舞的例子西漢賈誼《新書》卷四"匈奴"篇已有記載："上使樂府假之，但樂吹蕭、鼓鞀、倒挈面者更進，舞者蹈者，時作。少間，擊鼓舞其偶人。"③ 長沙馬王堆漢墓中就出土了很多歌舞俑：一號墓（漢文帝十二年後）出土木俑共162 件，其中歌舞奏樂俑 13 件，着衣歌俑 4 件、舞俑 4 件，彩繪吹竽俑 2 件、鼓瑟俑 3 件。二號墓（呂后二年）和三號墓（漢文帝十二年）出土歌舞俑、樂俑共 17 件。這便是最初的木偶，其經歷了一個由工藝到表演的變化過程；由祭儀而成娛樂活動的一種方式。1979 年，山東萊西縣院裏鄉岱墅村發掘出一具高 193 厘米的大木偶，肢體由 13 段木條組成，關節可活動，坐、立、跪兼善（如圖 9－1 所示）④。它的發現則體現了木偶自喪葬而娛人的過渡，表明木偶製作已達到與真人無二、活動自如的境地。這爲木偶戲的萌芽奠定了堅實的物質基礎。因而多數人認爲，中國木偶藝術"源於俑"（服侍木俑、木樂俑、可活動的木歌舞俑）這種說法不無道理。

《後漢書·五行志》注引東漢應劭《風俗通義》："時京師賓婚嘉會，皆作魁橿，酒酣之後，續以挽歌。"劉昭注："魁橿，喪家之樂。挽歌，執紼相偶和之者。"⑤ 《顏氏家訓·書證》或問："俗名傀儡子爲郭禿，有故實乎？"答曰："《風俗通》云：'諸郭皆諱禿。'當是前代人有姓郭

---

① ［唐］杜佑撰，王文錦等點校. 通典［M］. 北京：中華書局，1988：3703.

② ［後晉］劉昫等. 舊唐書［M］. 北京：中華書局，1975：1074.

③ ［西漢］賈誼撰，［清］盧文弨校. 新書［M］. 北京：中華書局，1985：39.

④ 陳義敏，劉駿驤. 中國曲藝·雜技·木偶戲·皮影戲［M］. 北京：文化藝術出版社，1999：140.

⑤ ［晉］司馬彪撰，［梁］劉昭注補. 後漢書［M］. 北京：中華書局，1965：3273.

而病禿者，滑稽戲謔，故後人爲其象，呼爲郭禿。猶文康象庾亮耳。"王利器案："窟礧子，一作窟籠子，亦曰魁礧子，作偶人以戲，即傀儡也，見《唐書音訓》。"梅鼎祚《字彙》有"櫆"字，吳仁臣《字彙補》有"木壘"字，皆俗。①

### 3. 戲劇之用

傀儡在唐代成爲戲劇的一種，即傀儡戲。《舊唐書》卷二十九《音樂志·散樂》："歌舞戲，有《大面》《撥頭》《踏搖娘》《窟礧子》等戲，玄宗以其非正聲，置教坊於禁中以處之。"②《明皇雜錄補遺》："明皇在南內，耿耿不樂，每自吟太白《傀儡》詩：'刻木牽絲作老翁，雞皮鶴髮與真同，須臾弄罷渾無事，還似人生一世中。'"③

傀儡戲在宋代空前繁榮。主要標志是："觀衆激增，藝伶輩出，結社行藝，品種繁多。"④ 據《東京夢華錄》卷二"東角樓街巷"記載，北宋開封有很多瓦舍，"大小勾欄五十餘座"，其中最大的"可容數千人"。⑤ 瓦舍、勾欄中既有活人演出，也有傀儡戲演出，觀衆數以千計，戲棚子常常爆滿。《武林舊事》卷六"諸色伎藝人""傀儡"⑥條有如下記載：傀儡—懸絲（如圖 9-2 所示）⑦、杖頭（如圖 9-3 所示）⑧、藥發、肉傀儡、水傀儡，陳中喜、陳中貴、盧金綫、鄭榮喜、張金綫、張小僕射—（杖頭），劉小僕射—（水傀儡）。張逢喜—（肉傀儡），劉貴、張逢貴—（肉傀儡）。

元、明、清三代，傀儡戲有了新的發展，尤其是東南沿海各省，各種流派紛呈，傀儡戲被推向高峰，故有"南方好傀儡"之説，出現了遼

---

① 王利器. 顏氏家訓集解（增補本）［M］. 北京：中華書局，2007：504-505.

② ［後晉］劉昫等. 舊唐書［M］. 北京：中華書局，1975：1073.

③ ［唐］鄭處海. 明皇雜錄［M］. 北京：中華書局，1994：66.

④ 丁言昭. 中國木偶史［M］. 上海：學林出版社，1991：25.

⑤ ［北宋］孟元老撰，鄧之誠注. 東京夢華錄注［M］. 北京：中華書局，1982：66.

⑥ ［宋］四水潛夫. 武林舊事［M］. 杭州：西湖書社，1981：111.

⑦ 陳義敏，劉峻驤. 中國曲藝·雜技·木偶戲·皮影戲［M］. 北京：文化藝術出版社，1999：142.

⑧ 陳義敏，劉峻驤. 中國曲藝·雜技·木偶戲·皮影戲［M］. 北京：文化藝術出版社，1999：148.

西木偶戲、漳州布袋木偶戲（如圖 9－4 所示）①、泉州提綫木偶戲、晉江布袋木偶戲、邵陽布袋木偶戲、高州木偶戲、潮州鐵枝木偶戲、川北大木偶戲（如圖 9－5 所示）②、石阡木偶戲、陽提綫木偶戲、泰順藥發木偶戲、臨高人偶戲等分支。

圖 9－1　大木偶　　　　　　　　圖 9－2　懸絲傀儡

圖 9－3　杖頭木偶　　　圖 9－4　布袋木偶（鼠丑）　　　圖 9－5　大杖頭木偶

（四）傀儡的未來

隨着電腦的普及和利用，計算機已經成爲人們生活中不可或缺的工具之一。傀儡戲作爲一種表演藝術也要與時俱進，不斷給自己注入新鮮的血液，跟上時代的步伐，只有這樣才能保持旺盛的生命力。20 世紀下半葉，戲劇演員進行的數碼化和數碼傀儡戲劇化就很好地説明了這一

---

① 陳義敏，劉峻驤. 中國曲藝・雜技・木偶戲・皮影戲 [M]. 北京：文化藝術出版社，1999：150.

② 陳義敏，劉峻驤. 中國曲藝・雜技・木偶戲・皮影戲 [M]. 北京：文化藝術出版社，1999：160.

點。數碼傀儡"特指以計算機技術爲基礎而開發的智能偶人"①。可以
預見傀儡在未來會走向機器化、數碼化和智慧化。


## 十、蓮花與荷花

(1) 九龍齊溫香和水，爭浴蓮花業上身。(頁 435)

(2) ……其此太子，東西南北，各行七步，蓮花捧足。(頁 436)

(3) 池内有兩朵蓮花，母子各座（坐）一朵。(頁 440)

(4) 無人扶接，[其此太子]，東西南北，各行七步，蓮花捧足。
(頁 470)

(5) 世尊座（坐）於五色蓮花，赴於道場。其大王將兒下蓮花跪
拜。(頁 474)

(6) 每牙吐七枝蓮花。/牙上各有七蓮華，華中玉女無般當。（頁
565）

(7) ……中有美妙蓮花。(頁 603)

(8) 頭寶冠而足蓮花，言懸河而心巨海。(頁 620)

(9) 蓮花生在污泥中，煩惱變城（成）果。/城（成）佛已來經十
劫，長於彼國坐連（蓮）花。(頁 685)

(10) 青眼似蓮花澄碧沼，白毫如練照乾坤。(頁 765)

(11) 泊沙（拍紗）潭下照紅粧，水上荷花不如面。(頁 4)

一般來説，蓮花是荷花與睡蓮的統稱。佛教中的七寶蓮花具體指優
鉢羅花（蘭睡蓮或青睡蓮）、拘物頭花（黃睡蓮）、泥盧鉢羅花（雜色睡
蓮）、兩種白睡蓮、波頭摩花（紅蓮花）、芬陀利花（白蓮花），其中前
五種是睡蓮，後兩種是荷花。我們平時所説的蓮花一般指荷花，佛教中
的蓮花則是統稱，不過多指睡蓮。荷花有中國荷花和美國黃蓮花（如圖
10-1 至 10-4 所示②）。睡蓮分爲耐寒睡蓮和熱帶睡蓮。睡蓮與荷花是
同科不同屬的植物，但經常被誤認爲同一種。二者最明顯的區別是荷

---

① 黃鳴奮. 數碼傀儡：科技與戲劇的薈萃 [J]. 河南科技大學學報（社會科學版），2004（1）:
72.

② 圖片來自李志炎，林正秋. 中國荷文化 [M]. 杭州：浙江人民出版社，1995：前言，35-
36.

花的花與葉出於水面，而睡蓮的花與葉多半浮於水面（如圖 10－5 至
10－7 所示[①]）；且荷花的花萼、花瓣無法區分，睡蓮的花萼則可明辨。
此外，荷花結蓮蓬、長蓮藕，睡蓮皆無，故荷花的經濟價值較高。

　　蓮花在變文中又作"連花""蓮華"等。蓮花在不同的時期被賦予
了不同的意義，其内涵及演變過程比較複雜：生殖崇拜（生殖崇拜意義
上的蓮）→儒與道（儒家實用功利思想的浸染）→佛教的傳入（佛教文
化中的蓮）→唐代的"不著不染"與"著而不染"→宋明理學（理學家
的"君子蓮"）→吉祥如意、清涼自在、純淨無染的象徵。[②] 下面分蓮
花的名稱考辨、蓮花的起源與分布、蓮花的地位與用途、蓮花的象徵意
義四個方面進行考察。

圖 10－1　湖北紅蓮　　圖 10－2　古代蓮　　圖 10－3　粉紅蓮　　圖 10－4　美洲黃蓮

圖 10－5　睡蓮　　　　圖 10－6　睡蓮　　　　圖 10－7　睡蓮

## （一）蓮花的名稱考辨

　　《漢語大詞典》關於荷、蓮、荷花、蓮花的詞條解釋如下：

---

　　① 圖片來自百度百科詞條"睡蓮"。
　　② 參看賈一心. 荷花的原型批評 ［J］. 青海民族學院學報（社會科學版），1996（1）：92－94.
馬倩，潘花順. 古代蓮文化的内涵及其演變分析 ［J］. 天水師範學院學報，2001（1）：24－28. 俞香
順. 荷花佛教寓意在唐宋的演變 ［J］. 南京師大學報（社會科學版），2003（4）：142－148.

荷，植物名，蓮。荷的肥大根莖爲藕，可食。藕節、蓮子、荷葉可供藥用。荷花，蓮的花。蓮，卽荷。也稱芙蓉、芙蕖、菡萏等。蓮花，亦作"蓮華"，卽荷花。

《中國古代名物大典》：荷，亦稱水芙蓉、水芝、水芸芸、花中君子，卽荷花。蓮花，亦稱芙蓉、水花、水草，卽荷花。①

從以上解釋來看，不只是荷、蓮不分，荷花與蓮花亦不分，而且以上釋義指明蓮花就是荷花，睡蓮没有包括在内。所以有必要梳理一下蓮花的名字，以搞清楚名實的來龍去脉，也可以加深對蓮花的了解。

關於荷到底是荷花的哪一部分，有以下幾種説法。

## 1. 荷爲總名

2000多年前的《爾雅》已經清清楚楚地給荷花的各個部分定了名字："荷，芙渠。其莖茄，其葉蕸，其本蔤，其华菡萏，其实莲，其根藕，其中的，的中薏。"郭璞注："別名芙蓉，江東呼荷。"邢昺疏："芙渠，其總名也。"別名芙蓉，江東呼荷。菡萏，蓮華也。的，蓮實也。薏，中心也。郭璞云："蔤，莖下白蒻在泥中者。"今江東人呼荷華爲芙蓉，北方人便以藕爲荷，亦以蓮爲荷，蜀人以藕爲茄。或用其母爲華名，或用根子爲母葉號，此皆名相錯，習俗傳誤，失其正体者也。② 北宋陸佃《埤雅》指出："荷，摠名也。華、葉等名，具衆義，故以不知爲問，謂之'荷'也。"並指出了《古今注》認爲芙蓉乃"華之最秀異者也"，然則華亦謂之"芙蓉"。③ 可見自東晉以來，芙蓉或芙渠逐漸改爲荷或蓮，荷、蓮同義，混同至今。

## 2. 荷爲葉名

《説文·艸部》："萏，菡萏。芙蓉華未發爲菡萏，已發爲芙蓉。""蓮，芙蕖之實也。""茄，芙蕖莖。""荷，芙蕖葉。""蔤，芙蕖本。"

① 參看華夫. 中國古代名物大典（下）［Z］. 濟南：濟南出版社，1993：1276.
② ［晉］郭璞注，［宋］邢昺疏. 爾雅注疏［M］. 北京：北京大學出版社，1999：246－247.
③ ［北宋］陸佃著，王敏紅校點. 埤雅［M］. 杭州：浙江大學出版社，2008：166－167.

"藕，芙蕖根。"① 段玉裁認爲："蓋葉大駭人，故謂之荷。大葉扶搖而起，渠央寬大，故曰夫渠。"②

### 3. 荷爲莖名

毛傳認爲荷爲總名，而鄭玄注爲莖名。《詩經·陳風·澤陂》："彼澤之陂，有蒲與荷。"毛傳："荷，芙蕖也。"鄭箋："芙蕖之莖曰荷，生而佼大。""彼澤之陂，有蒲與蕳。"鄭玄箋："蕳當作'蓮'。蓮，芙蕖實也。蓮以喻女之言信。"孔穎達正義："蓮是荷實，故喻女言信實。""彼澤之陂，有蒲菡萏。"毛傳："菡萏，荷華也。"鄭玄箋："華以喻女之顔色。"③

### 4. 荷爲根名

明代李時珍不僅道出了荷的各個部分的名字，還説出了其得名的理據。《本草綱目·果部》："《爾雅》以荷爲根名，韓氏（韓保昇）以荷爲葉名，陸璣以荷爲莖名。按莖乃負葉者也，有負荷之義，當從陸説。……芙蓉，敷布容豔之意。蓮者連也，花實相連而出也。"④

從以上可以看出，荷可以爲總名，也可以是根名、葉名、莖名、莖葉名等。比較一致的認識是蓮是果實。所以通常所説的蓮和荷其實都是用以部分代整體的形式作爲總名的，表部分的名字可以爲整體作定語加中心語，如荷花、荷葉、蓮花、蓮葉等，還有部分加部分表稱呼，如藕花、藕葉、蓮藕等，情况比較復雜，對此應該有清楚的認識。不過在蓮意象的演變中，荷、芙蓉、芙蕖、蓮、菡萏可以通用，另外還有很多別名，如水芙蓉、水花、澤芝、玉芝、藕花、君子花等。

---

① ［東漢］許慎撰，［宋］徐鉉校定. 説文解字（附檢字）［M］. 北京：中華書局（影印本），1963：20.

② 參看［東漢］許慎撰，［清］段玉裁注. 説文解字注［M］. 上海：上海古籍出版社，1981：34.

③ ［西漢］毛亨傳，［東漢］鄭玄箋，［唐］孔穎達疏. 毛詩正義（上）［M］. 北京：北京大學出版社，1999：300，455－456.

④ 參看［明］李時珍編著，張守康校注. 本草綱目［M］. 北京：中國中醫藥出版社，1998：805.

## （二）蓮花的起源與分布

据考證，一億四千五百萬年前蓮花就生長在地球上了，是世界上最古老的多年生宿根水生植物，也是世界上應用最早、與人類關係最爲密切的植物之一。[①]

關於蓮花的起源主要有兩种說法：一說原産於印度，一說原産於中國。20 世紀 70 年代以前，蓮花一直被認爲起源於印度，我國的許多學者長期以來也主要以這種說法爲主。隨着出土化石的不斷發現，證明中國是荷花（主要指荷花）的原産國。據《中國花經》，古植物學家徐仁教授在柴達木盆地發現的荷葉化石，距今至少 1000 萬年。1973 年考古工作者在浙江餘姚縣羅江村發掘新石器時期的河姆渡文化遺址時，發現有水生植物花粉帶，其中有香蒲、荷、菱等的花粉化石，經碳 14 測定，距今已有 7000 多年的歷史。同年在河南鄭州距今 5000 餘年的仰韶文化遺址發現了兩粒炭化蓮子。1987 年考古工作者在湖南石門縣殷商古墓中發現了炭化蓮子，距今約 3500 年。遼寧金縣、新金縣的沼澤地帶仍存有 1000 年前的古蓮植物。黑龍江富錦、同江蓮花河兩岸沼澤地及虎林月牙泡沼澤地仍存有大片野生荷花，被列爲瀕危植物受到保護。[②]《詩經》中有"山有扶蘇，隰有荷花""波澤之陵，有蒲有荷"，《離騷》中有"製芰荷以爲衣兮，集芙蓉以爲裳"，由此體現出的荷花意象分別奠定了荷花與女子之間、荷花與士大夫之間的類比關係，爲以後的象徵意義提供了原型批評。還有 2500 年前吳王夫差爲寵妃西施在離宮修建的大片荷花"玩花池"，是荷花園林種植的先例。西周初期（公元前 11 世紀），古人食用的蔬菜有 40 餘種，藕就是其中的一種。[③]《周書》有"魚成龍則藪澤竭，藪澤竭則採蓮掘藕"之記載，說明在 3000 年前，人們已熟悉荷並對其加以利用。還有 1922 年河南新鄭出土的春秋初年（公元前 8 世紀）的"蓮鶴方壺"和 1953 年洛陽耀溝 612 號戰國（公元前 475—公元前 221）墓出土的繪有整朵荷花的彩陶盤，秦咸陽宮遺址

---

① 參看姜瑞榮. "荷"的源、流及習俗 [J]. 江蘇政協，2010（8）：55—56.

② 參看王其超，張行言. 中國是荷花的原産地 [J]. 生命世界，1987（3）：18—19. 王其超，張行言. 荷花 [M]. 上海：上海科學技術出版社，1998：11—12.

③ 參看王其超. 荷花史話 [J]. 世界農業，1984（11）：47.

出土的蓮瓣瓦當，始於漢代用荷花裝飾的建築藻井等。<sup>①</sup> 另外《神農本草經》果部上品中有"藕實"藥用價值的記述。

以上從考古、文獻、圖案等方面説明自新石器時代至秦漢，荷花就已經成爲集觀賞、食用、藥用於一體、受人們歡迎並重視的一種水生植物。迄今爲止，印度並没有發現荷花花粉化石和其他化石，也没有足够的證據來證明印度就是荷花的原産國，所以中國是荷花的原産國證據更多一些。<sup>②</sup>

荷花屬睡蓮科，蓮屬。該屬世界上約有兩種。一種爲中國荷，除分布在中國外，日本、印度、泰國、伊朗、菲律賓、斯里蘭卡、印度尼西亞、澳大利亞等國均有分布，中國是荷花的世界分布中心；另外一種是黄蓮花（即黄荷花），産於美洲，花黄色，淡香，單瓣，葉圓形，深綠色，酷似荷花，莖（藕）可食，但植株較荷花矮小，分布於北美洲和南美洲北部，北起加拿大，南到巴西，美國是黄蓮花的世界分布中心。<sup>③</sup>荷花在中國的地理分布爲：南起海南島（北緯 18.20°），北達黑龍江富錦（北緯 48.20°，東經 132.20°），東接臺灣（東經 121.70°），西至新疆天山北麓（東經 85.80°，北緯 44.40°），垂直分布可達 2000 米；除了青海和西藏，各省、自治區均有荷花種植或分布的記載。

（三）蓮花的地位和用途

1. 觀賞價值<sup>④</sup>

荷花色、形、香兼備，具有極高的觀賞價值。荷花花色有白、淡

---

① 參看王其超，張行言. 中國是荷花的原産地 [J]. 生命世界，1987（3）：19. 韋孟穎. 蓮花圖形的演進及使用 [J]. 絲綢之路，2004（S2）：47.

② 亓軍紅. 我國古代荷的種植及其經濟文化價值研究 [D]. 南京農業大學碩士學位論文，2006：6.

③ 參看王其超. 荷花史話 [J]. 世界農業，1984（11）：47. 王其超，張行言. 荷花 [M]. 上海：上海科學技術出版社，1998：13.

④ 參看王其超. 荷花史話 [J]. 世界農業，1984（11）：48. 王其超，張行言. 荷花 [M]. 上海：上海科學技術出版社，1998：22-26. 亓軍紅. 我國古代荷的種植及其經濟文化價值研究 [D]. 南京農業大學碩士學位論文，2006：36. 説明：本部分的圖片來自王其超，張行言. 荷花 [M]. 上海：上海科學技術出版社，1998：前言，1. 李志炎，林正秋. 中國荷文化 [M]. 杭州：浙江人民出版社，1995：33，35.

綠、粉紅、玫紅、深紅、白底紅邊，或紅尖，或灑紅點、紅綠斑，或基部黃色、中間白色、頂部紅色等，主要以紅色和白色爲主（如圖10－8、10－9所示），紅荷花，鮮豔、熱烈、可愛；白荷花，素淨、淡雅、純潔。不論是紅荷還是白荷，均給人超凡脫俗、高雅的印象。荷花形態萬千，單瓣、半重瓣、重瓣、重臺、千瓣等，尤以千瓣蓮（如圖10－10所示）爲珍品，另有千瓣蓮的變異者，如雙花心者並蒂蓮、三花心者品字蓮、四花心者四面蓮、多花心者五子蓮或繡球蓮等，均不結蓮蓬，僅供觀賞之用；花蕾的形狀主要有長桃形、桃形、圓桃形等；花瓣的形狀有小圓尖瓣、瓣鉢形、瓣圓而橢等。荷花花香襲人，綿厚悠長，可謂“世間花卉，無逾蓮花者，蓋諸花皆借喧風暖日，獨蓮花得意於水月。其香清涼，雖荷葉無花時亦自香也”①。所以李太白嘆曰：“秀色空絕世，馨香竟誰傳。”② 荷葉表面深綠色或黃綠色，背面灰綠色。葉片由表皮、葉肉和葉脉組成。雨水落在葉面上，立卽凝成大大小小的水珠，隨風滾動，而不會浸濕荷葉，尤其在炎熱的夏天，是一道不可多得的風景。難怪清代文學家張潮在《幽夢影》中說蓮“宜於目而復宜於鼻者”“花與葉俱可觀者”“凡花色之嬌媚者，多不甚香；瓣之千層者，多不結實。甚矣，全才之難也。兼之者其惟蓮乎！”③

 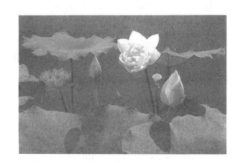

圖10－8　東湖紅蓮　　　　圖10－9　白雪公主

① ［南宋］許顗. 彦周詩話［A］. 王大鵬等. 中國歷代詩話選［C］. 長沙：岳麓書社，1985：410.

② 參看林德保等. 詳注全唐詩［M］. 大連：大連出版社，1997：550.

③ 參看西渡. 名家讀古文（下）［C］. 北京：中國計劃出版社，2005：413.

圖 10-10　千瓣蓮①

　　我國有十大賞荷勝地，分別爲杭州西湖，湖北武漢東湖、洪湖，山東濟寧微山湖、濟南大明湖，湖南岳陽蓮湖，蘇州荷花蕩，安徽潛力山縣城雪湖，河南許昌、廣西貴港。② 此外，還有北京頤和園和北海公園、南京莫愁湖和玄武湖、揚州瘦西湖、湖南洞庭湖、河北白洋淀和承德避署山莊、哈爾濱太陽島、廣東肇慶七星岩、臺灣台南縣白河鎮等，均是有名的賞荷勝地。

　　根據文獻記載，荷花還有生日，卽觀賞荷花的最佳節日。不過説法不一，一説相傳在唐代農曆六月二十四日爲“蓮花節”，一説南宋俗傳每年農曆六月初四爲“荷花的生日”，一説農曆六月二十日爲“荷花誕”。③ 可見在荷花開放之日，觀花、賞花已經成爲人們日常生活的一部分了。

　　2. 食用價值

　　早在商周時期，荷已被人們普遍食用。西周時，藕便是蔬菜的一種，《周書》有“採蓮掘藕”的記載。豐年，荷藕是人們喜愛的美味佳肴，荒年，荷藕是救飢的食糧。《農政全書·荒政》中有用蓮藕救飢的記述：“採藕煤熟食，生食皆可。”並記載了具體的吃法：“蓮子蒸食，或生食，亦可，又可休糧。仙家貯石蓮子、幹藕，經千年者食之，至

　　① 圖 10-8、10-9、10-10 來自李志炎，林正秋. 中國荷文化［M］. 杭州：浙江人民出版社，1995：前言 33，35. 王其超，張行言. 荷花［M］. 上海：上海科學技術出版社，1998：前言 1.
　　② 參看蔡建. 我國十大賞荷勝地［J］. 北京物價，2002（4）：45.
　　③ 參看邢湘臣. “荷花生日”三説［J］. 農業考古，2003（3）：234-235.

妙。又以蓮磨爲麵食，或屑爲米，加粟煮食，皆可。"① 荷，通身是寶，具有很高的營養價值。李志炎在《中國荷文化》中詳細介紹了藕、藕節、蓮子、蓮蓬殼、荷葉、荷花等的營養成分、含量，爲我們利用荷的營養價值找到了科學的依據。② 現在蓮藕仍然是人們餐桌上一道不可或缺的風味獨特的荷菜，例如荷葉粉蒸肉、雪山冰蓮、蓮香甲魚、拔絲蓮子、棗泥荷花卷、炸荷花、蜜餞捶藕、藕粉圓子等。荷還可以製作成飲料，如荷葉茶、荷花茶、蓮子茶、鮮藕茶、荷葉汽水、荷花汽水、蓮智力寶、蓮花白酒等；也可製作成點心，如蓮子糕、蓮餌月餅、蓮蓉蓮花蛋、糖蓮心、糖藕片、蓮子湯、桂花糖藕、藕粉餃、荷葉包子、荷葉肉、荷葉粥等；還可製作成罐頭，如桂花蜜汁藕罐頭、蓮藕排骨湯罐頭、糖水蓮子罐頭、清水蓮藕罐頭、糖水藕片罐頭等。另外，藕可以加工成藕粉、通心蓮等，是老少皆宜的傳統滋補品，營養價值高，容易保存。

### 3. 藥用價值

荷作爲藥物始見於我國現存最早的藥物學專著《神農本草經》，藕實"味甘，平、寒，無毒。主補中養神，益氣力，除百疾。久服輕身耐老，不飢延年"③。此後的《名醫別錄》《酉陽雜俎》《食療本草》《爾雅翼》《試藥方》《本草拾遺》等文獻對荷的藥效皆有記載，尤其以《本草綱目》最爲詳細完整。李時珍在總結前人的基礎上，結合親身實踐，對蓮實、藕、藕汁、藕蜜、藕節、蓮薏、蓮蕊須、蓮花、蓮房、荷葉、荷鼻等各個部分藥用的性味、主治、調製均作了詳盡的説明和闡釋。並認爲荷"醫家取爲服食，百病可卻"④。

傳統中醫學認爲荷葉性苦、平，歸肝、脾、胃經，有清暑解暑、升

---

① ［明］徐光啓撰，石聲漢校注；西北農學院古農學研究室整理. 農政全書校注（下册）［M］. 上海：上海古籍出版社，1981：1718.

② 參看李志炎，林正秋. 中國荷文化［M］. 杭州：浙江人民出版社，1995：64−73. 説明：具體含量請參看相關內容，這裏不再贅述。

③ 參看［明］繆希雍著，鄭金生校注. 神農本草經疏［M］. 北京：中醫古籍出版社，2002：662.

④ 參看［明］李時珍編著，張守康校注. 本草綱目［M］. 北京：中國中醫藥出版社，1998：805−809.

發清陽、涼血止血等功效。① 現代醫學證明，荷葉中含有荷葉碱、蓮碱、黄酮甙、槲皮黄酮甙及異槲皮黄酮甙。荷葉的煎劑和浸劑能直接擴張血管，引起中度降壓，證明有降壓作用，可輔治繼發性肥胖症。② 荷葉中的生物碱有降血脂、抗自由基、抗氧化、抑制高膽固醇血症和動脉硬化等藥療、食療功效，而且還具有抗有絲分裂的作用，有較强的抑菌效果。③

### 4. 其他價值

蓮在早期手工業中有特殊的用途。石蓮子可以測定鹽水的濃度，如明代嘉靖《灤州府志》卷三"鹽法"云："投石蓮子於鹽鹵，驗其沉浮，若蓮子浮之鹵面，即知其濃，可煎鹽。"④ 荷莖桿可用作燃料，荷葉可製葉蛋白，或用作煙卷的填充材料。荷葉包煮食物，潔淨清香，作爲蒸籠墊底蒸出的糕點具有荷香；釀製糯米酒，用新鮮荷葉覆蓋，酒有荷香；包裹酒壇口，酒更香洌；煮粥用鮮荷葉作蓋，清香解暑。荷葉、蓮子殼、蓮蓬殼、荷柄均含有單寧，可用作染料，也可製成活性炭等。⑤ 20世紀70年代，德國波恩大學植物研究所所長威廉·巴特洛特及其領導的小組，通過電子顯微鏡對荷葉表面的結構進行了研究，在荷葉面上倒幾滴膠水，膠水不會粘連在葉面上，而是滚落下去並且不留痕迹，表面覆蓋着一層極薄蠟晶體的葉子乾乾淨淨。巴特洛特及其小組根據荷葉防水性的特點，經過努力，發明了一項新技術，即生產出表面完全防水並且具備自潔功能的材料。這項用途廣泛的新技術解決了建築物頂部和表面的清潔問題，汽車、飛機和各種運輸工具的清潔問題也得以解決。⑥

明代劉伯溫《採蓮歌六首》之四云："芍藥爭春炫彩霞，芙蓉秋盡卻榮華。有色有香兼有實，百花都不似蓮花。"⑦ 此六言詩言簡意賅，

---

① 參看國家藥典委員會. 中國藥典（一部）[Z]. 北京：化學工業出版社，2000：231.
② 參看唐裕芳等. 荷葉提取物對肉類防腐保鮮應用的展望 [J]. 肉類工業，2004 (11)：44.
③ 參看劉樹興，趙芳. 荷葉功能成分研究進展 [J]. 食品工業科技，2008 (4)：321.
④ 轉引自王其超，張行言. 荷花 [M]. 上海：上海科學技術出版社，1998：151.
⑤ 參看王其超，張行言. 荷花 [M]. 上海：上海科學技術出版社，1998：151.
⑥ 參看百度百科"蓮花"詞條的相關介紹.
⑦ [明] 劉基著，林家驪點校. 劉基集 [C]. 杭州：浙江古籍出版社，1999：268.

把蓮花的觀賞價值、食用價值、經濟價值描寫得淋漓盡致。清代李漁稱"芙蕖之可人，其事不一而足"，荷蓮具"三可"之妙。一曰可目：荷葉出水之日，便爲點綴綠波，勁葉日上日妍，有飄搖之態、嫵娜之姿。菡萏成花，嬌姿欲滴。花之既謝，復蒂下生蓬，蓬中結實，亭亭獨立，與翠葉並擎。二曰可鼻：荷葉之清香，荷花之異馥，避暑而暑爲之退，納涼而涼逐之生。三曰可口，蓮實與藕，皆並列餐盤，互芬齒頰。即使霜中敗葉，亦可摘而藏之，備終年裹物之用。故曰："無一時一刻，不適耳目之觀；無一物一絲，不備家常之用。"有五穀之實兼百花之長，以至於李漁説"四命之中，此命爲最"。① 看來不管是觀賞還是實用，荷花都是生活中值得人們喜愛的，更不用説它"出淤泥而不染"的品質了。

（四）蓮花的象徵意義

1. 世俗象徵意義——女性寓意，君子象徵，愛情媒介，吉祥象徵

荷在《詩經》中出現於《鄭風·山有扶蘇》和《陳風·澤陂》中，比喻年輕嬌美的女子。如"山有扶蘇，隰有荷華""彼澤之陂，有蒲與荷""彼澤之陂，有蒲與蕳"。鄭玄箋："蕳當作'蓮'。蓮，芙蕖實也。蓮以喻女之言信。"孔穎達正義："蕳當作'蓮'，蓮是荷實，故喻女言信實。""彼澤之陂，有蒲菡萏。"毛傳："菡萏，荷華也。"鄭玄箋："華以喻女之顏色。"② 後來以荷花寓指女性或者比喻女性的詩詞曲賦很多，如三國魏曹植《洛神賦》"迫而察之，灼若芙蕖出綠波"描寫的洛神，隋杜公瞻《咏同心芙蓉》"灼灼荷花瑞，婷婷出水中"描寫的少女，朱自清《荷塘月色》中葉如"亭亭的舞女的裙"，花如"剛出浴的美人"等。

《楚辭》中荷的意象出現在《離騷》《招魂》《湘君》《湘夫人》《少司命》《河伯》《思美人》《九辯》《謬諫》《九懷》《逢紛》等篇目中，荷

① ［清］李漁撰，杜書瀛注. 閑情偶寄［M］. 北京：學苑出版社，1998：373.
② ［西漢］毛亨傳，［東漢］鄭玄箋，［唐］孔穎達疏. 毛詩正義（上）［M］. 北京：北京大學出版社，1999：300，455-456.

主要用來比喻詩人自己高潔的品質。如《離騷》："制芰荷以爲衣兮，集芙蓉以爲裳兮。"理學家周敦頤獨愛蓮，其在《愛蓮説》中描述："蓮之出淤泥而不染，濯清漣而不妖，中通外直，不蔓不枝，香遠益清，亭亭静植，可遠觀而不可褻玩焉。"可謂將蓮花與君子的關係定爲"蓮，花之君子者也"。自此，君子蓮的稱呼成了一種固定的説法。

漢樂府《江南》："江南可採蓮，蓮葉何田田。魚戲蓮葉間，魚戲蓮葉東，魚戲蓮葉西，魚戲蓮葉南，魚戲蓮葉北。"詩歌以採蓮作爲比興，以"魚戲蓮葉"隱喻愛情的和諧和融洽，以"魚喻男，蓮喻女，説魚與蓮戲，實等於男與女戲"[①]。南朝樂府民歌《西洲曲》中有"出門採紅蓮""蓮花過人頭""低頭弄蓮子，蓮子青如水。置蓮懷袖中，蓮心徹底紅"等句。蓮諧音"戀""憐""連"，表達了女子對情郎既愛且憐的深情。另外還有一系列的《採蓮曲》都表達了男女間美好純潔的愛情。

百花大都一蒂一花，而荷花卻有一蒂二花、一蒂三花甚至四花、五花、多花的現象。由於古代的人們不能解釋這種自然變異現象，而把並蒂蓮、並頭蓮或一莖多花看作天降福瑞，後演變爲吉祥的象徵。所以蓮在古代又被稱爲"嘉蓮""瑞蓮"，如唐代詩人姚合《咏南池嘉蓮》"四野人閒皆盡喜，爭來入郭看嘉蓮"，唐末五代十國詩人王貞白《宮池産瑞蓮》"雨露及萬物，嘉祥有瑞蓮"。[②]蓮與童子一同出現，人們常稱爲"連（蓮）生多子""連（蓮）生貴子"，表達祈求生子添丁的美好願望；與魚一同出現，被喻爲連（蓮）年有魚（餘），表達吉慶興旺、豐收富裕之意。現在很多地方結婚時新娘喝蓮子粥，在新人的牀上撒下蓮子、花生、瓜子、棗子、桂圓等，表示"連生多子""早生貴子"等美好祝願。

2. 宗教中蓮的象徵意義——超脱之境和神聖之物

蓮花在佛教中的應用極廣（如圖 10-11 至 10-14 所示[③]），有蓮剎、蓮胎、蓮眼、蓮舍、蓮宮、蓮社、蓮宗、蓮界、蓮邦、蓮（花）臺、蓮（花）座、蓮花手、蓮花衣、蓮花戒、蓮花步、蓮花冠、蓮花

---

① 聞一多. 聞一多全集［M］. 北京：生活·讀書·新知三聯書店，1982：121.
② 參看林德保等. 詳注全唐詩［M］. 大連：大連出版社，1997：1919，2776.
③ 圖片來自李志炎，林正秋. 中國荷文化［M］. 杭州：浙江人民出版社，1995：前言 29-30.

教、蓮花經、蓮花藏、蓮花國、蓮花智、舌上蓮花、歸宅生蓮、蓮花合掌、蓮花坐姿、七寶蓮花等。例如不少菩薩是從蓮花裏生出來的，菩薩頭戴蓮花冠，腳踩蓮花，坐的也是蓮花等。蓮花在佛教中有豐富的內涵，代表了淨潔、斷滅、神聖、美妙、靈妙等。

圖 10-11　持蓮菩薩（敦煌）　　　　圖 10-12　蓮國菩薩（敦煌）

圖 10-13　蓮花淨土　　　　　　圖 10-14　觀音蓮花座

　　蓮花是佛教中的重要意象。據《華嚴經》記載："大蓮華者，梁攝論中有四義：一如蓮花，在泥不染，比法界真如，在世不爲世污；二如蓮花，自性開發，比真如自性開悟，衆生諸證，則自性開發；三如蓮花，爲群蜂所採，比真如爲衆聖所用；四如蓮花，有四德，一香、二淨、三柔軟、四可愛，比如四德，謂常、樂、我、淨。"[1] 其實許多花都柔軟、乾淨，充滿香氣，只是蓮花有一個特殊的生態是其他植物沒有的，因此承擔了佛教中的象徵使命，世間花卉一般是先開花後結實，蓮花則在開花的同時便具有了結實的蓮蓬。明代詳述各種植物的書籍《群芳譜》就特別強調蓮花"華實齊生"的特質。因此蓮花被佛家視爲能同

────────────────

① 參看杜大寧. 佛教故事經典（一）［M］. 北京：新世界出版社，2009：128.

時體現過去、現在、未來三世的意象。《大智度論》卷八記載了幾個爲何跌坐蓮花的原因，除了蓮花在眾花中最大、最盛、代表莊嚴妙法，蓮花柔軟素淨，坐其上花卻不壞，更可以展現神力。不過佛教中的蓮花其實已升華爲象徵之花，與人中之花有別，人中蓮花大不過尺，天上蓮華復大於此，是則可容結跏跌坐，而佛所坐蓮花又勝於天上蓮花百千萬倍，所以朱慶之指出"佛教以蓮花作表記的根本原因是蓮花獨具一格的自然特徵和佛教基本精神的高度吻合"①，可謂不無道理。

印度佛教藝術也較早地使用了蓮花圖案。公元前 2 世紀山崎的佛塔欄上有八葉開敷蓮花，公元前 1 世紀佛陀伽耶欄楯上有夜叉圍着單瓣蓮花的浮雕圖案，薩爾那特、阿育王石柱的獅子像與牛雕刻像的臺座上有最古老的逆蓮圖案。②

我國的龍門石窟、敦煌石窟中也有很多以蓮花爲題材的藝術形象。龍門石窟中有一個北魏時期的傑作——石窟洞，因頂部有一巨形蓮花，被命名爲"蓮花洞"，洞寬 1.65 米，深 9.6 米，高 6.1 米。窟中央爲高 5.3 米的立佛，窟頂中央環繞着大蓮花藻井。敦煌 407 窟的藻井，在圓環回旋的飛天中心托出一朵盛開的蓮花，蓮花心裏有三只奔馳的白兔，動靜相襯。③另外，寺廟中佛、菩薩的雕塑均可見蓮花，許多觀音形象也以蓮花爲襯，如施樂觀音左手於膝頭捻蓮，一葉觀音乘蓮花漂於水面，威德觀音、白衣觀音皆左手持蓮，臥蓮觀音臥於蓮花之上等。④

道教中蓮花被視爲"道瑞"，如江淹《蓮花賦》寫道："一爲世珍，一爲道瑞。"主要出現在道教的器具和以蓮爲飾的服飾上，如道教中八仙之一何仙姑所持法器就是荷花，神仙和道士常常配有"芙蓉冠"（或蓮花冠）。道士所戴的五種冠中的蓮花冠和五老冠都是蓮花形狀的，並且只有高功或者爲高功超度時才可以戴。⑤唐代詩歌中也有對道人裝束的描述，如"休梳叢鬢洗紅妝，頭戴芙蓉出未央"（王建《送宮人入

---

① 參看朱慶之. 蓮花的文化内涵 [J]. 文史雜誌，1989（3）：35.
② 參看范麗麗. 佛教中的蓮花意象 [J]. 文學界（理論版），2010（6）：212.
③ 參看賈一心. 荷花的原型批評 [J]. 青海民族學院學報（社會科學版），1996（1）：94.
④ 參看范麗麗. 佛教中的蓮花意象 [J]. 文學界（理論版），2010（6）：212.
⑤ 參看王艷. 古代文學作品中"蓮"意象研究——以先秦至唐爲例進行研究 [D]. 河北大學碩士學位論文，2009：73.

道》），"高冠如芙蓉，霞月披衣裳"（張籍《學仙》）。① 詩仙李白更是忠心信道，曾經協杜甫到處學道，自稱"青蓮居士謫仙人"。

總之，蓮花除了具有觀賞價值、食用價值、藥用價值，還具有世俗象徵意義，是佛教和道教的重要標志之一，另外，蓮與"連、聯"諧音，"荷"與"和、合"諧音，所以在中國傳統文化中，經常以荷花或蓮花作爲和平、和諧、合作、合力、團結、聯合等的象徵，體現了以"荷（和）爲貴""荷（和）而不同"的中國特色的文化特質。

## 十一、龍馬

（1）忽見槽上所有百千疋龍馬……（頁 496）

（2）南槽龍馬子孫乘，北牖香車妻妾用。（頁 1027）

龍，出土文獻甲骨文中有很多寫法，象龍形。傳世文獻如《周易》《莊子》《史記》《論衡》《廣雅》《爾雅翼》《本草綱目》等中都有關于龍的記載。《説文解字·龍部》："龍，鱗蟲之長。能幽能明，能細能巨，能短能長；春分而登天，秋分而潛淵。從肉，飛之形，童省聲。"② 從相關記述來看，龍是神話傳説中的一種具有神性、人性、獸性的動物，是虛擬的、綜合的"熟悉的陌生"物，古代以之爲帝王的象徵和祥瑞的徵兆。1994 年在遼寧阜新查海遺址發掘了年代最早、形體最大的堆塑龍，距今 8000 年左右（如圖 11－1 所示），可見最早的龍也許在這之前就已經存在了，卽龍起源於舊石器時代晚期，距今 1 萬年左右。③ 龍是炎黃子孫的同宗同祖。龍是一種精神，一種標志，代表着融合、昂揚、向上、雄猛、氣勢。龍是溝通天、地、人的中介，上天入地，主水。人們對龍的認識經歷了幾個階段：自然圖騰崇拜觀→祖先崇拜觀→真龍天子觀→祥瑞龍鳳觀。④ 龍的傳説説不盡道不完，太多的"原龍"，太多

---

① 參看林德保等. 詳注全唐詩［M］. 大連：大連出版社，1997：1159，1472.

② ［東漢］許慎撰，［宋］徐鉉校定. 説文解字（附檢字）［M］. 北京：中華書局（影印本），1963：245.

③ 參看杜振明等. 遼寧發現龍形堆石［N］. 新華社每日電訊，1994－10－13. 辛岩. 查海遺址發掘再獲重大成果［N］. 中國文物報，1995－03－19. 于振瑋等. 龍紋圖像的考古學依據［J］. 北方文物，1995（4）.

④ 參看汪田明. 中國龍的圖像研究［D］. 中國藝術研究院博士學位論文，2008：101－103.

的話題，太多的想象。

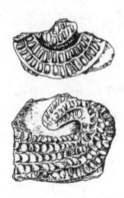

圖 11-1　龍紋陶片

　　龍馬，古代對馬的稱呼中往往含龍，如龍（先秦），龍驥、龍子、飛龍、龍文（秦漢），龍馬、龍種、龍駒、龍媒（南北朝），龍孫（唐代），八尺龍（宋代）等皆指良馬或駿馬。[①] 古人對龍馬的理解大致有三種：一是龍馬是身高八尺或八尺以上的馬；二是龍形象馬爲龍馬；三是傳説中的神馬，爲祥瑞之物，居於黄河，王者有仁德則現。

　　現代馬是生活在 5000 萬年前的始祖馬經歷了漫長的時間進化而來的：始祖馬→漸新馬→中新馬→上新馬→現代馬。[②] 出土文獻甲骨文中馬的寫法有很多，象馬形。在《爾雅·釋獸》提出的六畜"馬牛羊豬狗雞"中，馬排在第一位，可見馬在人們生活中的地位。《説文解字·馬部》："馬，怒也；武也。象馬頭髦尾四足之形。"[③] 考古學家大都認爲馬、牛、羊都是龍山文化（公元前 3000—前 2300 年）時期的家畜。[④]山東章丘龍山鎮城子崖的考古發現證明 4000 多年前的先民已經開始有意識地養馬，所以養馬的歷史可推至新石器時代晚期。[⑤]

　　把馬和龍聯繫起來，最早出現在《周禮》中。《周禮·夏官司馬》：

　　①　參看華夫. 中國古代名物大典［Z］. 濟南：濟南出版社，1993；1457，1463，1467-1468.

　　②　參看段春陽. 關於馬的進化順序問題［J］. 生物學通訊，1989（4）：13.

　　③　［東漢］許慎撰，［宋］徐鉉校定. 説文解字（附檢字）［M］. 北京：中華書局（影印本），1963：199.

　　④　中國社會科學院考古研究所. 新中國的考古發現和研究［M］. 北京：文物出版社，1984：195.

　　⑤　參看李岩松. "馬"文化熟語論析［J］. 語文學刊（高教版），2005（7）：133.

"馬八尺以上爲龍，七尺以上爲騋，六尺以上爲馬。"① "八尺""七尺"
"六尺"皆指馬高，分別相當於現在的 1.85 米、1.62 米、1.39 米。②
傳說《周易》的產生與龍馬有着特殊的關係，"龍與馬在編撰者眼中是
同類事象"。象徵天與地的乾、坤兩卦分別以龍馬取象，二者都是生命
與力量的象徵。後來良馬或駿馬都可以稱爲龍馬。《論衡·知實篇》載
客見淳於髡於梁惠王而不言，"梁惠王大駭曰：'嗟呼！淳于生誠聖人
也。前淳於生之來，人有獻龍馬者，寡人未及視，會生至。後來，人有
獻謳者，未及試，亦會生至。寡人雖屏左右，私心在彼。'"③《北史·
魏本紀》載"是歲，龜茲國獻名駝龍馬珍寶甚眾"；又"彌俄突聞其離
駭，追擊大破之，殺伏圖於蒲類海北，割其髮，送於孟威。又遣使獻龍
馬五匹，金、銀、貂皮及諸方物"。④ 南朝齊謝朓《送遠曲》有"方衢
控龍馬，平路馳朱輪"，梁簡文帝《洛陽道》有"金鞍照龍馬，羅袂拂
春桑"。⑤《宣室志·玄宗龍馬》記載海岱之間出玄黃石，唐明皇聽說茹
之可以長生，所以嘗命臨淄守每歲採而貢焉。開元二十七年（739）秋，
江夏李邕入山採玄黃石，神翁告之曰："聖主當獲龍馬以彰清世雍熙之
瑞，則享國無疆，無勞採常藥耳。"並言龍馬"當產齊魯之郊。若獲之，
即是太平之符。雖麟鳳龜龍，不足以並其瑞"。後乾貞求龍馬於齊魯之
間，曰："其色雛毛，兩脇有鱗甲，鬃尾若龍之鬐鬣，嘶鳴真虞笛之音，
日馳三百里。"乾貞訊其所自，會恩曰："吾獨有牝馬，常浴於淄水，遂
有胎而產。因以龍子呼之。"獻之。上大悅，詔內閑廄，異其芻豢。命
畫工圖其狀，用頒示中外。⑥ 李白《白馬篇》之二十四："龍馬花雪毛，
金鞍五陵豪。"張籍《離婦》："夫婿乘龍馬，出入有光儀。"李郢《上裴
晉公》："四朝憂國鬢如絲，龍馬精神海鶴姿。天上玉書傳詔夜，陣前金
甲受降時。曾經庾亮三秋月，下盡羊曇兩路棋。惆悵舊堂扃綠野，夕陽

---

① ［東漢］鄭玄注，［唐］賈公彥達疏，彭林整理. 周禮注疏（中冊）［M］. 上海：上海古籍出
版社，2010：1262.
② 參看馮桂芹. 華夏文化中"龍"原型爲"馬"之考辨［J］. 當代教育理論與實踐，2010（5）：
118.
③ ［東漢］王充著，陳蒲清點校. 論衡［M］. 長沙：嶽麓書社，1991：411.
④ ［唐］李延壽. 北史［M］. 北京：中華書局，1974：95，3275.
⑤ 參看逯欽立. 先秦漢魏晉南北朝詩（全三冊）［M］. 北京：中華書局，1983：1416. ［北宋］
郭茂倩. 樂府詩集［M］. 北京：中華書局，1979：339.
⑥ ［唐］張讀撰；張永欽，侯志明點校. 宣室志［M］. 北京：中華書局，1983：27.

無限鳥飛遲。"① 《壽少傅楊邃翁》："龍馬精神知健在，駕風還擬踏瀛壺。"②

《禮記·禮運》："河出馬圖。"③ 鄭玄注："馬圖，龍馬負圖而出也。"孔穎達疏："案《中候握河紀》：'堯時受河圖，龍銜，赤文綠色。'注云：'龍而形象馬。'故云'馬圖'，是龍馬負圖而出。又云伏羲氏有天下，龍馬負圖出於河，遂法之畫八卦。"圖 11-2 所示爲瓦當龍紋。④

圖 11-2　瓦當龍紋

南朝梁沈約撰《宋書·符瑞志》載："龍馬者，仁馬也，河水之精。高八尺五寸，長頸有翼，傍有垂毛，鳴聲九哀。"⑤

家畜中，馬是唯一既能駄駕又能快速奔馳的家畜，而且十分靈巧，所以馬在人類生活和生產中具有重要的作用，尤其是古代戰爭中，馬更是取得勝利的一個重要因素。

馬與政治有密切的關聯：《逸禮·王度記》駕御制度云："天子駕六馬，諸侯駕四，大夫三，士二，庶人一。"⑥ 古代賜群臣車馬，一是"能安民者賜車馬"⑦，二是有德者賜車馬（韓詩外傳曰"諸侯之有德，天子賜之，一賜車馬，再賜衣服"等），三是以其"進退有節，行步有

① 參看林德保等. 詳注全唐詩 [M]. 大連：大連出版社，1997：97，1472，2318.
② 參看[明] 林俊. 見素集 [M]. 文淵閣影印四庫全書（1257 册）[Z]. 上海：上海古籍出版社，1987：481.
③ [東漢] 鄭玄注，[唐] 孔穎達疏，吕友仁整理. 禮記正義（中册）[M]. 上海：上海古籍出版社，2008：949.
④ 參看汪田明. 中國龍的圖像研究 [D]. 中國藝術研究院博士學位論文，2008：60.
⑤ [南朝梁] 沈約. 宋書 [M]. 北京：中華書局，1974：802.
⑥ 參看[南朝宋] 范曄撰，[唐] 李賢等注. 後漢書 [M]. 北京：中華書局，1965：3645.
⑦ 參看張岱年. 儒家經典 [C]. 團結出版社，1997：1317.

度，賜以車馬，以代其步"①。

古代的皇帝亦非常重視馬。如：西周穆王姬满的"八駿"巡天下，秦始皇嬴政氣勢恢宏的兵馬俑（如圖11-3所示）②，漢文帝劉恆的"九逸"，漢武帝劉徹爲烏孫"天馬"和大宛"漢血馬"寫《天馬歌》和《西極天馬歌》，蜀漢昭烈帝劉備的"的盧"雪中送炭，唐太宗李世民"六駿"打天下，唐玄宗"好大馬，御廐至四十万"（駿馬、舞馬等），明孝陵朱元璋的"石馬"神道等。元清是蒙古族和滿族的天下，馬背上的民族的鐵騎和驍騎在生活和戰爭中的地位更是十分重要。

圖11-3　秦始皇銅車馬出土全景

馬在戰爭中的應用極爲廣泛。在長達數千年的歷史上，馬一直是軍隊取得勝利的關鍵因素，尤其是冷兵器時代。如戰國趙武靈王趙雍採取"胡服騎射"之策取得勝利，秦人鐵騎東征西戰取得統一，西漢武帝"養馬以伐胡"，唐玄宗時將軍王忠嗣高價購馬弱敵強軍最終勝利，元朝時蒙古族鐵騎橫掃歐亞大陸，清代的建立也是依靠滿族剽悍驍勇的鐵騎。

馬在不同的時期有不同的用途，經歷了肉乳利用、農用、牧用以及軍事用途以後，在科技發達的今天，馬的用途以體育娛樂、休閑文化爲主。總之，"在我國的文化、藝術中，馬占據了很重要的地位。如果將

---

① 參看［西漢］公羊壽傳，［東漢］何休解詁，［唐］徐彥疏. 春秋公羊傳注疏［M］. 北京：北京大學出版社，1999：116.

② 秦始皇兵馬俑博物館，陝西省考古研究所. 秦始皇陵銅車馬發掘報告［M］. 北京：文物出版社，1998：448 彩版 2.

有關馬的内容從我國的文化史中抽出，那留下的文化典籍和藝術作品將會殘缺不全甚至慘不忍睹"①。

從以上論述可以看出敦煌變文中的龍馬指良馬或駿馬。

## 十二、轆轤

（1）入廚惡發，飜粥撲羹，轟盆打甌，雹（蔣禮鴻讀作"撲"）釜打鐺。嗔似水牛料鬥，笑似轆轤作聲。（頁 1216）

轆轤，亦作"鹿盧""樋櫨""車賣轤""犢轤"等。在古代，轆轤起初主要指滑車，有時也指絞車，後來指曲柄轆轤。《禮記·檀弓下》"公室視豐碑"，鄭玄注："丰碑，斫大木爲之，形如石碑，於椁前後四角樹之，穿中於間爲鹿盧，下棺以綍繞。天子六綍四碑，前後各重鹿盧也。"② 這裏的"鹿盧"指滑車（定滑輪）。《六韜·虎韜》"軍用"篇云："渡溝塹，飛橋，一間廣一丈五尺，長二丈以上，着轉關轆轤八具，以環利通索張之。"《六韜·軍略》篇曰："越溝塹，則有飛橋、轉關轆轤、鉏鋙。"③ 這兩句中的"轆轤"指絞車。

漢代的轆轤有兩種：滑輪式轆轤、細腰式轆轤（如圖 12－1、12－2 所示）。④ 王褒《僮約》券文中對奴僕便了的規定中有"晨起早扫，食了洗滌。居當穿臼缚箒，截竿凿斗，浚渠缚落，鉏园斫陌，杜埤地，刻大枷，屈竹作杷，削治鹿盧"⑤，可以看出"鹿盧"應該是一種農具，很可能是竹製或木製的汲水用具。在晉代以後的記載中，轆轤多用來汲水。如東晉郭璞、王彪之《井賦》："鼓鹿盧，揮勁索。飛輕袪之繽紛，手爭鶩而互搦。長繄委蛇以曾縈兮，瑶甕龍騰而灑激。""燧鑽木而發火，益穿坤而構井，摹玄羲之靈爻，仰東宿之飛景，步土脉，測水泉，方欄結，轆轤懸。懸沉瓶而玄汲，飛纖綆而幽牽。"⑥ 北魏賈思勰《齊

---

① 王大霖，王言彬. 中國馬文化細探［N］. 中國審計報，2002－02－01（005）.

② ［東漢］鄭玄注；［唐］孔穎達疏. 禮記正義［M］. 北京：北京大學出版社，1999：297.

③ 唐書文. 六韜·三略譯注［M］. 上海：上海古籍出版社，2006：85，93.

④ 張春輝等. 中國機械工程發明史（第二編）［M］. 北京：清華大學出版社，2004：77.

⑤ ［西漢］王褒. 僮約［M］. ［清］嚴可均. 全上古三代秦漢三國六朝文［Z］. 北京：中華書局，1958：359.

⑥ ［清］嚴可均. 全上古三代秦漢三國六朝文［Z］. 北京：中華書局，1958：2148，1574.

民要術・種葵》言：“井別作桔槔、轆轤。”並注：“井深用轆轤，井淺用桔槔。”[1]

圖12-1　漢代滑輪式
轆轤

圖12-2　漢代細腰式
轆轤

圖12-3　唐代機汲
示意圖

唐代轆轤聲響，並出現了轆轤與架空索道聯合使用的機汲裝置（如圖11-3所示）。[2] 許渾《秋日早朝》“井轉轆轤千樹曉，鎖開閶闔萬山秋”；李郢《曉井》“越女攜瓶下金索，曉天初放轆轤聲”；姚月華《楚妃怨》“梧桐葉下黃金井，橫駕轆轤牽素綆。美人初起天未明，手拂銀瓶秋水冷”；李煜《採桑子》“轆轤金井梧桐晚，幾樹驚秋”。[3] 劉禹錫《機汲記》中描述的汲水裝置結構爲：“比竹以爲畚，實於流中，中植數尺之臬，輂石以壯其趾，如建標焉。索綯以爲緪，縻於標垂，上屬數仞之端，亙空以峻其勢，如張弦焉。鍛鐵爲器，外廉如鼎耳，內鍵如樂鼓，牝牡相函，轉於兩端，走於索上，且受汲具。”提水方法爲：“及泉而脩綆下縋，盈器而圓軸上引。其往有建瓴之駃，其來有推轂之易。”[4]

元代已明確區分了“桔槔”“轆轤”，出現了曲柄轆轤與雙轆轤（或稱鴛鴦轆轤，如圖12-4、12-5、12-6所示）等。[5] 王禎《農書・農器圖譜集・灌漑門》云轆轤“纏綆械也。《唐韻》云：圓轉木也。《集韻》作檻櫨，汲水木也。井上立架置軸，貫以長轂，其頂嵌以曲木，人乃用手掉轉，纏綆於轂，引取汲器。或用雙綆而逆順交轉，所懸之器，

① 繆啓愉，繆桂龍. 齊民要術譯注［M］. 上海：上海古籍出版社，2006：175.

② 參看沈翰，秦貴. 種植管理機械［M］. 北京：中國大地出版社，2009：139.

③ 參看林德保等. 詳注全唐詩［M］. 大連：大連出版社，1997：2049，2319，3064，3378.

④ 參看［唐］劉禹錫. 劉賓客文集・機汲記［M］. 文淵閣影印四庫全書（1077冊）［Z］. 上海：上海古籍出版社，1987：381.

⑤ 參看［元］王禎. 農書［M］. 北京：中華書局，1956：386. 沈翰，秦貴. 種植管理機械［M］. 北京：中國大地出版社，2009：141. 周昕. 中國農具發展史［M］. 濟南：山東科學技術出版社，2004：707.

虛者下，盈者上，更相上下，次第下輆，見功甚速。凡汲於井上，取其
俯仰則桔槹；取其圓轉則轆轤，皆挈水械也。然桔槹緪短而汲淺，獨轆
轤深淺俱適其宜也"①。不過從發掘的宋墓和金墓壁畫來看，單曲柄轆
轤的使用年代可以提前到宋代。山西絳縣裴家堡金墓壁畫中的汲水圖充
分説明了在遼金以前已有曲柄轆轤（如圖12-7所示）。② 圖上的轆轤
曲柄呈弧形，顯然是向現在曲柄轆轤發展的過渡階段的形式，和先前將
繩子纏繞在一個轉軸之上不同。1994年考古工作者在山西長子縣小關
村發現了金代壁畫墓（如圖12-8所示）。1999年山西屯留宋村金代壁
畫墓的東壁門右再次發現了單曲柄轆轤。1981年長治市博物館考古工
作者在長治市故漳村清理了一座宋墓，墓的南壁東部磚雕中有一汲水
圖，畫面上有一女子正在搖轤汲水（如圖12-9所示）。1988年山西長
治市北郊故漳鄉的故縣村發掘了兩座宋墓，其中一號墓的南壁所繪舂米
圖中，婦人身後繪有一井，井上有一單曲柄轆轤（如圖12-10所示）。
另外，北宋張擇端所繪的《清明上河圖》中圓口井的上方也有一架不起
眼的曲柄轆轤（如圖12-11所示）。從以上情況可見，單曲柄轆轤在北
宋中晚期已經普遍應用。

  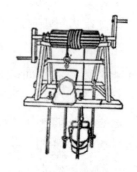

圖12-4　單曲柄轆轤　　　圖12-5　雙曲柄轆轤　　　圖12-6　鴛鴦轆轤

---

①　參看［元］王禎. 農書［M］. 北京：中華書局，1956：386.
②　參看史曉雷，張柏春. 我國單曲柄轆轤普遍應用的年代考［J］. 農業考古，2010（4）：166-
168. 説明：圖12-7至12-11均出自此.

圖12-7　裴家堡壁畫中的汲水及炊煙圖　　圖12-8　山西小關村金代墓東壁南側壁畫

圖12-9　故漳村宋墓磚雕汲水圖　　圖12-10　故縣村宋墓 M1 南壁壁畫

圖12-11　《清明上河圖》中的單曲柄轆轤　　圖12-12　現代廈門市郊區農村
使用桔橰提水灌溉的情景

　　實際上，被考古學家稱爲轆轤的工具可以分爲兩類：滑輪式轆轤與手搖式轆轤。細腰轆轤是滑輪式轆轤向手搖式轆轤發展過程中的一種，可以説滑輪式轆轤和細腰式轆轤都是我國古代轆轤的原始形式，它們的共同特點是沒有裝置手搖的曲柄，都是在兩根立柱之間架一橫軸，軸上裝一個兩端粗、中間細的輪子，用一根繩子搭跨在輪子的細部，繩的一端係汲水器，人用手拉繩子的另一端，這樣汲水器就會上下運動。所以嚴格來説，不管是滑輪式轆轤還是細腰式轆轤，都不是真正的轆轤，只是一個定滑輪結構，它使"往上提"的動作改爲"往下拉"的動作，只改變了力的方向而不省力，讓操作方便了一點。明代羅頎《物原·器原》認爲是"史佚始作轆轤"①。史佚是周代周文王的史官，據此可以推知早在幾千年前人們就用轆轤汲水了，不過我們認爲這裏的轆轤指的應該是滑車，而不是現在意義上的轆轤。根據文獻和出土材料，真正意義上的轆轤（卽曲柄轆轤）在北宋中晚期已經普遍應用，或者説至晚在11世紀下半葉單曲柄轆轤已經普遍使用。不過隨着考古文物的發掘和出土，這一説法有可能會産生變動。

需要指出的是，要把桔橰與轆轤區別開來。在轆轤出現以前，較早的汲水工具一般爲缶、瓮、桔橰等。甲骨文中的"缶"有向上提器物的形象，《易·比卦》："有孚盈缶，終來有它。吉。"陸德明釋文："缶，瓦器也。鄭云'汲器也'。"②《莊子·天地》篇記述了子貢過漢陰時勸一老農使用當時先進的桔橰澆水。子貢曰："有械於此，一日浸百畦，用力甚寡而見功多，夫子不欲乎？"爲圃者卬而視之曰："奈何？"曰："鑿木爲機，後重前輕，挈水若抽，數如泆湯，其名爲橰。"③ 王禎《農書·農器圖譜集·灌溉門》云："桔橰，挈水械也。《通俗文》曰桔橰機汲水也。《説文》曰：桔，結也，所以固屬。橰，皋也，所以利轉。又曰，皋，緩也。一俯一仰，有數存焉，不更速也。然則桔其植者，而橰其俯仰者與。……今瀕水灌園之家多置之。實古今通用之器，用力少而建功多者。"④ 可見桔橰只是利用了杠杆原理改變了用力的方向，而轆轤是同時利用杠杆原理和輪軸原理，不僅改變了力的方向，也讓汲水更省力、有效。不過直到現在，有些地區仍有用桔橰來汲水灌溉的（如圖12-12所示）。⑤ 敦煌變文中，"笑似轆轤作聲"中的"轆轤"指的應該是日常生活中所使用的汲水轆轤，形容笑聲大且不悦耳。

---

① 參看［明］羅頎輯. 物原［M］. 北京：中華書局，1985：34.

② 參看［魏］王弼注，［晉］韓康伯注，［唐］陸德明音義，孔穎達疏. 周易注疏［M］. 文淵閣影印四庫全書（7 册）［Z］. 上海：上海古籍出版社，1987：353.

③ 參看［清］郭慶藩撰，王孝魚點校. 莊子集釋［M］. 北京：中華書局，1961：433.

④ 參看［元］王禎. 農書［M］. 北京：中華書局，1956：384.

⑤ 參看陳文華. 中國農業考古圖錄［M］. 南昌：江西科學技術出版社，1994：416.

## 十三、麻

（1）母解緝麻居村墅，父能牧放住鄉村。（頁 91）

（2）既無穀麥，嗷肉充糧。少有絲麻，織毛爲服。（頁 156）

（3）思量言訖，莫不草繩自縛，黃麻半（絆）肘，直到將軍馬前。（頁 302）

（4）萬一入王耳目，碎即恰似油麻。乍可從君懊惱，不得遣我脱枷。（頁 378）

（5）日食麻麥求勝行，雪山修道證菩提。（頁 435）

（6）日食一麻或一麥，長齋座（坐）禪觀行，成登正覺。（頁 440）

（7）日食一麻或一麥，鵶鵲巢居頂上安。（頁 441）

（8）日食一麻或一麥，鵶鵲巢居頂上安。（頁 468）

（9）長飢不食珍修（羞），麻麥將來便短終。（頁 481）

（10）日食麻麥，引日偷生。烏鵲巢頂，養子得成。頭如蓬窠……（頁 560）

（11）佛如尼俱律陀樹，子小如似黑由麻（即油麻）。（頁 683）

（12）長飢不食真修（蔣禮鴻校作“珍羞”）飯，麻麥將來便短終（當讀作“斷中”）。（頁 1139）

麻爲五穀之一。不管是古代還是現代，麻在人們的生活和生產中都起着重要的作用。《説文》中麻與枲互訓。麻，枲也。從𣏕，從广。𣏕，人所治也，在屋下。枲，麻也。從木，台聲。篆文枲從𣏕從辝。芋，麻母也。从艸、子聲。一曰：芋即枲也。[1] 李時珍在“大麻”條下曰麻“從兩木在广下，象屋下派麻之形也。木音派，广音儼”，並解釋説“云漢麻者，以別胡麻也”。[2]《爾雅·釋草》：黂，枲實。枲，麻。郭璞注曰：別二名。疏曰：黂者，即麻子名也。莩麻，母。孫炎注曰：“黂，

---

① 參看［東漢］許慎撰，［宋］徐鉉校定. 説文解字（附檢字）［M］. 北京：中華書局（影印本），1963：15，149.［東漢］許慎撰，［清］段玉裁注. 説文解字注［M］. 上海：上海古籍出版社，1981：44，335－336.

② 參看［明］李時珍編著，張守康校注. 本草綱目［M］. 北京：中國中醫藥出版社，1998：617.

麻子。荸，苴麻，盛子者。"崔寔曰"枲麻無實"，一名爲枲也。①《儀禮·喪服》子夏傳曰：苴経者，麻之有蕡者也。疏曰：以色言之曰謂之苴，以實言之謂之蕡。苴爲子麻，枲爲雄麻。② 可以看出，麻既可以是大麻的單名，又可以是麻的總名，還可以單指雌麻、雄麻，具體指哪一種，要根據上下文而定。漢代以前分雌雄麻主要根據結子多少來判斷，南北朝時又從子的顏色來判斷。枲麻卽雄麻，或稱牡麻，少子，白色；苴麻卽雌麻，或稱子麻、荸麻等，多子，黑色。由於麻類植物衆多，所以下文主要以大麻爲重點探討其起源、種類及應用等。

## （一）麻的起源

《尚書·禹貢》記載山東泰山之谷産"絲、枲、鉛、松、怪石"。傳曰：岱山之谷，出此五物，皆貢之。疏曰：岱山之谷有此五物，美於他方所有，故貢之也。《尚書·顧命》："王麻冕黼裳，由賓階隮。卿士、邦君麻冕蟻裳，入卽位。太保、太史、太宗皆麻冕彤裳。"③《論語·子罕》子曰："麻冕，礼也。今也純，儉，吾從衆。"④ 注：孔曰"冕，緇布冠也，古者績麻三十升布以爲之。純，絲也。絲易成，故從儉"。疏曰：今也，當謂孔子時。純，絲也。用絲雖不合禮，以其儉易，故孔子從之也。由此可見，在古代麻的地位是很高的。《詩經》中有很多關於周人種麻、績麻、漚麻的詩篇，如王風、齊風、豳風、陳風等，戰國《呂氏春秋》孟秋紀、仲秋紀、季秋紀、上農、任地、審時等皆提到食麻、樹麻。秦漢時期的《神農本草經》講述了胡麻、大麻的性能及功用。西漢《氾勝之書》有種麻篇，東漢《九章算術》和崔寔《四民月令》中也有不少大麻的記載，北魏《齊民要術》有種麻、種麻子篇。唐代李吉甫《元和郡縣志》、宋代蘇頌《圖經本草》、元代王禎《農書》、明代宋應星《天工開物》及李時珍《本草綱目》、清代吳其浚《植物名

① 參看［東晉］郭璞注，［北宋］邢昺疏. 爾雅注疏［M］. 北京：北京大學出版社，1999：247.［北魏］賈思勰. 齊民要術［M］. 北京：中華書局，1956：19.
② ［東漢］鄭玄注，［唐］賈公彥疏. 儀禮注疏［M］. 北京：北京大學出版社，1999：543，544.
③ 參看［西漢］孔安國傳，［唐］孔穎達疏. 尚書正義［M］. 北京：北京大學出版社，1999：142，510.
④ ［三國魏］何晏注，［北宋］邢昺疏. 論語注疏［M］. 北京：北京大學出版社，1999：112.

實圖考》等文獻和農書都對大麻的生產技術、藥物性質和名實作了詳細的論述。

江西中國農業考古研究中心陳文華根據出土文物論證説："目前發現最早的麻籽是鄭州郊區大河村遺址出土的五千年前的大麻籽，它可以説明新石器時代的人們已經栽培大麻或者至少是已經採麻籽爲食物。"[①] 甘肅馬家窑文化遺址出土的大麻，經顯微鏡掃描鑑定已與現代栽培的大麻相似，證明大麻的栽培已有 5000 年的歷史。[②] 此外，在湖南、河南和廣西等地的西漢墓中，都出土過大麻子。

可見我國麻的歷史淵源流長，新石器時代已有利用和栽培，商周時期已成爲相當重要的糧食作物，秦漢時期的黃河流域仍普遍種植，後推廣到全國各地。歷代文獻均有記載。[③] 不過也有人説大麻原產印度和波斯。[④] 大麻到底起源於哪裏，在沒有找到新的證據和化石的情況下，不能斷言，仍需進一步探討。

### (二) 麻的種類與分布

呂江南等對我國 18 個麻省（市、區）100 多個縣進行了調查，結果發現我國的麻類作物分布很廣，南起海南的三亞，北到黑龍江的大興安嶺，西到新疆的伊犁，東到浙江一帶，均有種植。我國種植的麻類作物主要有大麻、苧麻、芝麻、亞麻、黃麻、苘麻、洋麻、紅麻、劍麻、蕁麻、蕉麻、蓖麻等，另外還有野生大麻和羅布麻等。主要麻類作物種植品種有 70 多種，常年種植面積 33 萬多公頃，纖維總産量 50 多萬吨。加上油用亞麻、野生羅布麻和野生大麻等，總面積約有 166 萬公頃，是我國寶貴的天然纖維來源和食物資源。[⑤] 下面簡要介紹幾種麻類作物的分布與用途。

---

① 轉引自陳清奇. 我國麻類作物栽培起源和栽培技術的發展 [J]. 中國麻業，1984 (1)：39.
② 參看喬妮，張小龍. 養生長壽的麻類作物 [J]. 綠化與生活，2008 (3)：26.
③ 參看沈志忠. 漢代五穀考略 [J]. 中國農史，1998 (1)：105.
④ 參看馮永康. 幾種重要的麻類植物 [J]. 生物學通報，1989 (5)：8.
⑤ 參看呂江南等. 全國麻類生產調查報告 [J]. 中國麻業，2004 (2)：95.

1. 大麻[①]

大麻有火麻、漢麻、黃麻、綫麻、寒麻、露麻、北麻、花麻、魁麻等 30 多個不同的稱呼。按結子多少和顏色可分爲雌雄大麻（如圖 13－1 所示）；按 THC 含量可分爲纖維和毒品大麻；按 THC 含量和用途可分爲纖維、毒品/藥用、中間型。漢代以前，大麻的種植以北方爲主，南方較少。明代初年，國家提倡種植棉花，大麻的種植逐漸減少，幾乎被完全取代，所種麻僅作爲製作粗麻布和居喪孝服之用。根據呂江南等的調查，我國的大麻主要分布在安徽、河南、山東、山西及雲南等省，甘肅、黑龍江等省有大量的野生大麻。

2. 芝麻

考古發掘證明芝麻（如圖 13－2 所示）在我國的栽培至少已有5000 年的歷史。芝麻是一種優良的油料作物，種子出油率高達 53%。目前我國的河南、河北、安徽、湖北、江西、山東、江蘇等地均有種植。芝麻古代又稱胡麻、巨勝、方莖、狗虱、交麻、白油麻、脂麻等。[②] 有黑芝麻、白芝麻、赤芝麻三種，入藥當以黑芝麻效果爲最好。《神農本草經·米穀部上品》載胡麻"味甘，平，無毒。主傷中虛羸，補五内，益氣力，長肌肉，填腦髓，堅筋骨。療金瘡止痛，及傷寒、溫虐大吐後，虛熱羸困，久服輕身不老，明耳目，耐飢渴，延年。一名巨勝"。胡麻油"微寒。利大腸，胞衣不落。生者摩瘡腫，生秃髮。此卽烏脂麻油也。功用與白麻油相同，而力更勝。入藥當以烏者爲佳"。[③]可見黑芝麻入藥已有 2000 多年的歷史。

---

① 參看戴蕃瑨. 中國大麻起源、用途及其地理分布 [J]. 西南師範大學學報（自然科學版），1989 (3)：116. 圖片來自馮永康. 幾種重要的麻類植物 [J]. 生物學通報，1989 (5)：9. 呂江南等. 全國麻類生產調查報告（Ⅵ）[J]. 中國麻業，2005 (1)：44. 王玉福等. 中國大麻生產概況及發展方向探討 [J]. 現代農業科技，2009 (23)：84.

② 參看楊希義. 大麻、芝麻與亞麻栽培歷史 [J]. 農業考古，1991 (3)：269－271.

③ ［明］繆希雍著，鄭金生校注. 神農本草經疏 [M]. 北京：中醫古籍出版社，2002：689，691－692.

圖 13-1　大麻

圖 13-2　芝麻①

圖 13-3　苧麻②

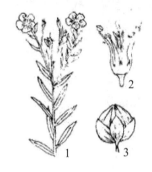
圖 13-4　亞麻

## 3. 苧麻

苧麻（如圖 13-3 所示）原產我國，已有 4000 多年的栽培利用史，產量居世界第一位。古代苧麻產區主要分布在長江流域，長江以北地區也有零星分布，但面積小、產量低。目前苧麻主要分布在湖南、四川、湖北、江西、安徽、重慶等省市，貴州、廣西、浙江、江蘇、福建、廣東、雲南、河南等省（自治區）也有少量種植。③ 1958 年浙江錢山漾新石器遺址出土了一批 4700 多年前的苧麻紡織平紋細布；江西省貴溪發現了相當於春秋戰國時期的崖墓，發掘有當地產的苧麻織成的麻布，深色苧麻布上還印有銀白色花紋，這是我國目前發現的最早的雙面印花苧

---

① 説明：圖來自百度百科"芝麻開花"。
② 圖來自馮永康. 幾種重要的麻類植物 [J]. 生物學通報，1989（5）：9.
③ 參看陳清奇. 我國古代麻類作物的利用和分布 [J]. 中國麻業，1983（1）：42-43. 呂江南等. 全國麻類生產調查報告 [J]. 中國麻業，2004（2）：97.

麻織物；湖南長沙馬王堆一號漢墓出土了一件素紗苧麻布，織造十分精細，說明在 2100 多年前，我國的苧麻紡織技術已經達到相當高的水平。我國苧麻較早傳到朝鮮、日本等國，後引入歐美的許多國家，日本稱之爲"南京草"，歐美各國稱之爲"中國草"。①

4. 亞麻②

亞麻（如圖 13—4 所示）有原產於近東、地中海沿岸之説，有原產於中亞西亞、近東等地之説，有原產於亞洲西部及歐洲東南部之説，也有原產於亞洲之説。我國學者主張亞麻的多起源説，我國可能是亞麻的原產地之一，各地都有栽培，東北地區較多。亞麻按用途不同，分爲纖用亞麻、油用亞麻、兼用亞麻三種。油用亞麻主要分布在内蒙古、寧夏、新疆、甘肅、河北、山西；纖用亞麻主要分布在黑龍江、吉林以及新疆、寧夏和内蒙古一帶。在南方地區，亞麻主要種植在雲南、湖南，浙江和安徽於 1999 年和 2002 年開始小面積試種。人類栽培和利用亞麻的歷史可以追溯到 8000 多年前，我國對油用亞麻的利用有 2000 多年的歷史，纖用亞麻（1906 年從日本引進）和兼用亞麻（更短）在我國的栽培歷史很短。

5. 黃麻③

黃麻（如圖 13—5 所示）亦稱綠麻、絡麻。花黃色，種子有毒。黃麻在我國的栽培已有近千年的歷史，主要分布在長江流域以南各省，華

---

① 參看浙江省文物管理委員會. 吳興錢山漾遺址第一、二次發掘報告 [J]. 考古學報，1960
(2)：86，89. 劉詩中等. 貴溪崖墓所反映的武夷山地區古越族的族俗及文化特徵 [J]. 文物，1980
(11)：29—30. 辛土成. 試論春秋戰國時代於越的社會經濟 [J]. 中國社會經濟歷史研究，1982 (2)：
94. 陳清奇. 我國古代麻類作物的利用和分布 [J]. 中國麻業，1983 (1)：39. 呂江南等. 全國麻類
生產調查報告 [J]. 中國麻業，2004 (2)：97.
② 參看陳清奇. 我國麻類作物栽培起源和栽培技術的發展 [J]. 中國麻業，1984 (1)：21. 圖
片來自馮永康. 幾種重要的麻類植物 [J]. 生物學通報，1989 (5)：9. 楊希義. 大麻、芝麻與亞麻栽
培歷史 [J]. 農業考古，1991 (3)：272. 呂江南等. 全國麻類生產調查報告（V）[J]. 中國麻業，
2004 (6)：296—301. 帥瑞艷，劉飛虎. 亞麻起源及其在中國的栽培與利用 [J]. 中國麻業科學，
2010 (5)：282—284.
③ 參看陳錫臣. 中國的麻類植物 [J]. 生物學通報，1954 (9)：23. 陳清奇. 我國麻類作物栽
培起源和栽培技術的發展 [J]. 中國麻業，1984 (1)：21. 馮永康. 幾種重要的麻類植物 [J]. 生物
學通報，1989 (5)：8—9.

東地區最多，主要集中在浙江省。黃麻原產於東南亞，根據中國農科院麻類研究所胡仲強等在雲南的實地考察，我國也是黃麻的起源地之一。黃麻主要用來混紡織布，製麻袋、地毯等。

6. 苘麻[①]

苘麻（如圖 13－6 所示）俗稱青麻，古代又叫檾、蕁、褧、白麻等。原產於我國，主要分布在長江流域以北各地，華東地區最多，華北次之，河北、山東兩省生產最多，現遍布世界各地。莖皮纖維主要用來製繩索、麻袋、造紙等。

7. 洋麻[②]

洋麻（如圖 13－7 所示）亦稱槿麻，熱帶地區廣泛栽培。1938 年我國東北開始引入栽培，生產較多的省份主要是遼寧和浙江。莖皮纖維柔軟，光澤好，較黃麻優良，主要用來製繩索、麻袋、漁網及造紙等。

圖 13－5　黃麻　　　　　　圖 13－6　苘麻　　　　　　圖 13－7　洋麻

---

① 參看陳錫臣. 中國的麻類植物［J］. 生物學通報，1954（9）：23. 陳清奇. 我國古代麻類作物的利用和分布［J］. 中國麻業，1983（1）：43. 馮永康. 幾種重要的麻類植物［J］. 生物學通報，1989（5）：8－9.

② 參看陳錫臣. 中國的麻類植物［J］. 生物學通報，1954（9）：23. 馮永康. 幾種重要的麻類植物［J］. 生物學通報，1989（5）：8－9.

8. 紅麻①

紅麻（如圖 13－8 所示）原産於熱帶地區的印度、孟加拉等國，1908 年首先在我國臺灣地區栽種，1939 年引入浙江。我國北緯 18°～45°區域内，南起海南，北至黑龍江，西到新疆都有栽種。以河南、湖北、四川、安徽爲最多，其次爲廣西、福建、江西等省（自治區）。前者是紅麻纖維原料生産基地，後者是紅麻種子生産基地。紅麻纖維主要用來生産麻布、麻紗、麻綫、麻繩、麻袋、造紙、混紡、地毯、窗簾等，麻骨可用於製造活性炭、纖維板等。

9. 劍麻②

劍麻（如圖 13－9 所示）原産於北美洲東部和東南部。我國長江流域及以南、山東、河南有引種。目前主要分布在廣東、廣西、福建、海南等沿海地區，雲南、西昌、溫州等地也有種植。劍麻主要用來製造纖維、紗條、白棕繩、拋光布、地毯、麻綫等。

圖 13－8　紅麻

圖 13－9　劍麻

---

① 參看陳清奇. 我國麻類作物栽培起源和栽培技術的發展 [J]. 中國麻業，1984（1）：21. 呂江南等. 全國麻類生産調查報告（Ⅳ）[J]. 中國麻業，2004（5）：245，250. 張塔等. 紅麻的引進與栽培 [J]. 新疆農墾科技，2011（1）：20. 説明：圖片來自百度。

② 參看呂江南等. 全國麻類生産調查報告（Ⅵ）[J]. 中國麻業，2005（1）：41，43. 説明：圖片來自百度百科。

10. 蕁麻①

　　蕁麻原産於歐亞大陸，後傳播到世界各地。蕁麻植物有 50 多種，我國有 23 種。麻葉蕁麻、狹葉蕁麻、寬葉蕁麻（如圖 13－10、13－11、13－12 所示）在我國分布廣泛，齒葉蕁麻、新疆蕁麻、甘肅蕁麻、粗根蕁麻爲我國特有種。蕁麻的根、枝、葉、花及種子都可入藥，嫩莖葉可作爲蔬菜，也可作爲畜禽飼料，莖皮可作爲紡織和繩索原料。《益部方物略記》（北宋宋祁撰）、《本草圖經》（北宋蘇頌等編）、《蜀語》（明末李實作）、《本草綱目拾遺》（清代趙學敏編著）等均有記載。

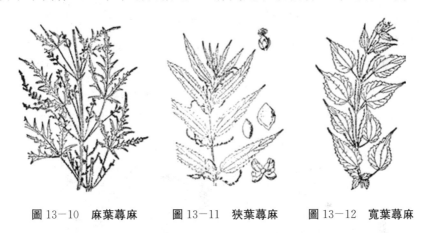

圖 13－10　**麻葉蕁麻**　　圖 13－11　**狹葉蕁麻**　　圖 13－12　**寬葉蕁麻**

11. 蕉麻②

　　蕉麻（如圖 13－13 所示）又稱馬尼拉麻、白麻等。原産於菲律賓，以呂宋島和棉蘭老島爲主要産地。我國的臺灣、廣東等部分地區曾引入栽培。蕉麻由於強度大、柔軟、有浮力和抗海水侵蝕性好，主要用於製作纜繩、釣魚綫、吊車繩索和漁網。有些蕉麻可用來製作地毯、桌墊和紙。蕉麻的内層纖維可不經紡綫而製造出耐穿的細布，主要被菲律賓當

_____

　　① 參看黃秀蘭，周宜君. 蕁麻的藥用價值初探［J］. 中央民族大學學報（自然科學版），2002（2）：183. 關楓. 蕁麻屬植物的藥用研究［J］. 哈爾濱商業大學學報（自然科學版），2006（3）：14. 張曉慶等. 蕁麻資源的應用及開發前景［J］. 畜牧與飼料科學，2009（5）：185.

　　② 吳關琦. 菲律賓種植業［J］. 世界農業，1981（8）：4. 黃新南. 東南亞占世界第一位的經濟作物［J］. 中學地理教學參看，2003（12）：10. 世界主要的麻類作物——蕉麻［J］. 中學地理教學參看，2007（8）：62. 説明：圖片來自百度。

地人用來做衣服和鞋帽。

12. 蓖麻①

蓖麻（如圖 13－14 所示）是重要的油料作物和能源作物。蓖麻籽實含油率爲 46%～48%，籽仁含油率高達 70%。按植株形態可分爲青杆有刺、青杆無刺、紅杆有刺、紅杆無刺 4 種；按生長年限可分爲一年生和多年生兩種；按用途可分爲油用類型和觀賞類型兩種；按熟性可分爲早熟、中熟、晚熟三種；按籽粒大小可分爲大粒、中粒、小粒三種。原產於非洲東部，先後傳入亞洲、美洲、歐洲。據考證我國栽培的蓖麻由印度傳入。《康熙字典》載 “《玉篇》有蓖麻之名”，可見早在 1400 多年前我國已有種植。《唐本草》《本草綱目》《藥性歌括四百味》對蓖麻的藥性及應用均有記載，全株可入藥，有祛濕通絡、消腫、拔毒之功效。印度、中國、巴西是主要種植國。我國自海南至黑龍江北緯 49° 以南地區都有分布，以華北、東北地區爲最多，西北和華東地區次之，各地均有零星種植，熱帶地區有半野生的多年生蓖麻。

圖 13－13　蕉麻　　　　　　圖 13－14　蓖麻

另外，新疆、青海、内蒙古等地還有野生羅布麻。野生羅布麻是一種比較高級的韌皮纖維植物，根、莖、葉可入藥，花朵可觀賞，還是優良的蜜源植物，其植株提取液可用作多種藥劑，並可用於提煉橡膠等。②

① 參看張存信. 漫話蓖麻［J］. 種子世界，2000（10）：41. 朱倩等. 中國蓖麻產業現狀與發展建議［J］. 現代農業科技，2009（16）：15. 張寶賢等. 我國蓖麻產業發展及其能源化利用的探討［J］. 農業科技通訊，2010（1）：22. 説明：圖片來自百度。
② 參看呂江南等. 全國麻類生產調查報告（Ⅵ）［J］. 中國麻業，2005（1）：44－45.

（三）麻的用途

1. 食用

麻爲五穀之一。五穀有三說：一說爲黍、稷、麥、豆、麻，例如《周禮·天官·疾病》鄭玄注、《大戴禮記·曾子天圓》盧辨注、《荀子·儒郊》楊倞注、《漢書·食貨志》顏師古注等；二說爲稻、稷、麥、豆、麻，如《楚辭·大招》王逸注等；三說爲黍、稷、麥、豆、稻，如《孟子·滕文公上》趙歧注、《淮南子·修務訓》高誘注等。三說當中，兩種說法裏都有麻，可見麻的地位之重要。1954 年，中國社會科學院考古研究所在洛陽西郊發掘的漢墓中，隨葬品陶倉的倉壁上書有"麻万石"三字，字迹清晰可見。[①] 故宮博物院藏有一件新莽建國元年銅方斗，上面刻有五穀圖，分別是禾（代粟）、麻、黍、麥、豆。[②] 可見在漢代麻作爲五穀之一應該是没問題的。

《禮記·月令》載，孟秋、仲秋、季秋天子皆"食麻與犬"。注曰：麻實有文理，屬金。犬，金畜也。[③] 南北朝時期有吃麻粥的記載，隋代蕭吉《五行大義》卷三明確指出："春食麥與羊，夏食菽與雞，秋食麻與犬，冬食黍與豕。"[④] 可見當時狗肉與麻都是很高檔的食物，也反映了麻在食用方面的地位。麻子入食的習俗一直保持到唐宋，麻的種植推廣到全國各地。唐代的淮南、山南爲絲麻兼産地，主要以麻爲主；關内、河東、隴右、江南、嶺南五道除少數州有蠶桑外，乃唐代盛産麻和麻布的重要區域。[⑤] 南宋羅願《爾雅翼》載："麻實，既可以養人，而其縷又可以爲布，其利最廣。然麻之屬總名麻，别而言之，則有實者别名苴，而無實者别名枲。"[⑥] 明代宋應星《天工開物》載："凡麻可粒、

---

① 參看沈志忠. 漢代五穀考略［J］. 中國農史，1998（1）：105.

② 參看陳文華. 論農業考古［M］. 南昌：江西教育出版社，1990：215.

③ ［東漢］鄭玄注，［唐］孔穎達疏. 禮記正義［M］. 北京：北京大學出版社，1999：521，524，533.

④ ［隋］蕭吉. 五行大義［M］. 叢書集成初編（695 册）［Z］. 北京：中華書局，1985：51.

⑤ 參看陳良文. 唐代麻産地之分布及種植技術［J］. 農業考古，1990（2）：314.

⑥ ［南宋］羅願. 爾雅翼［M］. 文淵閣影印四庫全書（222 册）［Z］. 上海：上海古籍出版社，1987：259.

可油者，惟火麻、胡麻二種。"火麻卽大麻，胡麻卽脂麻或芝麻，並言大麻子榨油不多，其皮可織成粗麻布等。①

現在，雲南的苗、彝等少數民族還種植大麻，取其籽實食用，取其纖維紡織。廣西巴馬瑤族自治縣有個長壽鄉，至今還保留着種植食用大麻子的傳統。河南、山西、陝北、寧夏、內蒙古等地的農村仍保留着炒食、嗑食大麻子的習慣。在我國香港地區的涼茶鋪，麻仁還被調製成一種頗受歡迎的飲品。②

### 2. 紡織原料

陝西西安半坡遺址出土的陶器，底部有布紋和紡輪、骨梭等，證明當時的人們已利用麻、葛和獸毛來織布。③ 1972 年年底和 1973 年年初，南京博物館在江蘇吳縣唯亭鎮草鞋山的青蓮崗文化地層上發現了三種麻織物的殘片，這是第一次出土的距今 5000 多年的麻織品實物。④ 在河北省藁城台西村商代遺址出土的一卷麻布，經鑑定屬於平紋織的大麻纖維，可見 3000 多年前河北等地已經廣泛利用大麻。⑤ 江西省貴溪發現的相當於春秋戰國時期的崖墓，發掘了當地產的大麻；湖南長沙馬王堆一號漢墓出土的是當時一般人所穿的大麻布。⑥ 清代趙翼認爲木棉布行於宋末元初，並言"古時未有棉布，凡布皆麻爲之。《記》曰'治其麻、絲以爲布、帛'是也"。棉花種"本來自外番，先傳於粵，繼及於閩，元初始至江南，而江南又始於松江耳"⑦。看來元代以前麻布還是很受重視的。

---

① ［明］宋應星著，潘吉星譯注. 天工開物譯注［M］. 上海：上海古籍出版社，2008：27－28.

② 參看喬妮，張小龍. 養生長壽的麻類作物［J］. 綠化與生活，2008（3）：26－27.

③ 參看西安半坡博物館. 西安半坡［M］. 北京：文物出版社，1982：31（圖 62 布紋陶鉢）.

④ 參看吳文信. 吳縣草鞋山遺址的發掘［N］. 光明日報，1973－06－06.

⑤ 參看陳清奇. 我國古代麻類作物的利用和分布［J］. 中國麻業，1983（1）：41.

⑥ 參看劉詩中等. 貴溪崖墓所反映的武夷山地區古越族的族俗及文化特徵［J］. 文物，1980（11）：29. 辛土成. 試論春秋戰國時代於越的社會經濟［J］. 中國社會經濟歷史研究，1982（2）：94. 陳清奇. 我國古代麻類作物的利用和分布［J］. 中國麻業，1983（1）：39.

⑦ 參看［清］趙翼；欒保群，呂宗力校點. 陔餘叢考［C］. 石家莊：河北人民出版社，1990：529－530.

## 3. 藥用

《神農本草經·米穀部上品》載麻子"味甘，平，無毒。主補中益氣，中風汗出，逐水，利小便，破積血，復血脉，乳婦産後餘疾，長髮，可爲沐藥。久服肥健，不老神仙"①。《本草綱目·穀部》詳細記載了大麻麻花、麻蕡、麻仁、麻油、麻葉等各個部分的性能和療效，有所繼承，也有所發明。② 現代醫學臨牀研究證明大麻對焦慮、哮喘、癲癇、難産、青光眼、慢性疼痛、惡性神經膠質瘤、動脉粥樣硬化、艾滋病消瘦綜合症、恐懼症記憶、化學治療及放射治療後引起的惡心、嘔吐等不良反應均有明顯的治療作用。③

## 4. 造紙

1957 年陝西西安出土的西漢"霸橋紙"，經檢驗是用大麻、苎麻等纖維製成的，這是目前我國發現的最早的植物纖維紙。新疆羅布淖爾的漢代烽燧遺址、甘肅居延地區漢代烽燧遺址和陝西扶風縣一處西漢窖藏中均發現有麻紙。④

## 5. 其他功能

大麻可以用來製作麻繩、麻袋、漁網等，還可以製作化妝品、生物燃料、啤酒、飼料等。⑤

徐曉卉認爲唐五代宋初敦煌地區麻的種植品種主要有黃麻、油麻、大麻等。通過對文獻的分析可知：黃麻即今天的胡麻，也就是油用亞麻；油麻即今天的芝麻；大麻指枲麻或苴麻。⑥ 敦煌變文中提到的麻類植物基本上也是這幾種。不過，黃麻未必一定是油用亞麻，可能就是黃

---

① ［明］繆希雍著，鄭金生校注. 神農本草經疏［M］. 北京：中醫古籍出版社，2002：690.

② 參看［明］李時珍編著，張守康校注. 本草綱目［M］. 北京：中國中醫藥出版社，1998：617−620.

③ 參看陳青陽等. 大麻古今臨床應用概述［J］. 江西中醫學院學報，2008（6）：87−88. 王玉福等. 中國大麻生産概況及發展方向探討［J］. 現代農業科技，2009（23）：84.

④ 參看陳清奇. 我國古代麻類作物的利用和分布［J］. 中國麻業，1983（1）：39.

⑤ 參看王玉福等. 中國大麻生産概況及發展方向探討［J］. 現代農業科技，2009（23）：84.

⑥ 參看徐曉卉. 唐五代宋初敦煌地區麻的種植品種試析［J］. 敦煌研究，2004（2）：87−91.

麻本身。有人認爲黄麻在南宋時期從印度等地引進我國南部，外商用
"Henmp" 的名稱交易，音譯成 "漢"，而其本身又屬於麻類，故又叫
作漢麻。[①] 但北宋蘇頌等編的《本草圖經》中已經有關於黄麻的記載，
所以黄麻傳入我國的時間至少應該在北宋以前。這樣看來，敦煌文獻
（包括變文）裏的黄麻可能就是黄麻，既可以用作纖維，又可以入藥。

## 十四、麥

（1）子胥治國五年，日月重明，市無二價，猫鼠同穴，米麥論分，
牢獄無囚，競説君臣道合。（頁 11）

（2）臣能止得吳軍，不須寸兵尺劍，唯須小船一隻，棹楟一枚，鮑
魚一隻，麥飯一謳（甌），美酒一榼，放在城東水中，臣自有其方法。
（頁 13）

（3）既無穀麥，噉肉充糧。少有絲麻，織毛爲服。（頁 156）

（4）摺褺衣服，四時湯藥；薄言送語，無問不答；諸家書體，粗會
數般；疋馬單槍，任請比試；鋤禾刈麥，薄會些些；買賣交關，盡知去
處。（頁 258）

（5）切緣百姓抛其麥酋米餅，在其亢旱。（頁 337）

（6）麥孰我先食，禾孰在前嘗。（頁 415）

（7）日食麻麥求勝行，雪山修道證菩提。（頁 435）

（8）日食一麻或一麥，長齋座（坐）禪觀行，成登正覺。（頁 440）

（9）日食一麻或一麥，鵶鵲巢居頂上安。（頁 441）

（10）日食一麻或一麥，鵶鵲巢居頂上安。（頁 468）

（11）長飢不食珍修（羞），麻麥將來便短終。（頁 481）

（12）日食麻麥，引日偷生。烏鵲巢頂，養子得成。頭如蓬窠……
（頁 560）

（13）不是納穀納麥，納酒納布……唯有共命、頻伽之鳥。（頁
686）

---

[①] 參看戴蕃瑨. 中國大麻起源、用途及其地理分布 ［J］. 西南師範大學學報（自然科學版），
1989（3）：115.

（14）不紡而何致衣裳，不種而何求粟麥。（頁 930）

（15）潤息村田更不過，無論夏麥與秋禾。（頁 933）

（16）溢倉囷，收麥粟，萬石千車盡收畜（蓄）。（頁 1174）

來，《説文》中解釋爲："周所受瑞麥來麰，一來二縫，象芒束之形，天所來也，故爲行來之來。《詩》曰：'詒我來麰。'"麥釋爲："芒穀，秋穜厚薶，故謂之麥。麥，金也。金王而生，火王而死。从來有穗者、从夊。凡麥之屬皆从麥。"麰釋爲："來麰，麥也。從麥、牟聲。"①從以上解釋可以看出，"來"是麥，"麰"也是麥，它們都是麥的一種，但究竟哪個是大麥、哪個是小麥，歷來説法不一。《廣雅•釋草》："大麥，麰（牟）也；小麥，麳（來）也。"②也有不同的説法，來爲裸大麥青稞，牟既非專指大麥，也非專指小麥，只能當一般麥字用。③戰國末年的《呂氏春秋•仁地篇》和西漢的《氾勝之書》"種大小麥篇""種穀篇"裏較早出現大麥、小麥的説法，可見麥在西漢以前是大麥和小麥的統稱。此後的文獻一般將小麥簡稱爲麥，對除小麥以外的麥類，就在"麥"字前面加上修飾詞以示區別，如"大麥""燕麥""蕎麥"等。這裏我們仍遵從大多數人的看法，即認爲來或麳爲小麥，牟或麰爲大麥。至於麥爲什麼叫作"來"，有人指出麥本名末，誤作來（或萊），原因爲小麥是用末種出來的，華胥氏讀變了音曰來。④雖然這種説法有些牽强，但在沒有更好的解釋之前，聊備一説。

## （一）麥的起源

### 1. 本土起源説

李璠、曹隆恭、陳恩志等主張此説。李璠根據新石器原始社會遺址的考古發現、甲骨文和古文獻的系統記載、農家品種多樣性的考察、小

---

① ［東漢］許慎撰，［宋］徐鉉校定. 説文解字（附檢字）［M］. 北京：中華書局（影印本），1963：111−112.

② ［魏］張揖撰，［隋］曹憲音. 廣雅［M］. 北京：中華書局（影印本），1985：127.

③ 徐廷文，馮宗雲. 從來牟的釋義談中國栽培大麥起源問題［J］. 西南農業學報，2001（1）：102−103.

④ 參看張佩琪. 小麥的起源與華胥氏——中華文明的搖籃與白家文化［J］. 農業考古，1993（3）：177. 張佩琪. 小麥的起源與天國——湟水流域與昆侖之墟［J］. 農業考古，1998（3）：235.

麥草、野生普通小麥的發現等綜合材料，認爲"中國是普通小麥的重要原產地和最大的變異起源中心之一"，並指出"中國小麥的起源中心在中國的黄河長江兩河流域一帶"①。在專著《中國栽培植物發展史》中，他明確指出："我國的普通小麥不是外來的，而是我國原來就有的。……中國普通小麥起源於黄河長江兩流域特別是中上游的西北和西南高原地區。中國纔是現在已知的普通小麥發源地，同時也是世界栽培小麥的最大變異中心之一。"② 其在論文中仍堅持此觀點，進一步指出，"黄河中上游及其高原應是普通小麥的起源和變異中心"，並認爲"大概在史前，中國的普通小麥和黍粟一起被帶到瑞士湖居，導致歐洲普通小麥的興起並普及世界各國。由此知道，西亞的幼發拉底河流域是一粒和二粒小麥的故鄉；東亞的黄河流域是普通小麥的故鄉"③。可以看出，普通小麥是由黄土高原向世界各地傳播的。曹隆恭認爲："黄河流域是我國農業起源的發源地，也是小麥的起源地之一。"無論從考古發掘的出土實物來看，還是從我國古代文獻上有關小麥的記載來看，"可以肯定我國的小麥不是張騫通西域以後從外國傳入的，而是自古以來就栽培小麥"；"我國栽培的小麥是原產我國，不是外來的，而且從多方面證明我國是世界上小麥的起源中心之一……是栽培小麥的最大變異中心之一"。④ 陳恩志認爲普通小麥獨立起源於中國的東部，是由東向西傳播的，根據是"《逸周書》：'麥居東方。'《范子計然》：'東方多麥。'《黄帝内經素問》：'東方青色，其穀麥。'……"並指出："麥類生產正在全國特別是山東、華北和中原地區獲得發展的時候，周人的老根據地關中卻鮮少播種，以致直到漢初在董仲舒上書武帝時，不得不鄭重指出'今關中俗不好種麥，是歲失《春秋》之所重'，並建議，'願陛下幸詔大司農，使關中民益種宿麥，令毋後時'。""總之，徵諸殷周秦漢史乘，表明我國自遠古麥作文化自東向西傳播，兩漢之先南北各地卽已廣爲播

---

① 李璠. 中國普通小麥的起源與傳播 [J]. 世界農業，1980（10）：47.

② 李璠. 中國栽培植物發展史 [M]. 北京：科學出版社，1984：48.

③ 李璠. 從東灰山新石器遺址古農業遺存新發現看黄河流域五千年傳統農業文化的起源與發展 [A]. 石興邦. 黄帝與中國傳統文化學術討論會文集 [C]. 西安：陝西人民出版社，2001：177-178.

④ 參看曹隆恭. 關於中國小麥的起源問題 [J]. 農業考古，1983（1）：22，24.

種。小麥生產從黄河下游向關中地區擴散。"① 另外還有很多文章也論述了中國是小麥的起源地之一，例如夏奇梅《麥類作物起源及其在南北朝以前的栽培》、張佩琪《小麥的起源與華胥氏——中華文明的摇籃與白家文化》《小麥的起源與天國——湟水流域與昆侖之墟》、沈志忠《漢代五穀考略》、梁祖霞《"普通小麥"起源之謎》等。②

### 2. 西亞傳入説

持這種説法的學者一般認爲小麥是從西亞傳入中國的。小麥不是中國原產，而是大約 5000 年前由栽培小麥起源地的西亞傳來的。③ 董玉琛根據作物起源中心説和考古資料，認爲不能説普通小麥起源於中國，中國是普通小麥的變異中心、多樣性中心、次生起源中心。④ 曹亞萍也認爲小麥起源於西南亞地區，最早栽培於西南亞的"新月形沃地"。最先由中東的原始人類採食野生一粒小麥與野生二粒小麥，後傳播到了北非、歐洲與東亞，培育出了栽培一粒小麥與圓錐小麥等品種。栽培二粒小麥是近東早期重要的穀物，後傳播到美索不達米亞平原、埃及、地中海盆地、歐洲、中亞、印度、埃塞俄比亞等。中國是小麥的一個次生起源中心。⑤

可見以上兩種説法各有道理，但也各有局限。靳桂雲《中國早期小麥的考古發現與研究》⑥中所列的中國先秦考古遺址出土炭化麥遺存統計表顯示：年代最早的小麥遺存是河南陝縣廟底溝距今 7000 年前後的紅燒土中的麥類植物印痕。但此説只是論述性文章中提到，没有出現在正式報告或報道中。除此之外，現發現年代最早的小麥遺存當屬甘肅民

---

① 陳恩志. 中國六倍体普通小麥獨立起源説 [J]. 農業考古，1989 (1)：82.

② 參看夏奇梅. 麥類作物起源及其在南北朝以前的栽培 [J]. 中國農史，1989 (1)：93. 張佩琪. 小麥的起源與華胥氏——中華文明的摇籃與白家文化 [J]. 農業考古，1993 (3)：176. 張佩琪. 小麥的起源與天國——湟水流域與昆侖之虚 [J]. 農業考古，1998 (3)：235. 沈志忠. 漢代五穀考略 [J]. 中國農史，1998 (1)：105. 梁祖霞. "普通小麥"起源之謎 [J]. 生物學教學，2006 (2)：71.

③ 參看李裕. 中國小麥起源與遠古中外文化交流 [J]. 中國文化研究，1997 (3)：47，54.

④ 參看董玉琛，鄭殿升. 中國小麥遺傳資源 [M]. 北京：中國農業出版社，2000：68.

⑤ 參看曹亞萍. 小麥的起源、進化與中國小麥遺傳資源 [J]. 小麥研究，2008 (3)：3-4.

⑥ 參看靳桂雲. 中國早期小麥的考古發現與研究 [J]. 農業考古，2007 (4)：11-12. 李璠. 甘肅省民樂縣東灰山新石器遺址古農業遺存新發現 [J]. 農業考古，1989 (1)：61.

樂東灰山遺址中的炭化小麥（屬普通小麥和密穗小麥），經碳 14 測定和樹輪校正，距今（5000±159）年（如圖 14－1 所示）[1]。其他的如安徽亳縣釣魚臺遺址出土的炭化小麥被鑑定爲古代普通小麥，据炭 14 測定爲西周遺物，距今約 3000 年；新疆巴裏坤土墩遺址文化層中發現的炭化小麥距今 2800 年左右，還有河南偃師二裏頭出土的晚商的炭化小麥、河南登封王城崗發現的二裏頭文化至春秋時期的炭化小麥等。另外，考古出土漢代小麥實物的地點主要有：湖南長沙馬王堆漢墓、陝西西安西郊漢代建築遺址、河南洛陽西郊、河南新安鐵門、甘肅敦煌馬圈灣漢代烽燧遺址、江蘇江甘泉西漢“姜莫書”木椁墓、新疆民豐尼雅漢代遺址、新疆樓蘭古城遺址、內蒙古烏蘭克和遺址、甘肅居延肩水金關漢代遺址、新疆塔里木盆地東端的孔雀河下游北岸的古墓溝墓地（距今 3800 年左右的普通小麥和圓錐小麥）等。[2]

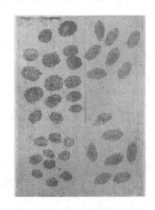

圖 14－1　古今麥粒對照（左上、下爲出土麥粒，右上、下爲現代型麥粒）

　　從以上炭化小麥和小麥實物遺存來看，小麥在我國的歷史非常悠久，以現有的考古成果看來，我國約在 5000 年以前已有小麥種植。商周時期已有小麥但不是主要作物，秦末漢初發展起來，漢代出現了面食，提倡種植，魏晉南北朝時期小麥的地位受到了一定的影響，隋唐以後，小麥成爲我國重要的糧食作物。[3] 關於我國小麥的起源問題，正如

① 李璠. 甘肅省民樂縣東灰山新石器遺址古農業遺存新發現 [J]. 農業考古，1989（1）：61，68.

② 參看董玉琛，鄭殿升. 中國小麥遺傳資源 [M]. 北京：中國農業出版社，2000：65.

③ 參看張振興. 先秦秦漢時期小麥問題研究 [D]. 西南大學碩士學位論文，2008：36－37.

靳桂雲所説："現在遠不到對中國早期小麥來源下結論的時候。"① 考古
表明：在屬於亞洲的中東巴勒斯坦發現有 9000 年前小麥栽培的遺迹②；
西亞確定有時代較早的史前普通小麥，已知最早的炭化二倍體小麥籽粒
是在敘利亞北部史前人類居住地發現的，鑑定爲公元前 8000 年的遺
存③。所以那些認爲中國的普通小麥就是從西亞傳入的説法是值得商榷
的。要想得出結論，還需要積累大量的考古學資料，並展開野生植物資
源等領域的調查研究。隨着地下材料的出土和考古學的進展，相信不久
的將來，此一問題會有一個比較滿意的答案。

## (二) 麥的種類與分布

　　小麥屬植物的物種劃分歷史已有百餘年。按比較形態學分類法，
A. Schulz 將小麥分爲三個係，卽一粒係、二粒係和普通係，係下又分
野生型和栽培型兩類；В.Ф. Дороф⊙⊙В分爲兩個亞屬，卽 Triticum 和
Boeoticum，Triticum 亞屬分 3 個組和 19 個種，Boeoticum 分 3 個組和
8 個種，這樣共有兩個亞屬、6 個組、27 個種。J. Mac Key 按照染色體
組分爲 6 個種、15 個亞種、4 個變種群。我國學者董玉琛將形態分類和
染色體組分類相結合，把小麥屬分爲 5 個係、22 個種，並將我國特有
的新疆小麥、雲南小麥和西藏半野生小麥劃分爲普通小麥的 3 個亞種
（如圖 14－2 至 14－4 所示）。據統計，全世界麥屬共有 27 個種，中國
有 24 個種（如普通小麥、硬粒小麥、密穗小麥、圓錐小麥、波蘭小麥、
東方小麥、雲南小麥、西藏半野生小麥、新疆小麥等），24 個種分屬一
粒係、二粒係、普通係和提莫菲維係；小麥野生近緣植物世界上共 23
個屬，我國有 14 個屬。小麥的種類很多，就世界範圍來説，已經定名
的種有 27 個，至於變種則更多。匯集相關資料，可知全世界命名的普
通小麥變種共 369 個，我國有 137 個，主要分布在中部、西北部、西南
部等；全世界密穗小麥變種 145 個，我國有 37 個，西藏、新疆、甘肅、
雲南等地有零星種植或混生；雲南小麥爲我國雲南特有，目前定名的變
種有 16 個；西藏半野生小麥是西藏特有，目前定名的變種有 23 個；新

---

① 參看靳桂雲. 中國早期小麥的考古發現與研究 [J]. 農業考古，2007 (4)：15.
② 參看董玉琛，鄭殿升. 中國小麥遺傳資源 [M]. 北京：中國農業出版社，2000：1.
③ 參看曹亞萍. 小麥的起源、進化與我國小麥遺傳資源 [J]. 小麥研究，2008 (3)：3.

疆小麥是新疆特有，有 7 個變種；圓錐小麥、硬粒小麥、波蘭小麥、東方小麥的世界變種分別爲 90 個、212 個、46 個、21 個，中國變種分別爲 19 個、11 個、8 個、2 個，其中圓錐小麥和硬粒小麥在我國西南、西北、華北地區有零星種植，波蘭小麥和東方小麥僅混生在新疆普通小麥麥田中。除此之外，我國現代也引進了 14 種小麥的變種種植，具體見《中國小麥遺傳資源》。[1] 我國種植的大多是普通小麥。可見我國小麥的種質資源種類較多，同時也得到了很好的發展和保護。

圖 14-2　新疆小麥　　　圖 14-3　雲南小麥　　　圖 14-4　西藏半野生小麥

另外，按播種期可將小麥分爲冬小麥和春小麥兩種。冬小麥是秋播夏收，適合稍暖地方種植；春小麥是春播秋收，適合冬天特別冷的地方種植。我國以冬小麥爲主，占全國小麥面積的 85％ 左右，其產量占總產量的 89％，主要分布在長城以南，主產省份爲河南、山東、河北、江蘇、四川、安徽、陝西、山西、湖北等，其中河南、山東兩省種植面積最大。春小麥播種面積占 15％ 左右，主要分布在長城以北，主產省區有黑龍江、内蒙古、甘肅、新疆、寧夏、青海等。小麥主要種植區有：東北春麥區（種植面積占總面積的 8％ 以上）、北部春麥區（2.7％）、西北春麥區（4.1％）、北部冬麥區（8％ 以上）、黄淮冬麥區（45％）、長江中下游冬麥區（12.3％）、西南冬麥區（12％）、華南冬麥區（1.6％）、新疆春冬麥區（4％ 左右）、青海春冬麥區等（0.6％ 左

① 參看董玉琛，鄭殿升. 中國小麥遺傳資源［M］. 北京：中國農業出版社，2000：31-32，35-38，54-56. 參看曹亞萍. 小麥的起源、進化與中國小麥遺傳資源［J］. 小麥研究，2008（3）：10.

右）。① 此外，按麥粒粒質可分爲硬質小麥、軟質小麥和混合型小麥。据有關調查，我國北部冬麥區硬度較高，南方冬麥區硬度較低②；東北春麥區以硬質爲主，北部春麥區和西北春麥區以混合類型爲主③。按麥粒顏色可分爲白小麥、紅小麥、藍小麥、紫小麥、紫黑小麥、黑小麥等。除白色小麥外，後幾種又可以稱爲有色小麥，藍、紫、紫黑、黑小麥都統稱爲黑色（粒）小麥。④

## （三）麥的地位和用途

小麥是世界性糧食作物之一，其種植面積、總產量和貿易總額均居各類作物的首位，在世界上分布很廣，遍及各大洲，幾乎自北極圈到非洲和美洲的南端，總面積大約 2 億公頃。據統計，有 $35\% \sim 40\%$ 的人口以小麥爲主要糧食，消費的小麥食物卡值占全世界的 $20\%$ 以上。在我國，小麥的種植面積居第二位，僅次於水稻，常年種植面積約占糧食作物總面積的 $27.1\%$，總產量約占糧食作物總產量的 $22.0\%$。⑤ 小麥不僅是人類主要的糧食來源，也有其他的用途。現將小麥的用途綜合如下：

### 1. 食用

小麥由皮層（占 $14.5\% \sim 18.5\%$）、胚（占 $1.1\% \sim 3.9\%$）、胚乳（占 $77\% \sim 85\%$）三部分組成。⑥ 小麥籽粒的貯存養分主要爲碳水化合物、蛋白質、脂肪、維生素和無機元素等。碳水化合物主要爲澱粉；蛋白質主要包括清蛋白、球蛋白、小麥醇溶蛋白、穀蛋白；維生素主要爲核黃素 $B_2$、煙酸、維生素 $B_1$、維生素 $B_6$、泛酸、維生素 A 等；無機元

① 參看金善寶. 中國小麥學 [M]. 北京：中國農業出版社，1996：33－55. 莊巧生. 中國小麥改良及系譜分析 [M]. 北京：中國農業出版社，2003：1.
② 參看周艷華等. 中國小麥硬度分布及遺傳分析研究 [J]. 中國農業科學，2002（10）：1177.
③ 參看岳淑芳. 小麥籽粒硬度分布的研究 [J]. 內蒙古農業大學學報，2008（2）：31.
④ 參看宗學鳳. 小麥籽粒顏色與營養特性的相關研究 [J]. 中國糧油學報，2006（5）：24.
⑤ 參看徐乃瑜. 小麥的分類、起源與進化 [J]. 武漢植物學研究，1988（2）：187. 金善寶. 中國小麥學 [M]. 北京：中國農業出版社，1996：1. 曹亞萍. 小麥的起源、進化與中國小麥遺傳資源 [J]. 小麥研究，2008（3）：1.
⑥ 參看賈愛霞等. 小麥的營養成分及加工過程中的變化 [J]. 糧食與食品工業，2010（2）：4.

素主要爲銅（Cu）、鐵（Fe）、鋅（Zn）、錳（Mn）等。① 小麥營養成分
豐富，尤其是所含的維生素和礦物質對人體健康非常有益。去皮後的麵
粉可以做成各種各樣的麵食，是人類的主食之一，僅有少量的麵粉用來
生産澱粉、酒精、麵筋等。

2. 藥用

小麥的藥用部分主要爲小麥、浮小麥、小麥麩、小麥苗、小麥秆
等。小麥益心神，可治療治婦女無故悲感（即臟躁症）；浮小麥入藥可
以益氣，除熱，止自汗、盗汗；小麥麩止心煩，消渴，治腳氣病；小麥
苗可清熱利濕，治肝炎；小麥秆可去燥濕解毒、去腐醫瘡；陳小麥可治
療瘡、癰疽、丹毒、蜂窩組織炎等。② 《神農本草經》把小麥列入“米
穀部中品”，説其“味甘，微寒，無毒。主除熱，止燥渴咽乾，利小便，
養肝氣，止漏血、唾血。以作麴，溫。消穀，止痢。以作麵，溫，不
能消熱止煩”。③ 《本草綱目》説“新麥性熱，陳麥平和”，“陳者煎湯
飲，止虛汗。燒存性，油調，塗諸瘡湯火燒灼”；引《別錄》説“令女
人易孕”，《心鏡》附方消渴心煩法：用小麥做飯及粥食；麥稭秆燒成
灰，“入去痣疣、蝕惡肉膏中用”④。

3. 飼用

小麥加工爲麵粉時去除的部分稱爲麩皮（或麩子），小麥粒中麩皮
的含量爲15％～25％，是一種副産品。麩皮含有多種營養成分，除了
作爲牲畜的優良飼料，在食品、醫藥、化工、釀造等工業還有多種用
途。如用作食品添加劑、製味精、製澱粉酶、製醋、製醬油、提取植

① 參看金善寶. 中國小麥學 [M]. 北京：中國農業出版社，1996：152－153. 徐偉河，陳復生. 小麥中微量金屬元素的分析 [J]. 食品科技，2008（12）：273.
② 參看胡忠仁. 燦燦麥粒亦入藥 [J]. 醫藥與保健，2000（2）：15. 高遠. 小麥藥用驗方 [J]. 東方食療與保健，2007（9）：66.
③ 參看 [明] 繆希雍著，鄭金生校注. 神農本草經疏 [M]. 北京：中醫古籍出版社，2002：700.
④ 參看 [明] 李時珍編著，張守康校注. 本草綱目 [M]. 北京：中國中醫藥古籍出版社，1998：620－622.

酸、提取維生素 E、生産木糖醇等。<sup>①</sup>將小麥胚芽粉和玉米粉一起製成的配合飼料可餵養觀賞魚類、寵物、水貂等。<sup>②</sup>

### 4. 其他用途

收割後的小麥稭秆既可以當作柴火，也可以作爲肥料，還可以用來編織草帽、草鞋、草袋、草簾等生活用品和工藝品，或者用來造紙、加工成飼料、飼養蚯蚓等。<sup>③</sup>麵粉和水成麵湯或麵糊可以用來漿衣、粘貼東西等。<sup>④</sup>

總之，我國栽培小麥的歷史悠久。武丁卜辭中有"告麥"的祭禮，《詩經》中有 7 次提到麥作生産的情況，説明早在殷商時期黃河中下游各地已經栽培小麥；春秋戰國時期小麥栽培地區有所擴大，漢代有宿麥（卽冬小麥）和旋麥（卽春小麥）之分；魏晉南北朝時期，春小麥向西擴展，冬小麥向南發展；隋唐時期向東南沿海山地擴展，唐代的麥類生産集中在北方的華北平原、黃土高原和河西走廊，南方也有較多的生産，尤其是安史之亂後小麥的生産增長很快，粟的産量明顯下降，這爲後來小麥成爲主要糧食作物奠定了一定的基礎；宋元時期栽培小麥在南方有很大的發展，在長江中下游得到推廣；明代小麥栽培遍及全國各地。<sup>⑤</sup>至此，小麥的地位穩如泰山，已經成爲人們不可或缺的重要食物。小麥通身是寶，合理利用它將會給我們帶來很多好處，尤其是現在講究養生的時代。

---

① 參看馬傑. 麩皮的營養及利用［J］. 食品科技，1984（1）：43-44. 苗小紅. 小麥麩皮的營養及開發利用［J］. 麥類文摘（種業導報），2006（5）：45.

② 參看葛毅強，蔡同一. 小麥胚芽及其綜合利用的研究進展［J］. 糧食與飼料工業，2000（8）：6.

③ 參看鄭鳳英，張英珊. 我國稭秆資源的利用現狀及其綜合利用前景［J］. 西部資源，2007（1）：25-26. 孫美理. 麥稭養蚯蚓［J］. 釣魚，2006（18）：36.

④ 參看［明］李時珍編著；張守康校注. 本草綱目［M］. 北京：中國中醫藥古籍出版社，1998：622.

⑤ 參看金善寶. 中國小麥學［M］. 北京：中國農業出版社，1996：19-20. 周惠民，陳正行. 唐代粟、麥生産的地域布局初探（續）［J］. 中國農史，1990（3）：36.

## 十五、木屐

（1）作此語了，遂卽南行。行得二十餘里，遂乃眼睸［耳熟。遂卽］畫地而卜，占見外甥來趁。用水頭上攘（禳）之，將竹插於腰下；又用木劇到（屐倒）着，並畫地户天門。遂卽於蘆中，咒而言曰："……" /占見阿舅頭上有水，定落河傍；腰間有竹，塚墓城（成）荒；木劇（屐）到（倒），不進傍徨。（頁5）

屐是一種鞋子。《説文》："屐，屬也。从履省、支聲。""屬，屐也。从履省、喬聲。"① 《釋名・釋衣服》："屐，搘也。为雨搘，以踐泥也。"② 多在夏天或下雨時穿，户外和家居都可以穿。主要用來踐泥，也可登山或野戰用，也有用來表演或遊玩的。屐從不同的角度可分爲：木屐、鐵屐，有齒、無齒（如圖15－1、15－2所示）③，帛屐、錦屐、玉屐、皮屐，圓頭屐、方頭屐。木屐是屐的一種，由三部分組成：屐底、屐板或木扁，可打眼，用木料製成；屐齒，或有或無，用木料或鐵銅製成；繩係，用草、木、帛、玉、錦、皮等製成。

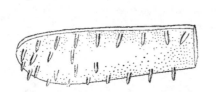

圖15－1　吉林魏晉墓出土的鎏金銅釘屐　　　　圖15－2　傳統木屐

## （一）木屐的起源

關於木屐起源的年代有幾種説法。一説三代已有木屐。《格物鏡原》

　① ［東漢］許慎撰；班吉慶，王劍，王華寶校點. 説文解字校訂本［M］. 南京：鳳凰出版社，2004：241.
　② ［東漢］劉熙. 釋名［M］. 北京：中華書局，1985（新1版）：83.
　③ 駱崇騏. 中國鞋文化史［M］. 上海：上海科學技術出版社，1990：117（圖51），130（圖194）.

卷十八："明代徐炬撰《事物原始》夏禹山行，乘攆用鐵如錐以施屐下，疑卽今之屐下用釘之木屐也。"① 二説三代以後始服木屐。《格物鏡原》卷十八引用郭思《畫論》説三代以前人皆跣足，三代以後始服木屐。② 《物原·衣原》云："軒轅臣於則作履制襪，周公造偪、屨、屝、舄，晉文公造屐，趙武靈王始效北蕃造靴。"③ 三説木屐的形製始見於南宋。周錫保在《中國古代服飾史》第 278 頁男圖 24 下面注釋南宋馬運《雪屐觀梅圖》時認爲木屐的形製始見於此。④

　　以上幾種説法相差較大，尤其是第三种説法值得商榷。隨着考古學的發展和出土文物的發掘，文獻記載和實物可以相互印證，各個學科的聯繫更加緊密，現代語言學也正朝着多樣化、豐富化、趣味化、持續健康的方向發展。木屐的歷史也是如此。木屐的使用在我國源遠流長，早在新石器時代晚期我們的先祖就已經在穿用這種物品了。1988 年，浙江省文物考古研究所、寧波市文物考古研究所《寧波市慈湖新石器時代遺址》發掘報告顯示："遺址上層爲良渚文化時期遺存……上層出土……木器有耜、用樹杈製成的石奔柄、槳、木屐和鑽尖鑲嵌牙質鑽刀的木鑽頭。"⑤ 所以木屐有實物可考的應爲浙江寧波慈湖新石器時代晚期遺址出土的兩件殘存的木屐，均爲左腳所穿，屐板略呈足形，前寬後窄，如圖 15－3 所示。其中一件較小的木屐，屐長 21.2 厘米，前端掌部寬 8.4 厘米，後跟寬 7.4 厘米，孔徑 1 厘米。屐底身平整，平面近似委角（前左角）狀的長方形，正面平坦，上有 5 個小孔，頭部 1 孔，中間和後跟處各有兩孔，兩孔間分別挖有一道橫向的淺凹槽，槽寬和孔徑相同，以便在繩子穿過小孔後將其嵌入槽內，不致行走時磨斷。出土時繩係已腐，不見屐齒。另一隻大點的木屐，屐長 24 厘米，前掌部寬 11 厘米，後跟寬 7 厘米。圓頭方跟，有 6 孔，後跟處兩孔間也挖有凹槽。其前端掌部較寬，且向左側斜弧，足跟部較窄而稍方，正面平坦。這兩

---

① ［清］陳雲龍. 格物鏡原［M］. 文淵閣影印四庫全書（1031 册）［Z］. 上海：上海古籍出版社，1987：236－237.

② ［清］陳雲龍. 格物鏡原［M］. 文淵閣影印四庫全書（1031 册）［Z］. 上海：上海古籍出版社，1987：236.

③ ［明］羅頎. 物原［M］. 北京：中華書局，1985：28.

④ 周錫保. 中國古代服飾史［M］. 上海：中國戲劇出版社，1984：278 男圖 24.

⑤ 中國考古學會. 中國考古學學年鑒 1989［M］. 北京：文物出版社，1990：158.

件木屐設計科學，做工講究，經專家鑑定，距今 4000~5200 年，是良渚先民爲適應江南氣候炎熱潮濕等自然環境而做出的重大創造。[①] 這也爲"木屐最初可能出現在吳越地區"[②] 找到了一個有力的注腳。

圖 15－3　寧波慈湖新石器時代晚期遺址出土的木屐

## （二）木屐的發展演變

浙江寧波慈湖新石器時代晚期遺址發現的木屐爲中國乃至世界上最早的木屐實物。據文獻記載，夏禹出行着屐，春秋戰國時，晉文公爲大臣介子推造木屐，吳王夫差爲西施建"響屐廊"，孔子着屐至蔡，長一尺四寸[③]等。《事物紀原》"屐"條："《異苑》曰：介子推抱木而死，晉文公伐以製屐。蕭子顯《齊書》曰：襄陽有發楚王冢，獲王屐。《論語隱義》曰：孔子至蔡，有取孔子屐者。按晉文公之時已有製屐之事，而孔子亦有其物，則是屐之爲物，春秋之間已見於世矣，至司馬晉，遂爲常服也。《古今注》曰：屐卽舄之制，而木匠曰齒也。"[④] 南宋祝穆《方輿勝覽》卷二：響屐廊，在靈巖寺。以西子行則有聲。[⑤] 南宋范成大《吳郡志》卷八：響屧廊，在靈巖山寺。相传吳王令西施輩步屧，廊虛

---

① 參看塗師平. 世界上現存最早的鞋——寧波市慈湖遺址出土木屐鑒賞［N］. 寧波博物館，2009－08－21. 塗師平. 世界上現存最早的鞋——寧波市慈湖遺址出土木屐鑒賞［J］. 寧波通訊，2009（3）；31. 宋建忠. 良渚與陶寺［J］. 文物，2010（1）；47.

② 梅錚錚. 屐與魏晉士人生活之關係［J］. 四川文物，2001（4）；42.

③ ［北宋］李昉等. 太平御覽（卷 698·服章部）［M］. 张元济等. 四部叢刊（三編子部）［Z］. 上海：上海書店出版社，1985.

④ ［北宋］高承. 事物紀原［M］. 北京：中華書局，1989；159.

⑤ ［南宋］祝穆. 方輿勝覽［M］. 文淵閣影印四庫全書（471 册）［Z］. 上海：上海古籍出版社，1987；594－595.

而響，故名。①

木屐在漢代頗爲流行。西漢王褒《僮約》曰："持斧入山，斷輮裁轅。若有餘材，當作俎幾、木屐。"②《後漢書·五行志》云："延熹中，京都長者皆着木屐；婦女始嫁，至作漆畫五采爲系。此服妖也。到九年，黨事始發，傳黃門北寺，臨時惶惑，不能信天任命，多有逃走不就考者，九族拘繫，及所過曆，長少婦女皆被桎梏，應木屐之象也。"③《後漢書·逸民列傳》載東漢孝子和隱士戴良嫁女事云："初，良五女並賢，每有求姻，輒便許嫁，疏裳布被，竹笥木屐以遣之。五女能遵其訓，皆有隱者之風焉。"④

晉代，木屐的用途和形製有了較大的變化。

## 1. 晉代的木屐不僅用於出行，還用於家居

《世説新語·忿狷》記晉人王述性情急躁，用餐時以筷子戳刺雞蛋，刺之未破，便大怒擲地，雞蛋圓轉不止，王述便"下地以屐齒蹍之"⑤。這是晉人家居着屐的一個例證。《晉書·謝安傳》中也有這方面的記載："（謝）玄等既破（苻）堅，有驛書至，（謝）安方對客圍棋，看書既竟，便攝放牀上，了無喜色，棋如故。客問之，徐答云：'小兒輩遂已破賊。'既罷，還内，過户限，心喜甚，不覺屐齒之折。其矯情鎮物如此。"⑥ 説的是淝水之戰期間，東晉宰相謝安親任征討大都督，指揮戰事，令其侄謝玄率兵迎敵，自己卻在住所與人下棋。突有前方驛書送至，報告其侄獲勝消息，謝安不爲所動，依然與棋友對弈，表現出持重沉穩的大將風度。直到棋局結束，返身回房，再也按捺不住激動之情，過門檻時竟忘了抬腳，以至將屐齒折斷。這也是晉人家居穿屐的實例。

① ［南宋］范成大. 吳郡志［M］. 文淵閣影印四庫全書（485 册）［Z］. 上海：上海古籍出版社，1987：55.

② ［西漢］王褒. 僮約［M］.［清］嚴可均. 全上古三代秦漢三國六朝文［Z］. 北京：中華書局，1985：359.

③ ［南朝宋］范曄撰，［唐］李賢等注. 後漢書［M］. 北京：中華書局，1965：3271.

④ ［南朝宋］范曄撰，［唐］李賢等注. 後漢書［M］. 北京：中華書局，1965：2773.

⑤ ［南朝宋］劉義慶撰，徐震堮著. 世説新語校箋［M］. 北京：中華書局，2009：473-474.

⑥ ［唐］房玄齡等. 晉書［M］. 北京：中華書局，1974：2075.

## 2. 木屐的形製變化表現在屐頭和屐齒上

最初木屐男女有別，太康以後男女無別，皆方頭。《晉書·五行志》："初作屐者，婦人頭圓，男子頭方。圓者順之義，所以別男女也。至太康初，婦人屐乃頭方，與男無別。"[①] 1984 年，馬鞍山東吳朱然墓出土了漆木屐，展現了三國時期木屐製作的工藝水平。出土的木屐正好是一雙，一只完整，一只略殘。每只長 20.7 厘米，厚 0.9 厘米，中間最寬處 9.6 厘米。屐板前後皆為圓弧形，整體呈橢圓形，中間部分稍寬，與腳掌的寬度相合。屐板下有兩齒，一前一后，高 3.2 厘米，寬 2.6 厘米。屐齒與屐板寬度相等處而立，起平穩作用。前後屐齒不是單個製好後再粘貼於屐板上的，而是用整塊木料雕鑿而成，做工也很講究。屐板前有一小孔，後有兩小孔，用來係繩。由於出土時係帶已爛朽，無法辨認它的質地和係法。另外屐板上面還有很多小坑，是鑲嵌飾物之用，不過均已脫落（如圖 15—4、15—5 所示）。從上述描述和史書的記載來看，圓頭木屐為女性所穿，而且還有裝飾物，所以可以肯定地說這雙漆木屐應該是墓主朱然女眷的遺物。[②] 屐齒的變化不僅表現為高齒屐的出現，屐齒寬度也有所調整。《晉書·五行志》："舊為屐者，齒皆達楄上，名曰露卯（卽從屐板表面能看到榫頭）。太元中忽不徹，名曰陰卯（卽從屐板表面看不到榫頭）。"[③]

---

① ［唐］房玄齡等. 晉書［M］. 北京：中華書局，1974：824.

② 安徽文物省考古研究所，馬鞍山市文化局. 安徽馬鞍山東吳朱然墓發掘簡報［J］. 文物，1986（3）：3. 梅錚錚. 屐與魏晉士人生活之關係［J］. 四川文物，2001（4）：40.

③ ［唐］房玄齡等. 晋书［M］. 北京：中華書局，1974：826.

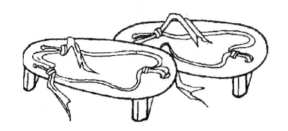

圖15-4　安徽馬鞍山東吳朱然墓
　　　　出土的木屐屐面

圖15-5　朱然墓出土木屐想象復原圖

魏晉南北朝時期木屐盛行，出現了各種各樣的木屐。

1）平底木屐

《晉書·帝紀》記載司馬懿青龍二年命將士追趕諸葛亮時，"關中多蒺藜，帝使軍士二千人着軟材平底木屐前行，蒺藜悉着屐，然後馬步俱進"①。此木屐在野戰中發揮了很大的作用。

2）高齒木屐

《世說新語·簡傲》："王子敬兄弟見郗公，躡履問訊，甚修外生禮。及嘉賓死，皆着高屐，儀容輕慢。命坐，皆云：'有事不暇坐。'既去，郗公慨然曰：'使嘉賓不死，鼠輩敢爾！'"②穿着高齒的木屐走路自然很緩慢，最初可能是一種比較嚴肅場合的禮儀，但從王獻之兄弟穿高齒屐見郗鑒儀容傲慢的樣子來看，高齒木屐的貴族化日益嚴重。如《南史·列傳》記載南朝劉宋高僧慧琳"着高屐，披貂裘，置通呈書佐，權侔宰輔。"③《顏氏家訓》卷三記載："梁朝全盛之時，貴遊子弟，多無學術……無不熏衣剃面，傅粉施朱，駕長簷車，跟高齒屐……"④高齒木屐的齒究竟有多高，目前尚沒有文獻和出土實物可查。不過根據日本名畫《扇面法華經册子》（如圖15-6所示）和《明惠上人圖》裏所畫人物穿的高齒屐來看，魏晉南北朝士人所穿高齒木屐的屐齒不會在10

①　［唐］房玄齡等. 晋书［M］. 北京：中華書局，1974：9.
②　［南朝宋］劉義慶，徐震堮著. 世說新語校箋［M］. 北京：中華書局，2009：416.
③　［唐］李延壽. 南史［M］. 北京：中華書局，1975：1964.
④　王利器. 顏氏家訓集解（增補本）［M］. 北京：中華書局，2007：148.

厘米之下。① 南北朝時期，在一些重要場合穿屐被認爲是儀容態度輕慢的表現，卽使在齊明帝輔政時期允許穿屐上朝，但也規定百官皆脱屐列席爲敬。②

3）連齒木屐

木屐的屐齒旣可以分開，也可以和屐板連起來，成爲連齒木屐。《南史·宋本紀》記述宋高祖武皇帝劉裕節儉時説"内外奉禁，莫不節儉。性尤簡易，嘗着連齒木屐，好出神武門内左右逍遥，從者不過十餘人"③。1979 年南昌東吴高榮墓曾出土兩雙連齒木屐，其中一雙保存尚好，鞋形長 25 厘米，高 6 厘米，木底上裝有齒釘，前 4 枚後 3 枚（如圖 15-7 所示）。④

4）活絡木屐

魏晉南北朝士人好着木屐，尤以南朝宋謝靈運製造的謝公屐（或稱活絡木屐）最爲有名。《南史·謝靈運傳》云："（謝）靈運因祖父之資，生業甚厚，奴僮旣衆，義故門生數百，鑿山浚湖，功役無已。尋山陟嶺，必造幽峻，巖嶂數十重，莫不備盡。登躡常着木屐，上山則去其前齒，下山去其後齒。"⑤唐代李白還穿着這種拆卸方便的謝公屐攀登天姥山，可謂影響深遠。

圖 15-6　《扇面法華經册子》中的高齒屐　　圖 15-7　南昌東吴墓出土的木屐

唐代男女皆穿木屐，不過婦女穿木屐多有講究，屐齒上往往有鑲飾

---

① 梅錚錚. 屐與魏晉士人生活之關係 [J]. 四川文物，2001 (4)：40.
② 參看駱崇騏. 中國鞋文化史 [M]. 上海：上海科學技術出版社，1990：40.
③ [唐] 李延壽. 南史 [M]. 北京：中華書局，1975：28.
④ 江西省歷史博物館. 江西南昌市東吴高榮墓的發掘 [J]. 考古，1980 (3)：224. 趙連賞. 中國古代服飾圖典 [M]. 昆明：雲南人民出版社，2007：201.
⑤ [唐] 李延壽. 南史 [M]. 北京：中華書局，1975：540.

（如圖 15—8 所示）①。秦係《山中枉皇甫溫大夫見招書》："十年木屐步苔痕，石上松間水自喧。"寒山亦有詩云："樺巾木屐沿流步，布裘藜杖繞山回。"② 李白《越女詞五首》其一談到女子着屐的情況，云："屐上足如霜，不着鴉頭襪。"李白《浣紗石上女》詩中也有"一雙金齒屐，兩足白如霜"的吟唱，清王琦注引《南越志》："軍安縣女子趙嫗，着金箱齒屐。"説明當時女子所着之屐形製考究，屐齒還加以鑲飾。③ 宋代以後的漢人婦女，因爲崇尚纏腳，故多不穿木屐，男子卻依舊穿着，如圖 15—9 南宋《雪屐觀梅圖》中的木屐。④《景德傳燈錄·布袋和尚》記載五代後梁僧人契此有奇異之處時"示人吉凶，必應期無忒。天將雨，即着濕草屨途中驟行。遇亢陽，即曳高齒木屐"⑤。陸游有《買屐》詩："一雨三日泥，泥乾雨還作。出門每有礙，使我慘不樂。百錢買木屐，日日繞村行。東阡與北陌，不問陰與晴。"⑥

圖 15—8　唐代屐　　　　　圖 15—9　南宋《雪屐觀梅圖》中的木屐

　　宋以後木屐在文獻中亦有出現。《元詩選》載《送張練師歸武當山》："张君瀛洲人，来作武当客。始来武当时，祇着谢公屐"⑦。《新元史·文苑》載王冕"常着高檐帽，披绿蓑衣，履長齒木屐，或騎黃牛，持《漢書》朗誦，人皆目爲狂"⑧。明代馮夢龍《醒世恆言·劉小官雌雄兄弟》："其日雪止天霽，街上的積雪被車馬踐踏，盡爲泥濘，有一尺

————————

　　① 駱崇騏. 中國鞋文化史［M］. 上海：上海科學技術出版社，1990：118 圖 84.
　　② 林德保等. 詳注全唐詩［M］. 大連：大連出版社，1997：991，3094.
　　③ 李白. 李太白全集［M］. 上海：上海書店出版社，1988：581，582.
　　④ 駱崇騏. 中國鞋文化史［M］. 上海：上海科學技術出版社，1990：121 圖 123.
　　⑤ ［北宋］釋道原. 景德傳燈錄［M］. 張元济等. 四部叢刊本（三編子部）［Z］. 上海：上海書店，1985.
　　⑥ 中華書局編輯部. 陸游集［M］. 北京：中華書局，1976：819.
　　⑦ ［清］顧嗣立. 元詩選（初集）［M］. 北京：中華書局，1987：981.
　　⑧ 柯劭忞等. 新元史（元史二種影印本）［M］. 上海：上海古籍出版社、上海書店出版社，1989：921.

多深。劉公（劉德）穿個木屐，出街頭望了一望，復身進門。"① 《徐霞客遊記·楚遊日記》："風雨中春光忽逗，而泥屐未周，不能無開雲之望。"② 《紅樓夢》第四十五回寫寶釵走後，黛玉有感而作《秋窗風雨夕》，準備睡覺時，寶玉來看她就穿了一雙木屐。宝玉笑道："我这一套是全的。有一双棠木屐，才穿了来，脱在廊檐上了。"當寶玉準備回去休息時，黛玉道："跌了燈值錢，跌了人值錢？你又穿不慣木屐子。"③ 屈大均《廣東新語·器語·屐》："今粵中婢媵，多着紅皮木屐。士大夫亦皆尚屐，沐浴乘涼時，散足着之，名之曰散屐。散屐以潮州所製拖皮爲雅，或以抱木爲之。"又："新會尚朱漆屐，東莞尚花繡屐，以輕爲貴。"④ 《恆春縣志·藝文》之《恆春竹枝詞》十首之三："老少人穿木屐行，不分天雨與天晴；東山遺制留東海，坐聽虛堂得得聲。"⑤

近代以來，我國穿屐規定最嚴的要數雲南傣族地區，有身份和地位的人才可以穿木屐。卽使穿木屐，也有等級之分，八大卡貞佛寺裏的佛二爺可穿後跟有一朵梅花的木屐；召勐四大卡貞和佛寺裏祜巴以上的長老可穿各種花紋圖案的木屐，可以畫齒邊，只是不能畫龍繡鳳（如圖 15-10）；農奴和一般人只能穿竹屐（如圖 15-11 所示）。今天，木屐在有些地方仍然可以見到，例如湖南株洲、廣西山區、廣東潮州、海南文昌等。⑥

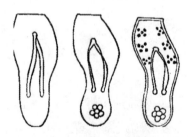

圖 15-10　以前傣族上層人士和
　　　　　貴族所穿的刻花木屐

圖 15-11　傣族方形竹屐

① ［明］馮夢龍編著；熊憲光，王廣福校點. 醒世恆言［M］. 重慶：重慶出版社，2003：177.

② ［明］徐弘祖著，煙照等校點. 徐霞客遊記（上、下册）［M］. 濟南：齊魯書社，2007：123.

③ 曹雪芹，高鶚原著；王志武評點. 紅樓夢［M］. 西安：陝西師範大學出版社，1997：550-551.

④ ［清］屈大均著，李育中等注. 廣東新語注［M］. 廣州：廣東人民出版社，1991：401，402.

⑤ ［清］屠繼善等. 恆春縣志（臺灣文獻史料叢刊第一輯）［M］. 臺北：臺灣大通書局，1977：248.

⑥ 參看駱崇騏. 中國鞋文化史［M］. 上海：上海科學技術出版社，1990：42.

總之，我國木屐的歷史由來已久，形形色色的木屐和中華民族5000 多年來的歷史相互輝映，從一個側面反映了每個時代人們五彩斑爛的生活，形成了獨具特色的木屐文化。

## 十六、陌刀

（1）中軍處分收弓□，表進戈矛奉大唐。然后（後）收軍遮逆虜，陌刀生擁入敦煌。（頁 191）

（2）陌刀亂插，虎鬥□□。（頁 193）

（3）將軍今夜點檢御軍五百，須得闊刃陌刀，甲幕下埋伏。（頁 299）

《事物紀原》"刀"條云："《龍魚河圖》云：黃帝時，蚩尤造立刀戟。《郭憲洞冥記》曰：黃帝採首山之銅，始爲鑄刀。《二儀寶錄》曰：刀之製，自黃帝與蚩尤戰卽有之。"[1] 其實人類使用刀的歷史可以追溯到史前時代，最早的刀多爲石刀、骨刀等。北京周口店舊石器時代遺址發現了許多長方形、橢圓形、菱形、三角形的石刀，還有用鹿骨和其他動物的腿骨打製的骨刀，鋒刃都很尖銳。[2] 山西省朔縣峙峪舊石器時代晚期遺址出土了一些打製的小石刀，其年代距今約 2.8 萬年。[3] 新石器時代晚期的仰韶文化（公元前 5000—前 3000 年）、龍山文化（公元前2800—前 2300 年）等遺址出土了大量的石刀。除了石刀，還有陶刀、蚌刀等[4]，如圖 16－1 至 16－7 所示。[5]

---

① ［北宋］高承撰；［明］李果訂；金圜，許沛澡點校. 事物紀原［M］. 北京：中華書局，1989：500.

② 參看房立中. 世界兵器博覽詞典［Z］. 北京：學苑出版社，1990：9.

③ 參看陳文華. 中國農業考古圖錄［M］. 南昌：江西科學出版社，1994：303.

④ 參看張春輝. 中國古代農業機械發明史（補編）［M］. 北京：清華大學出版社，1998：13.

⑤ 參看陳文華. 中國農業考古圖錄［M］. 南昌：江西科學出版社，1994：303－306. 陝西省考古研究所，寶鷄市考古工作隊. 寶鷄關桃園［M］. 北京：文物出版社，2007：101. 王開文. 漫話大刀［J］. 體育文化導刊，2001（4）：57.

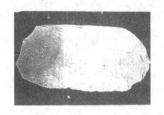

圖16-1　新石器時代（磁山文化）石刀
河北武安磁山出土

圖16-2　新石器時代（龍山文化）蚌刀
河南鄭州大河村出土

圖16-3　新石器時代陶刀
河南陝縣廟底溝出土

圖16-4　新石器時代（紅山文化）石刀
遼寧翁牛特旗海金山出土

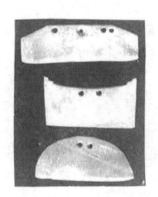

圖16-5　新石器時代
（山背文化）石刀
江西修水縣山背出土

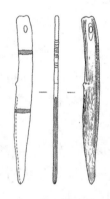

圖16-6　新石器時代（前仰
韶第三期文化遺存）骨刀
陝西寶雞關桃園出土

圖16-7　新石器時代
南京出土七孔石刀
復原圖

　　夏代已有銅刀，但粗糙單一。商代銅刀有較大進步。周人喜佩劍，
不喜佩刀，所以刀之形製未得到發展。春秋戰國時，刀被作爲殺敵的兵
器。秦之刀多爲鐵質，短而銳利。漢人喜佩刀不喜佩劍，故刀之製作，
形式多樣，鑲飾華美，且多以鋼鐵鑄造，質地精良。西漢之環柄刀或環
首刀，東漢之阮家刀、百煉大刀銳利無比。由晉至隋，形製無變，僅刀
之名稱及裝潢略異。唐有四刀：儀刀（皇家禁軍所用）、障刀（一般官
吏所佩戴）、橫刀（軍中戰鬥所用）、陌刀（步兵所用）。宋代有斬馬刀、

偃月刀、手刀、棹刀、屈刀、筆刀等不同形製。明清之刀製作復雜而精美，有腰刀、小刀、長柄大刀、樸刀、雙手帶刀之別。① 下面從幾個方面説明陌刀的來源與發展。

## （一）刀的意義與理据

《説文》："刀，兵也。象形。"② 桂馥《説文義證》："兵也者，《急就篇》：'矛、鋌、鑲、盾、刃、刀、鉤。'顔注：'刀大小衆刀也。'"③ 東漢劉熙不僅解釋了刀的理据，還給各個部分命名。如《釋名·釋兵》曰："刀，到也。以斬伐到其所，乃擊之也。其末曰鋒，言若蜂刺之毒利也；其本曰環，形似環也；其室曰削，削，峭也，其形峭殺裹刀體也；室口之飾曰琫，琫，捧也，捧束口也；下末之飾曰琕，琕，卑也，在下之言也。"④

## （二）陌刀的出現與應用

陌刀是隋唐時期一種有長柄的兩面有刃的砍殺兵器，創自唐代，同時吸收了劍和刀的優點，成爲有唐一代的名刀，在唐代軍事戰鬥中發揮了很大的作用。陌刀的形製爲：長柄，柄端有鐏；刀部兩面有刃，刃首尖形；全長一丈，重十五斤。爲唐代的常備兵器之一。⑤ 《中國軍事史·兵器》的作者認爲陌刀的形製如下（如圖 16－8 所示）⑥：

圖 16－8　唐代陌刀

陌刀在唐代兩書中多有出現。如《舊唐書·李嗣業傳》云："李嗣業，京兆高陵人也。身長七尺，壯勇絶倫。天寶初，隨募至安西，頻經戰鬥。於時諸軍初用陌刀，咸推嗣業爲能。每爲隊頭，所向必陷。節度

① 許嘉璐. 中國古代禮俗辭典［Z］. 北京：中國友誼出版公司，1991：500－501.
② ［東漢］許慎撰，［宋］徐鉉校定. 説文解字（附檢字）［M］. 北京：中華書局，1963：91.
③ ［清］桂馥. 説文解字義證［M］. 上海：上海古籍出版社，1987：358.
④ ［東漢］劉熙. 釋名［M］. 北京：中華書局（影印本），1985：110.
⑤ 參看許嘉璐. 中國古代禮俗辭典［Z］. 北京：中國友誼出版公司，1991：501.
⑥ 轉自林伯源. 中國武術史［M］. 北京：北京體育大學出版社，1994：166.

使馬靈察知其勇健，每出師，令嗣業與焉。累遷至中郎將。"① 唐代不僅有陌刀手，還有陌刀將，"天寶七載，安西都知兵馬使高仙芝奉詔總軍，專征勃律，選嗣業與郎將田珍爲左右陌刀將"②。陌刀在戰場上威力很大，常常是"呼而斬之""一舉刀，輒數人死，賊皆氣懾"。《舊唐書·裴行儉傳》記載調露元年（679），單于都護蕭嗣業率兵討伐突厥阿史德溫傳與單于管內二十四州眾數十萬叛軍，結果反敗。於是大唐以大將軍裴行儉爲定襄道行軍大總管，率李思文、周道務等步兵十八萬，並西軍、東軍等總三十余萬，連接數千里，皆受行儉節度。"行至朔州，知蕭嗣業以運糧被掠，兵多餒死，遂詐爲糧車三百乘，每車伏壯士五人，各齎陌刀、勁弩，以羸兵數百人援車，兼伏精兵，令居險以待之。賊果大下，羸兵棄車散走。賊驅車就泉水，解鞍牧馬，方擬取糧，車中壯士齊發，伏兵亦至，殺獲殆盡，餘眾奔潰。自是續遣糧車，無敢近之者。"③《舊唐書·崔光遠傳》載："嘗有賊剽掠涇陽縣界，於僧寺中椎牛釃酒，連夜酣飲，去光遠營四十里。光遠偵知之，率馬步二千乙夜趨其所。賊徒多醉，光遠領百餘騎持滿扼其要，分命驍勇持陌刀呼而斬之，殺賊徒二千餘人，虜馬千疋，俘其渠酋一人。"④《新唐書·王栖曜傳》："討劉稹也，李德裕以茂元兵寡，詔王宰領陳許合義成兵援之，以河陰所貯兵械、内庫甲弓矢陌刀賜之。"⑤《新唐書·張巡傳》記述張巡守睢陽，安祿山將尹子奇來攻，"巡陰縋勇士數十人隍中，持鉤、陌刀、強弩，約曰：'聞鼓聲而奮。'酋恃眾不爲備，城上譟，伏發禽之，弩注矢外向，救兵不能前。俄而縋士復登陴，賊皆愕眙，乃按甲不出。"⑥《新唐書·張興傳》云安祿山造反，攻打饒陽，"滄、趙已陷，史思明引眾傅城，興擐甲持陌刀重十五斤乘城。賊將入，興一舉刀，輒數人死，賊皆氣懾"⑦。戰鬥中，陌刀隊或陌刀手一般以密集橫排隊形列於陣前，"如牆而進"。但安史之亂時，安祿山部將崔乾祐在一次戰鬥中卻將五千

①　參看［後晉］劉昫等. 舊唐書［M］. 北京：中華書局，1975：3297－3298.
②　參看［後晉］劉昫等. 舊唐書［M］. 北京：中華書局，1975：3298.
③　參看［後晉］劉昫等. 舊唐書［M］. 北京：中華書局，1975：2803－2804.
④　參看［後晉］劉昫等. 舊唐書［M］. 北京：中華書局，1975：3318.
⑤　［北宋］歐陽修等. 新唐書［M］. 北京：中華書局，1975：5173.
⑥　［北宋］歐陽修等. 新唐書［M］. 北京：中華書局，1975：5537－5538.
⑦　［北宋］歐陽修等. 新唐書［M］. 北京：中華書局，1975：5548.

陌刀兵列於陣後，被唐軍嗤笑，致使唐軍放鬆警惕，最後反敗爲勝。《新唐書·哥舒翰傳》載哥舒翰率軍出潼關，與乾祐戰。"翰與良丘登北阜，以軍三萬夾河鳴鼓，思禮等以精卒居前，餘軍十萬次之。乾祐爲陣，十十五五，或卻或進，而陌刀五千列陣後。王師視其陣無法……王師懈，不爲備。伏忽起薄戰，皆奮死鬥。"①

　　陌刀還可以充當兵衛以示威懾。《舊唐書·封常清傳》記載宦官以陌刀手充衛隊，以壯聲威。安史之亂中，邊令誠殺封常清，既刑，"陳屍於蘧蒢上。仙芝歸至廳，令誠索陌刀手百餘人隨而從之，曰：'大夫亦有恩命。'仙芝遽下，遂至常清所刑處……遂斬之。"② 元和十年（815），憲宗"出內庫弓箭、陌刀賜左右街使，俟宰相入朝，以爲翼從，及建福門退。至是亦停之。"③ 對此，《舊唐書·令狐楚傳》也有同樣的記載。④ 至太和九年（835），仇士良乘"甘露之變"才奏停。⑤

### （三）陌刀的發展演變

　　陌刀又稱拍刀（或拍刃）、大刀、長刀等。《舊唐書·闞稜傳》："闞稜，齊州臨濟人。善用大刀，長一丈，施兩刃，名爲拍刃，每一舉，輒斃數人，前無當者。及伏威據有江淮之地，稜數有戰功，署爲左將軍。"⑥《新唐書·闞稜傳》則云："闞稜，伏威邑人也。貌魁雄，善用兩刃刀，其長丈，名曰'拍刀'，一揮殺數人，前無堅對。"⑦ 《舊唐書·輔公祏傳》記載隋末齊州臨濟人輔公祏"從杜伏威爲群盜。初，伏威自稱總管，以公祏爲長史。李子通之敗沈法興也，伏威使公祏以精卒數千渡江討之。子通率眾數萬以拒公祏，兵鋒甚銳。公祏簡甲士千人，皆使執長刀，仍令千餘人隨後，令之曰：'有卻者斬。'"⑧《舊唐書·丘行恭傳》記載丘行恭跟隨李世民討伐王世充會戰於邙山時，"太宗與諸

---

① ［北宋］歐陽修等. 新唐書［M］. 北京：中華書局，1975：4573.

② 參看［後晉］劉昫等. 舊唐書［M］. 北京：中華書局，1975：3211.

③ 參看［後晉］劉昫等. 舊唐書［M］. 北京：中華書局，1975：563.

④ 參看［後晉］劉昫等. 舊唐書［M］. 北京：中華書局，1975：4463.

⑤ 參看李宗侗等校注. 資治通鑑今注［M］. 臺北：臺灣商務印書館，1966：362.

⑥ 參看［後晉］劉昫等. 舊唐書［M］. 北京：中華書局，1975：2270.

⑦ ［北宋］歐陽修等. 新唐書［M］. 北京：中華書局，1975：3801.

⑧ 參看［後晉］劉昫等. 舊唐書［M］. 北京：中華書局，1975：2269.

騎相失，惟行恭獨從。尋有勁騎數人追及太宗，矢中御馬，行恭乃回騎射之，發無不中，餘賊不敢復前，然後下馬拔箭，以其所乘馬進太宗。行恭於御馬前步執長刀，巨躍大呼，斬數人，突陣而出，得入大軍。貞觀中，有詔刻石爲人馬以象行恭拔箭之狀，立於昭陵闕前"①。可見長刀之威力不小。《舊唐書·李嗣業傳》先云李嗣業爲陌刀將，後曰"嗣業引步軍持長刀上"，還有"至德六年九月，嗣業從廣平王收復京城，與賊大戰於香積寺北……距賊軍數里，列長陣而待之……嗣業乃脫衣徒搏，執長刀立於陣前大呼，當嗣業刀者，人馬俱碎，殺十數人，陣容方駐。前軍之士盡執長刀而出，如牆而進。嗣業先登奮命，所向摧靡。"②可見陌刀乃長刀。《唐六典·衛尉宗正寺》載："刀之製有四：一曰儀刀，二曰障刀，三曰橫刀，四曰陌刀。"③並解釋曰："陌刀，長刀也，步兵所持，蓋古之斷馬劍。"據唐代李筌《神機制敵太白陰經·戰具類》"器械篇"説在一軍一萬二千五百名士兵中，裝備有佩刀八分，壹萬口；陌刀二分，二千五百口。可見軍中大量使用的是佩刀和陌刀。④

　　陌刀來源於西漢的斬馬劍，既將劍身加長，便於斬馬，實際上與漢代的拍髀、大刀，三國兩晉的露陌刀，六朝的宿鐵刀一脉相承，後發展爲斬馬刀，刀身長，施雙刃，威力大，但不輕巧，便於進攻，不便防身。後又出現了小型砍馬刀，"鐔長尺餘，刃三尺餘，首爲大環"⑤。便於防身，但威力不夠，於是北宋政府又開始在軍隊裝備陌刀。陌刀是斬馬劍、大刀、長刀的改型刀。

　　《漢書·朱雲傳》載漢成帝時，朱雲上書請以斬馬劍斬張禹人頭，曰："臣願賜尚方斬馬劍，斷佞臣一人以屬其餘。"顏師古注："尚方，少府之屬官也，作供御器物，故有斬馬劍，劍利可以斬馬也。"⑥《漢書·西域傳》載西域婼羌國"山有鐵，自作兵，兵有弓、矛、服刀、劍、甲"⑦。師古引劉德曰："服刀，拍髀也。"又曰："拍，音貊。髀音

①　參看［後晉］劉昫等. 舊唐書［M］. 北京：中華書局，1975：2327.
②　參看［後晉］劉昫等. 舊唐書［M］. 北京：中華書局，1975：3298－3299.
③　［唐］李林甫等；陳仲夫點校. 唐六典［M］. 北京：中華書局，1992：461.
④　參看劉先廷. 太白陰經譯注［M］. 北京：軍事科學出版社，1996：198.
⑤　［元］脱脱等. 宋史［M］. 北京：中華書局，1977：4913.
⑥　［東漢］班固撰，［唐］顏師古注. 漢書 M］. 北京：中華書局，1962：2915.
⑦　［東漢］班固撰，［唐］顏師古注. 漢書［M］. 北京：中華書局，1962：3875.

俾，又音陛。""短刀曰拍髀，带時拍髀旁也，又曰露拍，言露見也。"①
大刀最早見於《漢書·楊惲傳》，西漢楊惲曾持大刀，把大刀當作隨身
護衛兵器。"廷尉定國考問，左驗明白，奏惲不服罪，而召户將尊，欲
令戒飭富平侯延壽，曰：'太僕定有死罪數事，朝暮人也。惲幸與富平
侯婚姻……尊曰：'不可。'惲怒，持大刀，曰：'蒙富平侯力，得族罪！
毋泄惲語，令太僕聞之亂餘事。'……上不忍加誅，有詔皆免惲、長樂
爲庶人。"② 大刀主要用於近戰。《晉書·劉曜載記》記載東晉十六國前
趙國君劉曜親征陳安時，"安與壯士十余騎於陝中格戰，安左手奮七尺
大刀，右手執丈八蛇矛，近交則刀矛俱發，輒害五六；遠則雙帶鞬服，
左右馳射而走。……及其死，隴上歌之曰：'隴上壯士有陳安，軀幹雖
小腹中寬，愛養將士同心肝。騧驄父馬鐵瑕鞍，七尺大刀奮如湍，丈
八蛇矛左右盤，十盪十決無當前。戰始三交失蛇矛，棄我騧驄竄巖幽，
爲我外援而懸頭。西流之水東流河，一去不還奈子何！'"③《三國志·
魏書》，記載東漢末年曹操部將典韋"陳留己吾人也。形貌魁梧，旅力
過人，有志節任俠。……韋好持大雙戟與長刀等"④，這是使用長刀所
見最早的記載。

《全三國文·魏·劍銘》云魏太子丕造百辟寶刀三：其一靈寶，文
似靈龜，長四尺三寸六分，重三斤六兩；其二含章，采似丹霞，長四尺
三寸三分，重二斤十兩；其三素質，鋒似霜，刀身劍鋏，長四尺三寸，
重二斤九兩。另外，魏太子造百辟匕首二：其一清剛，理似堅冰；其二
揚文，曜似朝日。又造百辟露陌刀一，長三尺二寸，重二斤二兩，狀如
龍文，名曰龍鱗。⑤魏文帝有《露陌刀銘》，云："於鑠良刀，胡煉宣
時。譬諸麟角，靡所任茲。不逢不若，永世寶持。"⑥

北朝時，鑄刀的技術又有所提高。《北史·藝術上綦母懷文傳》記
載北朝北齊綦母懷文利用灌鋼法鍛造宿鐵刀，"其法，燒生鐵精以重柔

---

① ［東漢］劉熙. 釋名 ［M］. 北京：中華書局（影印本），1985：110-111.
② ［東漢］班固撰，［唐］顏師古注. 漢書 ［M］. 1962：2893.
③ ［唐］房玄齡等. 晉書 ［M］. 北京：中華書局，1974：2694.
④ ［西晉］陳壽撰，［南朝宋］裴松之注. 三國志 ［M］. 北京：中華書局，1971：543-544.
⑤ ［清］嚴可均. 全上古三代秦漢三國六朝文 ［M］. 北京：中華書局，1958：1097. ［三國］魏
文帝撰，［清］孫馮翼輯. 典論 ［M］. 北京：中華書局，1985：9.
⑥ ［清］嚴可均. 全上古三代秦漢三國六朝文 ［M］. 北京：中華書局，1958：1091.

鋋，數宿則成剛。以柔鐵爲刀脊，浴以五牲之溺，淬以五牲之脂，斬甲過三十劄。今襄國冶家所鑄宿柔鋋，是其遺法，作刀猶甚快利，但不能頓截三十劄也。懷文又云：‘廣平郡南幹子城，是干將鑄劍處，其土可瑩刀。’”①

陌刀是在六朝後期刀越造越長的趨勢下，融合漢代斬馬劍長而雙刃的特徵以及露陌刀的鑄造技術造出的一種雙刃刀，是刀中異製。因刀身加長，仍名露刀則不恰當，去“露”字，單云陌刀。《舊唐書》卷五十六將闞稜所使的長一丈的雙刃刀記載爲“拍刃”，保存了古義，可以看出拍髀、拍刃、陌刀是一脉相承的。《舊唐書》所據爲唐實錄、國史，基本上是照錄原文，此“拍刃”爲當日之原文；《新唐書》作“拍刀”，殿本徑作“陌刀”，清人整理的《唐書合鈔》全作“陌刀”。② 清王先謙《釋名疏證補》卷七引張協、曹丕二銘，以爲二銘之露陌刀實乃《釋名》之“短刀”、《漢書·西域傳》顏注中之“服刀”卽拍髀，推斷“拍陌同”。③ 看來陌刀與拍髀、露陌刀應該是流與源的關係，不過在其發展過程中也受到了其他刀的影響，如環首刀、阮家刀、宿鐵刀等。

總之，陌刀在隋末誕生，流行於高宗調露前後至開元十年（722）之間。開始使用陌刀是爲了對付突厥騎兵，後來在諸軍流行則是爲了對付以騎兵稱雄的唐“四夷”。盛唐完善的節度使制度使得軍隊的裝備、訓練走向正規化，陌刀是殺騎兵、砍戰馬的重要法寶，也因此成了唐步兵所持的主要兵器之一，是軍隊常規的裝備。陌刀在有唐一代的戰爭中立下了汗馬功勞，漢人步兵用，少數民族亦用，在刀的歷史上堪稱一代名刀。隨着科技的進步和軍事情況的變化，五代陌刀隊的事例便少得多，宋代只有斬馬刀法似陌刀法，棹刀形製類似陌刀，陌刀的地位大大下降。至此，顯赫一時的唐代名刀開始走向衰落，並被其他刀和武器代替。

---

① ［唐］李延壽. 北史［M］. 北京：中華書局，1974：2940.
② 參看李德輝. 唐陌刀源流與歷史作用［J］. 寧夏社會科學，2002（2）：93.
③ 參看［清］王先謙. 釋名疏證補［M］. 上海：上海古籍出版社，1984：342.

## 十七、青樓

（1）青樓日夜減容光，只緣蕩子事（仕）於梁。（頁6）
（2）八水三川如掌內，大道青樓若眼前。（頁157）

對於"青樓"一詞，校注後面沒有出現解釋，大概校注者認爲這是一個非常常見的常用詞，所以不需要解釋。羅宗濤《敦煌變文社會風俗事物考》曰："樓的顏色有紫樓、紅樓、青樓，青樓未必是妓院，良家婦女也住青樓。"① 項楚《敦煌變文選注》青樓條注釋："富貴人家女子所居之樓閣，猶云'閨房'；富貴人家的閨閣。"② 上面出現了兩種不同的解釋，到底哪一種理解符合原文的意義，爲什麼會出現這樣的情況，青樓的意義到底有幾個，以及它的發展脈絡是什麼，今天看似簡單的一個詞，其實還需要一番探討才能明白爲什麼會出現兩種相反的解釋。

《說文解字》"青"：東方色也。木生火，從生、丹。丹青之信，言象然。"丹"：巴越之赤石也。象采丹井，一象丹形。凡丹之屬皆從丹。③《漢語大詞典》列出了"青"的11個義項，與"青樓"意義有關的有4項。一是顏色名：①綠色，似植物葉子的顏色；②藍色；③白色；④黑色。二是青色物：①指靛青，一種從藍草中提煉出來的染料；②指青膳，一種可塗牆壁的青色礦土；③青色花紋。三是古以青爲東方之色，後因以指東方。四是年輕。④ 可以看出"青"的本義應該是一種深綠色礦石，因其與草木之色相似，故和五行中的木相對。⑤

《說文解字》"樓"：重屋也。從木，婁聲。⑥《漢語大詞典》"樓"：一是兩層及兩層以上的房屋；二是城牆或土臺上的建築物；三是茶肆、

① 羅宗濤. 敦煌變文社會風俗事物考［M］. 臺北：文史哲出版社，1974：57.
② 項楚. 敦煌變文選注［M］. 北京：中華書局，2006：52，268.
③ ［東漢］許慎撰，［宋］徐鉉等校. 說文解字［Z］. 上海：上海古籍出版社，2007：243.
④ 參看漢語大詞典編輯委員會，漢語大詞典編纂處. 漢語大詞典（第11卷上）［Z］. 上海：漢語大詞典出版社，2001：515.
⑤ 王琪.《琵琶行》中的"青衫"不是黑衫［A］. 黃金貴. 解物釋名［C］. 上海：上海辭書出版社，2008：297.
⑥ ［東漢］許慎撰，［宋］徐鉉等校. 說文解字［Z］. 上海：上海古籍出版社，2007：281.

酒店、歌舞廳及舊時妓院等場所也稱樓。①

再看詞典對青樓的解釋。《中國古代名物大典》釋"青樓"爲"借稱妓院"。②《漢語大詞典》列舉了"青樓"的四個義項：一是青漆塗飾的豪華精緻的樓房；二是指南朝齊武帝的興光樓；三是指妓院；四是借指青樓中的女子，多指妓女。③

那麼青樓的原始意義是什麼？它的"妓院"意義又是從何時開始的呢？

翟灝《通俗編》"青樓"條：指金張門第，後人例呼妓館則始於梁劉邈《採桑行》。説明在漢末魏晉時指富貴人家的閨閣，齊梁後用作妓院的代稱。④

通過考察和檢索文獻，我們認爲敦煌變文中的青樓應該指女性的閨房，尤其是年輕女性的閨房（包括未婚和已婚）。青樓中"青"的意義不是本義，而是引申義"年輕"，青樓一詞最初的意義應該是"女性的閨房"，與"妓女""妓院"毫無關聯，後泛指比較華麗的屋宇，有時則作爲豪門高户的代稱。

據統計，逯欽立先生集校的《先秦漢魏南北朝詩》中收入關於青樓的詩歌 15 首、嚴可均編《全上古三代秦漢三國六朝文》共收關於青樓的文章 3 篇。從現存的 18 篇青樓詩文（其中 14 篇詩文的青樓中都居住着年輕貌美的女子）及相關史籍記載看，青樓一詞在魏晉時期始見於文人作品中，大致可以分爲三類：女性的閨房（未婚美貌少女的居所 6 篇，已婚少婦的居所 6 篇）；豪門貴族的房屋（6 篇）；帝王的居所。⑤例如三國魏曹植《美女篇》："青樓臨大路，高門結重關。"南朝樂府《西洲曲》："鴻飛滿西洲，望郎上青樓。"《晉書·鞠允傳》載鞠允的詩："鞠與遊，牛羊不數頭，南開朱門，北望青樓。"《南史》卷五《齊本紀

---

① 漢語大詞典編輯委員會，漢語大詞典編纂處. 漢語大詞典（第 4 卷）［Z］. 上海：漢語大詞典出版社，2001：1272.

② 華夫. 中國古代名物大典［Z］. 濟南：濟南出版社，1993：264. 說明：《中國古代名物大典》把中國古代名物分爲 37 類，把"青樓"一詞歸爲資產類·商品旅舍部·妓院.

③ 漢語大詞典編輯委員會，漢語大詞典編纂處. 漢語大詞典（第 11 卷上）［Z］. 上海：漢語大詞典出版社，2001：553.

④ 參看［清］翟灝. 通俗編［M］. 北京：商務印書館，1958：539.

⑤ 參看張傳東."青樓"意義流變考［J］. 齊齊哈爾大學學報（哲學社會科學版），2009（2）：78.

下第五》廢帝東昏侯本紀曰： "齊武帝於興光樓上施青漆，世謂之青樓。"①

"至唐代，'青樓'才漸漸比較廣泛地用來指代妓女所居，但兩種意義仍參雜錯出……宋、元以降，'青樓'越來越多地以它的晚出義行世，乃成與平康、北里、行院、章台平列的辭彙。"② 例如上官儀《和太尉戲贈高陽公》："紅塵正起浮橋路，青樓遙敵御溝前。"駱賓王《帝京篇》："小堂綺帳三千戶，大道青樓十二重。"李白《在水軍宴韋司馬樓船觀妓》："對舞青樓妓，雙鬟白玉童。"崔顥《渭城少年行》："章台帝城稱貴里，青樓日晚歌鐘起。"邵謁《塞女行》："青樓富家女，才生便有主。"杜牧《遣懷》："十年一覺揚州夢，贏得青樓薄幸名。"韋莊《貴公子》："大道青樓御苑東，玉欄仙杏壓枝紅。"韋莊《搗練篇》："月華吐豔明燭燭，青樓婦唱搗衣曲。"孫光憲《南歌字》："豔冶青樓女，風流似楚真。"牛嶠《菩薩蠻》："今宵求夢想，難到青樓上。贏得一場愁，鴛衾誰並頭。"據統計，在《全唐詩》將近 50000 首詩中，有關青樓妓女的詩有 2000 餘首，大約占 1/20，而宋詞中除了豪放派詞作，基本上都是"紅牙板"，可謂處處皆"青樓"。後元代有《青樓集》、明代有《青樓韻語》、清代有《青樓夢》、當代有《青樓恨》《青樓》等。

從以上討論的青樓在各個時期意義的大致情況來看，筆者認爲青樓應該有 5 個義項：女性的閨房；青漆塗飾的豪華精緻的樓房；指南朝齊武帝的興光樓；指妓院；借指青樓中的女子，多指妓女。詞典和辭書在解釋這個詞條的義項時應該加上"女性的閨房"這一項。字典、詞典只是字詞儲存態的歸納抽象意義，而運用中都是字詞的運動態在實際語境中的具體含義，明白這一點，我們就會理解爲什麼在查字典、詞典時往往找不到可以對應的義項。

## 十八、如意

（1）於是道安手把如意，身座（坐）寶臺，廣焚無價寶香，卽宣妙

① 參看 [唐] 李延壽. 南史 [M]. 北京：中華書局，1975：154.
② 陶慕寧. 青樓文學與中國文化 [M]. 北京：東方出版社，1993：3.

義，發聲乃唱，便舉經題云：《大涅槃經·如來壽量品》第一。（頁264）

如意，由古代的爪杖演變而來，長度不一，多呈 S 形，類似於北斗七星的形狀。又稱"爪杖""握君""談柄""執友"等。清《事物異名錄·器用部》"如意"條云："《稗史類編》：'如意者，古之爪杖也。或用竹木削作人手指爪，柄可長三尺許。或脊背有癢，手不到，用以爬瘙，如人之意。'"又《清異錄》："僧繼顒手執香如意，紫檀鏤成，芬馨滿室。繼元時在潛邸，以金易致。每接僧則假比丘，秉承揮談，名曰握君。"① 《杜陽雜編》言唐文宗崇賢樂善，李訓講《周易》微義頗和上意，於是賜之犀如意以避暑，曰："如意足以與卿爲談柄也。"② 乾隆帝有《木根如意》詩："仙骨稜稜誰執友，主人卽是黄山否？"商周已見實物，東晉已有文獻記載，兩晉南北朝流行，隋唐仍在使用，宋代由實用轉爲象徵，明末至清代完成符號化，晚清以後漸漸衰退。

如意作爲一種器物，可謂歷史悠久。下面分三個方面來討論。

## （一）如意的起源

如意的起源大概有以下説法：

### 1. 外來説

外來説認爲如意起源於印度，隨佛教一起傳入中國。殷偉、殷斐然在《中國福文化》中指出："相傳古印度將竹木一端刻成手形，用來搔背癢，梵語叫'阿那律'，僧人在室講佛經時，手持如意，記經文於其上，以備遺忘。"③ 劉燁在《如意文化與"如意玉雕"》一文中也認爲"'如意'一詞出自印度梵語'阿娜律'，隨佛教傳入中國"④。

### 2. 中國説

如意起源於中國，不過產生的時間説法不一。

---

① ［清］厲荃輯，關槐增纂. 事物異名錄［M］. 長沙：岳麓書社，1991：288.
② ［唐］蘇鶚. 杜陽雜編（卷中）［M］. 北京：中華書局，1985：17—18.
③ 殷偉，殷斐然. 中國福文化［M］. 昆明：雲南人民出版社，2005：55.
④ 劉燁. 如意文化與"如意玉雕"［J］. 新疆金融，2006（4）.

　　一說產生於先秦。明代朱權《天皇至道太清玉册》卷六稱"如意"爲"黃帝所製，戰蚩尤之兵器也。後世改爲骨朵，天真執之，以辟衆魔"①。《中國藝術象徵詞典》"如意"條說："這是一種帶護手的短劍，最初是鐵製的，古人用於自衛及做手勢……它實際上是一種鈍劍。"②元代伊世珍輯《琅嬛記》記載："如意者，昔有貧士多玄，善陰德，旁及鳥獸而菽水不贍。忽遇一道士，遺以一物，謂之如意，曰：'汝陰功感神，故以相與，勿輕用也，凡心有所欲，一舉之頃，隨即如意，雖冬雷夏雪，起死延年，皆可得之。今商之世有十四年大旱，天運自然，孰敢有違，汝欲救之，當解其半耳。'商世果大旱至七年，湯乃齋戒、剪髮、斷爪，素車白馬，身嬰白茅以爲犧牲，禱於桑林。忽大雨及數千里，其人方私隱元，元爲之一舉耳。後人仿其製，號如意云。"③《事物紀原·什物器用部》"如意"條："吳時，秣陵有掘得銅匣，開之得白玉如意，所執處皆刻螭彪蠅蟬等形。胡綜謂秦始皇東遊，埋寶以當王氣，則此也。蓋如意之始，非周之舊，當戰國事爾。"④《物原·樂原》："伏羲始製旄舞，軒轅始製幹羽以舞，戰國始製執拂如意以舞。"⑤

　　一說產生於秦漢。《酉陽雜俎·廣知》："胡綜博物。孫權時，有掘得銅匣，長二尺七寸，以琉璃爲蓋，又一白玉如意，所執處皆刻龍虎及蟬形，莫能識其由。使人問綜，綜曰：'昔秦皇以金陵有天子氣，平諸山阜，處處輒埋寶物以當王氣。此蓋是乎？'"⑥《釋氏要覽》卷中云如意"梵名'阿那律'，秦言'如意'"⑦。"如意當產生於秦漢之間。它是由古代的笏和爪杖演變而來的。"⑧

　　還有籠統地說如意唐宋前已有。《清朝野史大觀·清宮逸聞》卷一

　　①　[明] 朱權. 天皇至道太清玉册 [A]. 陸國強. 道藏（36 册）[C]. 文物出版社、上海書店出版社、天津古籍出版社，1988：414.

　　②　[英] C.A.S. 威廉斯. 中國藝術象徵詞典 [Z]. 李宏、徐燕霞譯. 長沙：湖南科學技術出版社，2006：136.

　　③　[元] 伊世珍. 琅嬛記 [A]. 周廣培. 歷代筆記小說集成·元代筆記小說 [C]. 石家莊：河北教育出版社，1994：296-297.

　　④　[北宋] 高承. 事物紀原 [M]. 北京：中華書局，1989：421.

　　⑤　[明] 羅頎. 物原 [M]. 北京：中華書局，1985：8.

　　⑥　[唐] 段成式. 酉陽雜俎·廣知 [M]. 北京：中華書局，1985：86.

　　⑦　[北宋] 釋道誠集. 釋氏要覽 [A]. 大正新修大藏經 54 册 [C]. 臺北：新文豐出版有限公司，1983：279.

　　⑧　蘇岩，宋慶元. 清代九柄如意的來歷及其用途考略 [J]. 中原文物，1987（2）：181.

載："如意，物名也，唐宋前已有之。……此（指鐵如意）如意之見於史者，滿洲舊俗，凡值年節，王公、大臣、督撫等必進如意於朝，以取兆吉祥。入關後，仍沿其舊，未之革也。至嘉慶朝，乃有禁止之論，曰：'諸臣以爲如意，在朕觀之轉不如意也。'"①

以上說法各有論證。但仔細分析就會發現，如意是舶來品之說實在是牽強附會，站不住腳。把如意說成外來品顯然是把如意這個詞和其所代表的物混爲一談。《說文解字》："如，從隨也。從女、從口。""意，志也。從心，察言而知意也。從心、從音。"② 兩字組合，爲"遵從心願"之意。"如意"一詞最早見於《漢書·京房傳》："臣疑陛下雖行此道，猶不得如意，臣竊悼懼。"③ 這裏的"如意"用的即是"遵從心願""稱心如意"之本義。而叫"劉如意"這個名字的在《漢書》裏就有四位，可見"如意"應該是個土生土長的好詞。正如白化文所說："'如意'在漢朝是個很流行的土生土長的吉祥詞語"；"佛教傳入中國，'佛經翻譯家借用'如意'這個現成的詞語來翻譯梵文中的某些詞語，並賦予它更多更豐富的詞義，這是舊瓶裝新酒的辦法，翻譯中習用。"④ 對此劉岳也有類似的說法："'如意'一詞，也是土生土長的。漢劉邦與戚夫人之子，即以此爲名。這說明至少在西漢，甚至更早，'如意'就已是個有吉祥含義並可作人名的好詞。"⑤

從後來如意的形象、用途、發展來看，如意的真正源頭應該是中國固有的"爪杖"。那些認爲如意來源於古代的兵器、玄之又玄的寶物的說法是禁不起推敲的。關於這一點黃丹丹在《試論如意的起源》一文中有詳細的論述，這裏不再贅述。⑥ 那麼中國古代到底有沒有自己創造的"爪杖"之類的器物呢？答案是肯定的。下面從考古發現和實物資料來說明如意的起源。

如意作爲器物較早見於文獻記載的可能是東晉王嘉撰的《拾遺記》，

① 根據中華書局 1936 年版復印. 清朝野史大觀［M］. 上海：上海書店出版社，1981：54.
② ［東漢］許慎撰，［宋］徐鉉校定. 說文解字（附檢字）［M］. 北京：中華書局（影印本），1963：262，217.
③ ［東漢］班固撰，［唐］顏師古注. 漢書［M］. 北京：中華書局，1962：3164.
④ 白化文. 試釋如意［J］. 中國文化，1996（1）：84.
⑤ 劉岳. 身世紛紜話如意［J］. 紫禁城，2004（1）：6.
⑥ 黃丹丹. 試論如意的起源［J］. 神州風俗，2008（10）.

其中卷八有兩條關於如意的記錄。一條是關於孫權及其夫人的：“吳主潘夫人，父坐法，夫人輸入織室。容態少儔，爲江東絶色。同幽者百餘人，謂夫人爲神女，敬而遠之。有司聞於吳主，使圖其容貌。夫人尤戚不食，减瘦改形。工人寫其真狀以進，吳主見而喜悦，以琥珀如意撫按卽折，嗟曰：‘此神女也，愁貌尚能惑人，况在歡樂？’”另一條是關於孫權兒子孫和及夫人的：“孫和悦鄧夫人，常置膝上。和於月下舞水晶如意，誤傷夫人頰，血流污袴，嬌妊彌苦。自舐其瘡，命太醫合藥。”①從這兩條記錄來看，三國吳時已有“琥珀如意”和“水晶如意”，一個用來“撫按”，一個用作舞具，不過都是帝王將相的用物，至於有没有其他的用途，不得而知。但据考古發現，如意的源頭遠不止於此。

1977 年，山東曲阜魯國故城東周墓 58 號墓葬曾出土一件與文獻所載如意形製極爲相似的牙雕手形殘器（如圖 18-1 所示）。該器一端爲寫實的手掌，有清晰的五指形狀，指尖併攏彎曲，下連圓柱形長柄，與習見搔背用的爪杖極爲相似，應爲我國最早的同類實物遺存。發掘者將之定爲“孝順”，俗稱抓撓，考古學家將其定名爲“牙雕如意把”，認定爲一種撓癢工具。②

2001 年殷墟花園莊村東 M54 出土了一件銅質手形器（如圖 18-2所示）。該手形器有頭有柄，造型逼真，爲右手形象，比一般成人手略小，呈半握狀，五指比例適中，指關節清晰形象，指尖圓滑。手背裝飾有殷商時期常見的饕餮紋圖案，花紋精美，但僅有一半獸面。柄部截面呈橢圓形，柄腔内殘留有已炭化的木柄，長 4～5 厘米。該器出土於墓主人的小腿處，手内放置兩個骨質錐形器。③ 有的學者認爲出土的這件銅質手形器既不是所謂的抓撓的工具、撈取食物的笊籬、用於戰爭的兵器，也不是祭祀的禮器，最後得出結論：“極有可能是迄今發現的最早的假手。”④ 不管它是什麼，這件手形器的出土給了我們一個啓示：爪

---

① ［東晉］王嘉撰，［梁］蕭綺録，齊治平校注. 拾遺記［M］. 北京：中華書局，1981：181，189.

② 參看徐廣德，何毓靈. 新世紀殷墟考古的重大發現——記安陽殷墟花園莊村東 54 號墓的發掘［J］. 尋根，2001（4）：71. 黄丹丹. 試論如意的起源［J］. 神州風俗，2008（10）.

③ 參看徐廣德，何毓靈. 新世紀殷墟考古的重大發現——記安陽殷墟花園莊村東 54 號墓的發掘［J］. 尋根，2001（4）：69，71. 何艷傑. 殷墟銅“手形器”試釋［J］. 文物春秋，2003（2）：42.

④ 參看何艷傑. 殷墟銅“手形器”試釋［J］. 文物春秋，2003（2）：42-43，53.

杖本爲中國固有，且出現時間不會晚於周代，並不是什麼舶來品。① 這一點毋庸置疑。

圖 18-1　周代牙雕手形殘器

圖 18-2　商代銅質手形器

## （二）如意的種類

從《拾遺記》以及後來的《酉陽雜俎》《事物紀原》記載的材料來看，如意作爲一種器物最早可以追溯到三國時期，有"琥珀如意"和"水晶如意"兩種，兩晉南北朝時期非常走俏。

《世說新語》是南朝宋劉義慶撰寫的一部主要記述魏晉人物言談軼事的筆記小說。如意多次出現在書中文人士子的談話、動作中，描寫了魏晉名士的風流倜儻、悠然自得及日常生活狀態。如《世說新語·汰侈》記述石崇與王愷鬥富，"窮綺麗，以飾輿服"，王愷不敢示弱，以武帝賜送的高二尺許的珊瑚樹顯富，結果"崇視訖，以鐵如意擊之，應手而碎。愷既惋惜，又以爲疾己之寶，聲色甚厲。崇曰：'不足恨，今還卿。'乃命左右悉取珊瑚樹，有三尺、四尺，條干絕世，光彩溢目者六七枚，如愷許比甚衆。愷惘然自失。"② 《世說新語·豪爽》載王敦"每酒後，輒詠'老驥伏櫪，志在千里。烈士暮年，壯心不已'。以如意打唾壺，壺口盡缺"③，言辭和動作盡顯"問鼎之心"。《世說新語·排調》："庾徵西大舉征胡，既成行，止鎮襄陽。殷豫章與書，送一折角如意以調之。庾答書曰：'得所致，雖是敗物，猶欲理而用之。'"④ 此處

---

① 參看劉岳. 身世紛紜話如意 [J]. 紫禁城，2004（1）：6.
② [南朝] 宋劉義慶撰，徐震堮著. 世說新語（下冊）[M]. 北京：中華書局，1984：471—472.
③ [南朝宋] 劉義慶撰，徐震堮著. 世說新語（上冊）[M]. 北京：中華書局，1984：326.
④ [南朝宋] 劉義慶撰，徐震堮著. 世說新語（下冊）[M]. 北京：中華書局，1984：428.

庾徵雖把"折角如意"看成"敗物",但亦"用之"。《世説新語·簡傲》記述謝萬北征之事,云:"因召集諸將,都無所説,直以如意指四坐云:'諸君皆是勁卒。'諸將甚忿恨之。"① 此處"如意"用來"召集眾將",具有指揮棒的作用,同時也顯示了使用者的身份和地位。《世説新語·豪爽》云:"陳林道在西岸,都下諸人共要至牛渚會。陳理既佳,人欲共言折。陳以如意拄頰,望雞籠山嘆曰:'孫伯符(指孫策)志業不遂!'於是竟坐不得談。"② "以如意拄頰",這裏的"如意"顯然被作爲一種助談的工具。

這個時期不僅有文獻記載,也有如意圖像。如南朝人所繪《斫琴圖》中侍從手持橢圓形直柄如意;1959 年南京江寧西善橋、1968 年江蘇丹陽胡橋吳家村和丹陽建山金家村共出土了三套南朝墓室《竹林七賢與榮啓期》的模印畫像磚,都有王戎手執直柄頭向下彎曲的如意形象。南京西善橋磚印壁畫中的王戎倚几側臥,所持如意的動作極爲灑脱:左臂支撐在案几上,右手翹起兩指挑起一柄如意,仰視前方,旁若無人,一幅灑脱之貌,栩栩如生地刻畫出一個位至三公的士大夫形象(如圖 18-3 所示)。③ 恰如王戎評價王衍的話:"神姿高徹,如瑶林瓊樹,自然是風塵外物。"④

圖 18-3　南京西善橋南朝墓磚畫中耍弄如意的王戎

---

① [南朝宋]劉義慶撰,徐震堮著. 世説新語(下册)[M]. 北京:中華書局,1984:415.

② [南朝宋]劉義慶撰,徐震堮著. 世説新語(上册)[M]. 北京:中華書局,1984:330.

③ 參看胡俊. (南朝)畫像磚《竹林七賢與榮啓期》何以無竹[J]. 南京藝術學院學報,2007 (3):129. 張淑芝. 清朝寓意吉祥之物——如意[J]. 滿族研究,1996(2):73-74. 白化文. 試釋如意[J]. 中國文化,1996(1):87.

④ [南朝宋]劉義慶撰,徐震堮著. 世説新語(上册)[M]. 北京:中華書局,1984:233.

不但如此，各種材質的如意在史書中也多次出現，如：

《北史·世宗宣武帝本紀》載："初，孝文欲觀諸子志尚，大陳寶物，任其所取。京兆王愉等皆競取珍玩，帝唯取骨如意而已。孝文大奇之。"① 《北史·廣陵王羽傳》載："帝友愛諸弟，及將別，不忍早分，詔羽從至雁門。及令羽歸，望其稱效，故賜如意以表心。"② 《北史·唐永傳》記載唐永有將帥之才，"善馭下，士人競爲之用。臨陣常着帛展襦，把角如意以指麾處分，辭色自若"③。《梁書·席闡文傳》載："高祖之將起義也，闡文深勸之，穎胄同焉，仍遣田祖恭私報高祖，並獻銀裝刀，高祖報以金如意。"④ 《南齊書·明僧紹傳》載："慶符罷任，僧紹隨歸，住江乘攝山。太祖謂慶符曰：'卿兄高尚其事，亦堯之外臣。朕雖不相接，有時通夢。'遺僧紹竹根如意，筍籜冠。"⑤ 《南史·韋叡傳》載："明旦，元英自率眾來戰，叡乘素木輿，執白角如意以麾軍，一日數合，英甚憚其強。"⑥ 《南史·殷鈞傳》載："自宋、齊以來，公主多驕淫無行，永興主加以險虐。鈞形貌短小，爲主所憎，每被召入，先滿壁爲殷睿字，鈞輒流涕以出，主命婢束而反之。鈞不勝怒而言於帝，帝以犀如意擊主碎於背，然猶恨鈞。"⑦ 《南史·梁本紀下》記簡文帝"手執玉如意，不相分辨"⑧。

從以上文獻可以看出，如意材質多樣，有金如意、鐵如意、玉如意、骨如意、犀如意、角如意、竹根如意等，其用途爲贈送、擊打、指揮、清談等。

隋唐以後，如意依舊流行。《北史·隱逸》記述隋人張文詡嘗閑居無事，"以如意擊几自樂，皆有處所，時人方之閔子騫、原憲焉。終於家，鄉人爲立碑頌，號曰張先生"⑨。《明皇雜錄補遺》云："明皇用葉法善術，上元夜，自上陽宮往西涼州觀燈，以鐵如意質酒而還，遣使取

---

① ［唐］李延壽. 北史［M］. 北京：中華書局，1974：143.
② ［唐］李延壽. 北史［M］. 北京：中華書局，1974：697.
③ 參看［唐］李延壽. 北史［M］. 北京：中華書局，1974：2354.
④ ［唐］姚思廉. 梁書［M］. 北京：中華書局，1973：219.
⑤ ［梁］蕭子顯. 南齊書［M］. 北京：中華書局，1972：927－928.
⑥ ［唐］李延壽. 南史［M］. 北京：中華書局，1975：1428.
⑦ ［唐］李延壽. 南史［M］. 北京：中華書局，1975：1489.
⑧ ［唐］李延壽. 南史［M］. 北京：中華書局，1975：232.
⑨ ［唐］李延壽. 北史［M］. 北京：中華書局，1974：2917.

之，不誣。"① 《東觀奏記》附錄三唐宣宗遺聞軼事彙編載："宣宗在藩邸，常爲諸王所法。一日不豫，鄭太后奏上苦心疾。文宗召見，熟視上貌，以玉如意撫背曰：'我家他日英主，豈疾乎？'卽賜玉馬、金帶。"②《雲仙雜記》"犀如意"條曰："虞世南以犀如意爬癢。久之嘆曰：'妨吾聲律半工夫。'"③《宋史》載五代十國後蜀大臣不可一世的王昭遠"酒酣，攘臂曰：'是行也，非止克敵，當領此二三萬雕面惡少兒，取中原如反掌耳。'及行，執鐵如意指麾軍事，自方諸葛亮"④。《酉陽雜俎續集·寺塔記下》記載："先，寺奴朝來者，常續明塗地，數十年不懈。李某爲尹時，有賊引朝來，吏將收捕，奴不勝其冤，乃上鐘樓，遙啓僧伽而碎身焉。恍惚間，見異僧以如意擊曰：'無苦，自將治也。'奴覺，奴跳下數尺地，一毛不損。囚聞之，悔懊自服，奴竟無事。"⑤

如意的使用在明清時期達到了鼎盛，不僅寓意豐富，而且花樣繁多。尤其是有清一代，每逢帝王登基、帝后壽辰、喜慶佳節，王公大臣都要進獻各種各樣的如意以表心意。如乾隆帝六十歲壽辰，大臣們集資進獻了六十柄金如意，慈禧太后六十大壽，光緒帝恭奉了一套九柄如意，有人一次就進獻了九九八十一柄如意，據統計，這次共收到一千多柄如意，是數量最多的壽禮。另外，如意也是權利和財富的象徵，據統計，和珅被抄家時，查出如意共四千多柄，其中三鑲嵌玉如意和嵌玉九如意有三千五百餘柄。由於明清兩代的材料較多，具體論述可參見劉岳《身世紛紜話如意》和張淑芝《清朝寓意吉祥之物——如意》等文章，此處不贅。

## (三) 如意的形製、功能與地位

白化文在《試釋如意》一文中總結了如意的七個具體用途。其一，起指點、指揮作用，有點像當代的指揮棒或教鞭。其二，用來擊節嘆賞。其三，直接用來打擊。其四，用於軍事指揮。其五，贈與時帶有暗

① ［唐］鄭處海. 明皇雜錄 ［M］. 北京：中華書局，1994：59.
② ［唐］裴庭裕. 東觀奏記 ［M］. 北京：中華書局，1994：167.
③ ［唐］馮贄. 雲仙雜記 ［M］. 北京：中華書局，1985：21.
④ ［元］脫脫等. 宋史 ［M］. 北京：中華書局，1977：13886.
⑤ ［唐］段成式. 酉陽雜俎續集 ［M］. 濟南：齊魯書社，2007：191.

示性雙關意義。其六，可以質酒，卽作爲抵押品。其七，撓癢癢。並説從三國到五代，如意的形製只有手爪形一種，但它通行於上層社會，每每被製造成華麗貴重的形態。上層人物執持它，可以顯示身份。① 不過我們發現如意在南北朝、唐代似乎還可以作爲儀仗之用，如龍門石窟北魏正光六年（525）"帝后禮佛圖"中侍女所抱之如意，以及初唐永泰公主墓壁畫中仕女手中所持一長柄如意（如圖 18－4 所示），都是作爲儀仗來用的。②《新唐書·禮樂志》載唐玄宗視學，"設大次於學堂後，皇太子次於大次東。……執如意立於侍講之東，北向。……皇太子位於東階東南，執經於西階西南，文、武三品以上分位於南，執如意者一人在執經者後，學生位於文、武後"。又："皇帝乘馬，祭酒帥監官、學生迎於道左。皇帝入次，執經、侍講、執如意者與文武、學生皆就位堂下。皇太子立於學堂門外，西向。侍中奏'外辦'。皇帝升北階，卽坐。皇太子乃入就位，在位皆再拜。侍中敕皇太子、王公升，皆再拜，乃坐。執讀、執經釋義。執如意者以授侍講，秉詣論義坐，問所疑，退，以如意授執者，還坐，乃皆降。若賜會，則侍中宣制，皇帝返次。群官既會，皇帝還，監官、學生辭於道左。"③

　　如意還是道觀和佛教的法器或法具之一。道教認爲如意的造型有三點：首尾兩點作靈芝形或雲形，中央一點作圓形，取三位一體之内涵，卽一心尊三寶也。道觀中有手持如意的天尊像，也有法師代天説法時手持如意的。大概從唐代起，菩薩也開始手持如意。④ 榆林石窟 25 窟中唐《文殊變》和敦煌莫高窟 220 窟五代《文殊變》壁畫中菩薩所持如意卽是（如圖 18－5、18－6 所示）。⑤

---

① 參看白化文. 試釋如意 [J]. 中國文化, 1996 (1)：87－89.

② 參看張淑芝. 清朝寓意吉祥之物——如意 [J]. 滿族研究, 1996 (2)：74. 金洞庭, 吳祝元. 如意小考 [J]. 裝飾, 2009 (8)：112－113.

③ [北宋] 歐陽修, 宋祁. 新唐書 [M]. 北京：中華書局, 1975：355－356.

④ 參看馬雯. 論 "如意" 的起源、特點及其作用 [J]. 南陽師範學院學報（社會科學版）, 2006 (2)：103.

⑤ 圖片來自金洞庭, 吳祝元. 如意小考 [J]. 裝飾, 2009 (8)：112. 劉岳. 身世紛紜話如意 [J]. 紫禁城, 2004 (1)：12.

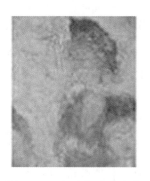  

圖 18-4　初唐永泰公主墓　　　圖 18-5　中唐《文殊變》　　圖 18-6　五代《文殊變》
　　　　壁畫侍女所持如意　　　　　　　壁畫　　　　　　　　　壁畫

　　如意源於中國的爪杖，所以魏晉以前的形製比較簡單，主要是直柄，首端爲爪形，以實用功能爲主。魏晉南北朝時期的如意除保留以前的形製外，也出現了以柄首呈屈曲手掌式、柄身呈長弧形的如意，但功能已經發生了較大的改變，成爲身份、地位的象徵和清談名士的標志物之一，並有不同的規格，搔癢功能反而退居其次，不過最多的還是作爲帝王貴族相互饋贈的禮物和輔助清談的工具。

　　發展到唐代，如意出現了新樣式：柄身扁平，頂部彎折處演變爲頸部，柄首呈三瓣卷雲式，與手掌形大不同，實用功能逐步喪失。這種柄首前移，頸部彎折，柄首、柄身相互獨立的形製開創了後世如意的格局。法門寺地宮出土的鎏金銀如意（如圖 18-7 所示），《歷代帝王圖》中陳宣帝、陳文帝所持如意都是這種類型（如圖 18-8、18-9 所示）。①但是如意的原始功能還沒徹底喪失，如虞世南以"犀如意爬癢"。

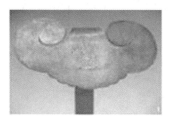  

圖 18-7　法門寺地宮出土的　　　圖 18-8　陳宣帝所持如意　　圖 18-9　陳文帝所持
　　　　鎏金銀如意　　　　　　　　　　　　　　　　　　　　　　　如意

---

　　①　圖片來自金洞庭，吳祝元. 如意小考［J］. 裝飾，2009（8）：112. 劉岳. 身世紛紜話如意［J］. 紫禁城，2004（1）：5，7.

　　晚唐以後，經過世家大族的瓦解和五代十國的戰亂，至宋代，如意
彰顯身份和地位的功能日漸衰退，發展受到了影響，基本上成了只有吉
祥寓意而無實用價值的一種藝術品。宋代如意材質精良，造型優美，柄
身曲綫更加優雅柔和，柄首從手形變爲靈芝、卷雲、心字、團花等形
狀。宋人所繪的《果老仙蹤圖》中，一位老壽星拄杖而坐，一侍女手拿
一如意，周圍都是白鶴、蟠桃、翠葉、紫芝等，可見此時的如意已和福
壽聯繫在一起，成爲一種祥瑞美好的象徵。與此同時，宋代的文人也對
如意有了新的看法，他們將如意與古琴、爵、壺等青銅器擺在一起，作
爲博古器玩陳設在文房案頭。明清兩代，如意發展到鼎盛時期，因其珍
貴的材質和精巧的工藝而廣爲流行，以雲頭、靈芝造型爲主、無柄的如
意更是被賦予了吉祥的含義，成爲承載祈福禳安等美好願望的貴重禮
品。如意常被臣子們進獻給皇室祝賀壽辰，皇族也拿如意賞賜王公大
臣，如意漸漸成了上層人物權力和財富的象徵。而在明末，如意更因其
特有的雅致，成爲崇尚古風的文人墨客的文房玩賞物件。至清代，如意
的長度變短，主體呈流綫型，柄微曲，材質多樣，製作講究，裝飾精
致，基本上用來進獻、擺設、玩弄等（如圖 18－10 至 18－16 所示①）。
至此，如意完成了從實用品到陳設品再到欣賞品的轉變，成了一種符號
的化身——吉祥如意的象徵。晚清以後，由於社會的變動，如意逐漸走
向衰落。但到現在爲止，如意還是人們用來表達美好願望的吉祥
詞語。②

---

　　① 圖片來自楊捷. 金屬如意 [J]. 紫禁城，2004（1）：21－22. 蔡毅. 瓷如意 [J]. 紫禁城，
2004（1）：31. 劉岳. 身世紛紜話如意 [J]. 紫禁城，2004（1）：6，7，9，10.
　　② 參看蘇岩，宋慶元. 清代九柄如意的來歷及其用途考略 [J]. 中原文物，1987（2）：181. 參
看金洞庭，吳祝元. 如意小考 [J]. 裝飾，2009（8）：112－113.

圖 18-10　金屬如意　　圖 18-11　金雙喜小如意　　圖 18-12　乾隆福壽瓷如意

圖 18-13　青玉鑲嵌荷鳥如意　　圖 18-14　鶴頂紅如意　　圖 18-15　銅鍍金百寶
嵌三鑲如意

圖 18-16　紫檀嵌玉五鑲如意

　　"如意"的歷史源遠流長，從一種物發展到一種符號，是崇高、美好、理想的化身，更代表了人們祈求平安、健康、吉祥的心願，形成了中國的"如意文化"。

## 十九、雄黃

(1) 嚼在一邊，又取雄黃及二尺白練絹，畫道符吹向空中，化爲一大將軍，身穿金甲，陣兜鍪，身長一丈，腰闊數圍。（頁 334）

雄黃屬硫化物類礦物葯，爲單斜晶係，主要產於湖南、湖北、甘肅、四川、貴州、雲南等地。純品雄黃是暗紅色的晶體，主要成分爲 $A\text{-}As_4S_4$（包括 $A\text{-}As_4S_4$ 和 $B\text{-}As_4S_4$）（如圖 19－1 所示）。[①] 暗紅色雄黃晶體經光化、氧化後變成黃色粉末，原因是產生了新的物質：$B\text{-}As_4S_4$、$As_4S_5$、擬雄黃和 $As_2O_3$（如圖 19－2 所示），其中 $A\text{-}As_4S_4$ 藥效最好，$B\text{-}As_4S_4$ 和燒黃 $As_8S_9$ 次之，$As_2O_3$ 有劇毒。[②]

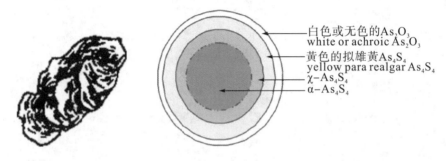

白色或无色的$As_2O_3$
white or achroic $As_2O_3$
黃色的擬雄黃$As_4S_4$
yellow para realgar $As_4S_4$
$\chi\text{-}As_4S_4$
$\alpha\text{-}As_4S_4$

圖 19－1　雄黃　　　圖 19－2　雄黃光化、氧化反應產物示意圖

雄黃一詞始見於春秋戰國時期的文獻。《黃帝內經素問·脉要精微論》描繪五色之一的黃色時說：“黃欲如罗裹雄黃，不欲如黃土。”[③]《山海經》中記載了雄黃的許多產地，如卷二《西山經》中“又西百五十裏高山，其上多銀，其下多青碧、雄黃，其木多椶，其草多竹”；卷三《北山經》中譙明山“是山也，無草木，多青雄黃”；卷五《中山經》中葌山“其上多金、玉，其下多青雄黃”。[④] 關於雄黃的命名理据，《神

---

① 參看祝世峰. 漫畫神農本草經（第 2 卷）［M］. 北京：農村讀物出版社，2003：100. 關君等. 雄黃主要成分的考證［J］. 北京中醫藥大學學報，2010（9）：624－625.
② 參看關君等. 雄黃主要成分的考證［J］. 北京中醫藥大學學報，2010（9）：625.
③ 參看任廷革. 黃帝內經素問（新校版）［M］. 北京：人民軍醫出版社，2005：42.
④ 參看袁珂. 山海經校注（增補修訂本）［M］. 成都：巴蜀書社，1992：40，83，149.

農本草經》說："……生山之陽，故曰雄；是丹之雄，所以名雄黃也。"① 《太平御覽》卷九八八"雄黃"條下引三國魏吳普《本草》曰："雄黃，生山之陽，故曰雄是丹之雄，所以名雄黃也。"② 李時珍引南朝齊梁陶弘景《名醫別錄》曰雄黃"生武都山谷、敦煌山之陽，采無時"③。可見雄黃與山是分不開的，而且生長在山的陽處，稟受陽氣，故其應用遠甚於與其同山生長的雌黃，至今仍是如此。繆希雍《神農本草經》疏曰："蓋以陽明虛則邪惡易侵，陰氣勝則精鬼易憑，得陽氣之正者，能破幽暗，所以殺一切鬼邪，勝五兵也。雄黃稟純陽之氣，所以善殺百蟲蛇虺毒，及解蔡蘆毒也。"④ 這可能也是醫藥多用雄黃而雌黃多爲顏料的原因。

雄黃的作用和主要功能如下。

## （一）藥物原料

雄黃是一種含砷成分的藥物，係無機砷的一種，是常用中藥材的原料之一，約 5% 的中成藥中含有雄黃。⑤ 長沙馬王堆漢墓出土的帛書《五十二病方》（年代約爲公元前 3 世紀末）中就有雄黃作爲藥餌的記載："乾騒（瘙）方：以雄黃二兩，水銀兩少半，头脂一升，□［雄］黃靡（磨）水銀手□□□□□□雄黃，孰挠之。先孰洒騒（瘙）以汤，潰其灌，抚以布，令□□而傅之，一夜一／。"⑥ 《周禮》卷五《天官冢宰下·瘍醫》："凡療瘍，以五毒攻之。"鄭玄注："止病曰療。攻，治也。五毒，五藥之有毒者。今醫方有五毒之藥，作之，合黃堥，置石膽、丹砂、雄黃、礜石、磁石其中，燒之三日三夜，其煙上著，以雞羽

---

① ［三國魏］吳普等述；［清］孫星衍，孫馮翼輯. 神農本草經（及其他一種）［M］. 北京：中華書局，1985：59.

② 參看［北宋］李昉等. 太平御覽（卷 988·藥部）［M］. 张元济等. 四部叢刊本（三編子部）［Z］. 上海：上海書店出版社，1985.

③ 柳長華. 李時珍醫學全書［M］. 北京：中國中醫藥出版社，1999：327.

④ ［明］繆希雍著，鄭金生校注. 神農本草經疏［M］. 北京：中醫古籍出版社，2002：155.

⑤ 參看張明發，李淑君. 雄黃和含雄黃中成藥再認識［J］. 中國執業藥師，2008（2）：26.

⑥ 參看馬王堆漢墓帛書整理小組. 馬王堆漢墓帛書·五十二病方［M］. 北京：文物出版社，1979：120.

掃取之。以注創，惡肉破，骨則盡出。"①《神農本草經》卷三把雄黄列爲中品，説它"味苦，平。主寒熱鼠瘻、惡瘡、疽、痔死肌；殺精物惡鬼邪氣；百蟲毒；勝五兵。"② 可見我國漢代以前對雄黄可以入藥就有了相當深刻的認識。漢代以後的本草多次提到雄黄，且都有較爲詳細的記述。明代李時珍《本草綱目》把雄黄列爲金石部。作爲藥物，雄黄既可以外用也可内服：外用主要研末撒、調敷或燒煙熏等，内服多入丸用，如中成藥六神丸、安宮牛黄丸、至寶丹等的處方中都有雄黄，古代辟疫方中也多含雄黄，如諸葛亮行軍散、人馬平安散、紫金錠等。傳統醫學認爲雄黄具有解毒、燥濕、祛風、祛痰、截虐等作用。現代醫學研究證明，雄黄還具有抗腫瘤作用。大量臨牀實踐和基礎研究表明，含雄黄復方常外用治療病毒性皮膚感染、乳痈、尖鋭濕疣、銀屑病、流行性腮腺炎等。含雄黄的復方製劑或單方用於治療惡性淋巴系統疾病、血液系統疾病等，尤其是在白血病治療方面療效顯著。③ 另外，一項試驗研究表明，雄黄"有可能用於膠質瘤的臨牀治療"④。隨着科學技術的飛速發展，納米技術逐漸應用於醫學領域，納米雄黄顆粒能有效殺傷癌細胞，其效果明顯比傳統藥劑型的雄黄顯著。我們相信，雄黄必將在今後的臨牀應用過程中發揮更大的作用。⑤

（二）冶煉原料

1. 雄黄在煉丹術中的應用

據文獻記載，煉丹術大約出現在西漢初期，到清代雍正逝世爲止，

① ［漢］鄭玄注，［唐］賈公彥疏，彭林整理. 周禮注疏［M］. 上海：上海古籍出版社，2010：158.
② ［清］顧觀光輯，楊鵬舉校注. 神農本草經校注［M］. 北京：學苑出版社，1998：109.
③ 參看林海等. 雄黄抗癌作用的研究進展［J］. 中國使用醫藥，2007（13）：1. 劉嶸，濮德敏. 雄黄的研究進展［J］. 時珍國醫國藥，2007（4）：983.
④ 參看龐琦等. 雄黄治療膠質瘤的初步試驗研究［J］. 山東大學學報（醫學版），2006（4）：376.
⑤ 參看林海等. 雄黄抗癌作用的研究進展［J］. 中國使用醫藥，2007（13）：3. 劉嶸，濮德敏. 雄黄的研究進展［J］. 時珍國醫國藥，2007（4）：983.

可謂歷史悠久。煉丹術經過秦始皇令方士"求不死之藥""欲煉以求奇藥"①，尤其是漢武帝的提倡和熱衷而盛行一時。《神農本草經》説雄黃"練食之，輕身神仙"②。《論衡》載："然而道人消爍五石，作五色之玉，比之真玉，光不殊別。"③ 所謂五石，一説"五石者，丹沙、雄黃、白礬、曾青、慈石也"，一説"五石者，雄黃、丹砂、雌黃、礬石、曾青也"。由上可以看出，不管是煉丹還是"五毒方"，雄黃始終是居其一的，雄黃的重要性由此可見一斑。煉丹術發展到唐代，進入鼎盛。上至皇帝，如晚年的太宗曾服長生藥、高宗篤信長生有術、玄宗也對金丹仙藥深信不疑，達觀顯貴如太子太保杜伏威、左金吾將軍李道古、太學博士李千等也服用所謂的仙藥；下至文人方士，如盧照鄰、白居易等要麽服用要麽試驗煉丹等，上上下下無不對服食成仙如痴如醉。宋代諸帝吸取有唐一代的皇帝服用丹藥中毒的教訓，對燒丹煉藥已不感興趣。金丹長生説日漸式微，甚至受到了強烈的批判，元代更是没落，至清代煉丹術終於結束了其1000多年的歷史。④

關於雄黃可以製作仙藥和煉丹服用，葛洪《抱樸子內篇》第十一卷"仙藥篇"有多處詳細的記述："神農四經曰，上藥令人身安命延，昇爲天神，遨遊上下，使役萬靈，體生毛羽，行廚立至。又曰：五芝及餌丹砂、玉札、曾青、雄黃、雌黃、雲母、太乙禹餘糧，各可單服之，皆令人飛行長生。""僊藥之上者丹砂，次則黃金，次則白銀，次則諸芝，次則五玉，次則雲母，次則明珠，次則雄黃（共列舉了25個，雄黃排在第8位）……"不僅如此，他還對用作仙藥的雄黃有明確的要求，煉丹中處理雄黃的種種方法説得也是相當清楚。"雄黃當得武都山所出者，純而無雜，其赤如鷄冠，光明曄曄者，乃可用耳。其但純黃似雄黃色，無赤光者，不任以作仙藥，可以閤理病藥耳。餌服之法，或以蒸煮之，或以酒餌，或先以硝石化爲水乃凝之，或以玄胴腸裏蒸之於赤土下，或以松脂和之，或以三物煉之，引之如布，白如冰。服之皆令人長生，百

① 參看［西漢］司馬遷撰，［南朝宋］裴駰集解，［唐］司馬貞索引，［唐］張守節正義. 史記［M］. 北京：中華書局，1959：257-258.

② 參看［清］顧觀光. 楊鵬舉校注. 神農本草經校注［M］. 北京：學苑出版社，1998：109.

③ ［東漢］王充著，陳蒲清點校. 論衡［M］. 長沙：嶽麓書社，1991：26.

④ 參看周嘉華，趙匡華. 中國古代化學史古代卷［M］. 南寧：廣西教育出版社，2003：411-455.

病除，三尸下，瘢痕滅，白髮黑，墮齒生，驅日則玉女來侍，可得役使，以致行廚。"① 《南史·陶弘景列传》載陶弘景尤明"阴阳五行""医术本草"，說"弘景既得神符秘訣，以爲神丹可成，而苦無藥物。帝（武帝）給黃金、朱砂、曾青、雄黃等。後閣飛丹，色如霜雪，服之體輕。及帝服飛丹有驗，益敬重之。"②

其實，雄黃煅燒後經過氧化分解爲三氧化二砷（$As_2O_3$），卽砒霜，有劇毒，本草裏說"煉食之，輕身神仙"，可見是沒有科學道理的。③由此可以看出，歷來的煉丹術和方士們所謂的仙方也是經不起實踐和時間的檢驗的。不過煉丹不成，卻也爲我國的化學事業做出了一點貢獻，也算是一種無心插柳柳成蔭的行爲吧。

2. 雄黃在煉金術中的應用

我國砷銅合金的試煉約始於西漢初年，西漢淮南王劉安《淮南子》、東漢方士狐剛子《五金粉圖訣》都曾提到用雄黃得銅可作金的事情。《抱樸子內篇》第十六卷"黃白篇"中記述了製造砷銅合金的簡約易行的方法："當先取武都雄黃，丹色如鷄冠，而光明無夾石者，多少任意，不可令減五斤也。搗之如粉，以牛膽和之，煮之令燥。以赤土釜容一鬥者，先以戎鹽、石膽末薦釜中，令厚三分，乃内雄黃末，令厚五分，復加戎鹽於上。如此，相似至盡。又加碎炭火如棗核者，令厚二寸。以蚓螻土及戎鹽爲泥，泥釜外，以一釜覆之，皆泥令厚三寸，勿泄。陰乾一月，乃以馬糞火熅之，三日三夜，寒，發出，鼓下其銅，銅流如冶銅鐵也。乃令鑄此銅以爲筒，筒成以盛丹砂水。又以馬屎火熅之，三十日發爐，鼓之得其金，卽以爲筒，又以盛丹砂水。又以馬屎通火熅三十日，發取搗治之，取其二分，生丹砂一分並汞，汞者，水銀也，立凝成黃金矣。光明美色，可中釘也。"④ 砷銅合金呈金色還是銀色，是由砷的含量決定的，當砷含量較少時呈金黃色（卽所謂的雄黃金），達到或超過

① ［東晉］葛洪著，吳敏霞譯. 白話抱樸子內篇［M］. 西安：三秦出版社，1998：234，235，257.

② 參看［唐］李延壽. 南史［M］. 北京：中華書局，1975：1898，1899.

③ 參看祝世峰. 漫畫神農本草經（第2卷）［M］. 北京：農村讀物出版社，2003：103.

④ ［東晉］葛洪著，吳敏霞譯. 白話抱樸子內篇［M］. 西安：三秦出版社，1998：400.

10％時則呈銀白色（即所謂的雄黄銀）。[1]

《抱樸子內篇》"黄白篇"中講到成都內史官吳大文自述昔日道士李根用錫鉛煉銀的事情，"煎鉛錫，以少許藥如大豆者投鼎中，以鐵匙攪之，冷即成銀"[2]。可見西晉時已有人研發用錫鉛化爲"銀"的方法。唐代孫思邈《太清丹經要訣》有《伏雄雌二黄用錫法》，具體方法如下：需雄黄十兩，研成末狀，錫三兩，把二者在鐺中合熔。然後"出之入皮袋中，揉使碎。入甘堝中火之。其甘堝中安藥了，以蓋合之密固，入風爐吹之，令堝同火色。寒之，開其色如金，堪入伏火用之，佳也"[3]。從結果來看，得到的是一種含砷較多的金黄色砷錫合金。

（三）其他用途

1. 製作染料

《周禮·考工記》曾講到先秦繪畫與刺繡中的"畫繢之事"，要用"青赤白黑黄"五彩顏料來"畫繢"[4]。1975年陝西寶雞茹家莊西周墓出土的絲織物上的黄色紋痕，表明就是以石黄即雄黄着色的。[5]四川新都馬家鄉戰國棹板上的橙色顏料、莫高窟西夏310洞窟、拉薩布達拉宮壁畫等，經有關專家鑑定都使用了雄黄爲顏料。[6]敦煌壁畫中的一些肉色顏料和紅色顏料，經檢驗分析也使用了雄黄，如喀喇庫圖帶有菩薩形象的壁畫碎片中的肉色顏料是雄黄與雌黄的混合物，二者比例大致相等，"而光圈中的顏料幾乎是純雄黄的"，塑像基底及裝飾品上有兩層明顯的紅色顏料，外部是硫化汞，下面一薄層砷的混合硫化物是雄黄和雌黄；另外，敦煌陶土跪姿菩薩像下部所塗的薄薄的紅丹"可能與喀喇庫圖一

① 參看王奎克等. 砷的歷史在中國 [J]. 自然科學史研究，1982（2）：124.

② 參看 [東晉] 葛洪著，吳敏霞譯. 白話抱樸子內篇 [M]. 西安：三秦出版社，1998：387.

③ 參看 [唐] 孫思邈. 太清丹經要訣 [M]. [北宋] 張君房纂輯，蔣力生等校注. 雲笈七籤 [Z]. 北京：華夏出版社，1996：437-438.

④ 參看 [漢] 鄭玄注，[唐] 賈公彥疏，彭林整理. 周禮注疏 [M]. 上海：上海古籍出版社，2010：1605.

⑤ 參看李也貞，盧連成，趙承澤等. 有關西周絲織和刺繡的重要發現 [J]. 文物，1976（4）：63.

⑥ 參看李鐘模. 中國雄黄應用簡史 [J]. 化工之友，2001（3）：47.

號彩塑碎片圖像上的淺紅肉色並没有多大差别”，或“變化很小”。①

## 2. 製造火藥

火藥是中國古代的四大發明之一，約出現於 9 世紀末或 10 世紀初，我國原始火藥的基本組成是硝石、硫磺（雄黄、雌黄）和木炭（如圖 19－3、19－4 所示）。雄黄是火藥的主要原料之一當毋庸置疑。火藥的發明和製造與煉丹術、煉金術密切相關。② 托名爲鄭思遠的煉丹書《真元妙道要略》中記載一次爆炸燒傷事件時説：“有以硫磺、雄黄合銷石並密燒之焰起，燒手面及燬屋舍者。”③

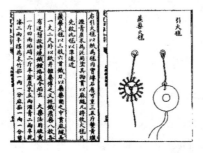 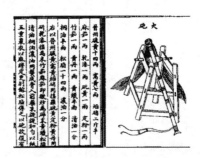

圖 19－3　《武經總要》所載蒺藜及　　圖 19－4　《武經總要》所載火炮及
　　　　　　火球火藥法　　　　　　　　　　　　火藥法

隨着科學技術的發展，雄黄在工業上的應用範圍逐漸擴大。雄黄的主要成分是四硫化四砷（$As_4S_4$），經光化、氧化後的三氧化二砷（$As_2O_3$）具有强烈的毒性，可以用作防腐劑。在美國，95％以上的砷是以三氧化二砷的形態消費的，其中用於木材防腐的占 90％。2000 年，美國消費約 15 噸的高純砷用於生産半導體。高純砷主要用於高科技領域，生産砷化鎵（GaAs）。砷化鎵芯片是移動電話的重要材料，砷化鎵器件工業應用包括汽車自控駕駛裝置和高速測量設備等，還可用於商業通信、軍事、光電等領域。純度爲99％的砷用於銅或鉛合金的添加劑來提高銅合金、鉛合金的强度及抗蝕能力。我國廣西柳州木材

---

① 參看［美］羅瑟福·蓋特斯. 中國顔料的初步研究［J］. 江致勤，王進玉譯. 敦煌研究，1987（1）：98－103.
② 參看周嘉華，趙匡華. 中國古代化學史古代卷［M］. 南寧：廣西教育出版社，2003：553－559.
③ 轉引自李鍾模. 中國雄黄應用簡史［J］. 化工之友，2001（3）：47.

防腐劑廠直接用砷酸銅防腐木材，事實證明效果很好。此外，雄黃也是製作煙花、爆竹、蚊香、皮革脫毛劑的原料，還可用於生產玻璃澄清劑、褪色劑等。[①] 成書於公元前 2 世紀的《淮南萬畢術》中有"夜燒雄黃，水蟲成對來"，注曰："水蟲聞燒雄黃炎氣，皆趨火。"[②]《抱樸子內篇·登涉》記載了在深山大澤隱居躲避毒蛇的方法："或問隱居山澤辟蛇蝮之道。抱樸子曰：昔圓丘多大蛇，又生好藥，黃帝將登焉，廣成子教之佩雄黃，而衆蛇皆去。今带武都雄黃，色如雞冠者五兩以上，以入山林草木，則不畏蛇。蛇若中人，以少許雄黃末内瘡中，亦登時愈也。"[③]

從以上論述可知，敦煌變文中道士葉淨能所取的雄黃是當作顏料來用的。

## 二十、魚符與魚袋

（1）子胥隨帝步卒入城，檢納干戈，酬功給效。中有先鋒、猛將，賞緋各賜金魚；執毒（蠹）旌兵，皆占班位；自余戰卒，各悉酬柱國之勳。（頁 15）

（2）皇帝曰："□（賜）卿蒲州刺史兼河北二十四州採訪使，官至御史大夫，賜□□（紫金）魚袋，仍賜輔陽縣府錢二萬貫與卿資家。" / 賜紫□（金）□（魚）袋……（頁 322）

（3）謬忝爲王主藏臣，佩魚衣紫入朝門。（頁 932）

（4）束發堪嗟虛受祿，佩魚可惜亂公卿。（頁 934）

魚：魚符或魚袋有時都可以簡稱爲魚。

① 參看王奎克等. 砷的歷史在中國 [J]. 自然科學史研究，1982（2）：125. 王小波等. 含砷煙塵做玻璃澄劑清的研究 [J]. 環境科學研究，1995（3）：46. 肖竺. 湖南石門雄黃礦物藥材特點與開發利用研究 [J]. 湖南中醫藥導報，2000（7）：16. 李飛. 砷的應用及前景 [J]. 有色金屬工業，2003（1）：71. 田文增等. 有色冶金工業含砷物料的處理及利用現狀 [J]. 湖南有色金屬，2004（6）：14－15.

② ［西漢］劉安撰，［清］孫馮翼輯. 淮南萬畢術 [M]. 北京：中華書局，1985：7.

③ ［東晉］葛洪著，吳敏霞譯. 白話抱樸子内篇 [M]. 西安：三秦出版社，1998：428.

## （一）魚符

魚符，也稱"魚契"，是古代朝廷頒發的魚形符信，形狀如魚，於魚鰭處平切分爲左右兩半，内刻有佩符人的官銜及姓名等文字。魚嘴處設有一圓孔，供穿繩以係佩之用（如圖20—1、20—2所示①）。魚符之製始於隋文帝，初製木魚符，後又令京官五品以上佩銅魚符。②唐初廢虎符，班銀菟符，後又起用銅魚符。武后時惡"李"，改爲龜符，龜蛇屬於玄武，與武則天姓同。中宗即位後復行魚符。魚符分左右兩半，中縫處刻有"合同"兩字，分開後，每半邊符上只有半邊字，合在一起才見完整的"合同"兩字，所以魚符又稱爲"合同"。後代簽約，一式兩份，中縫蓋章，雙方各持一份憑據，統稱"合同"，"合同"一詞由此而來。宋代的發兵符由隋代的雌雄到唐代的左右而改爲上下，上實下虛，上下契合即可發兵。又有金、銀、玉所製之隨身魚符，以明身份、別貴賤、應徵召。

图20—1　銅魚符　　　　　　　　图20—2　魚符

《舊唐書·職官志》裏有魚符的詳細記載。凡國有大事，即出納符節，辨其左右之異，藏其左而班其右，以合中外之契。一爲銅魚符，用以起軍旅、易守長。魚符之制，左者在内，右者在外。大事兼有敕書，小事但降符而已，函封遣使合而行之。二爲傳符，用以給郵驛，通制命。傳符之制，太子監國謂雙龍之符，左右各十。京都留守謂麟符，左二十，其右一十有九。東方青龍符，西方騶虞符，南方朱雀符，北方玄武符，左四右三。三爲隨身魚符，用以明貴賤，應徵召。隨身魚符之

① 參看［北宋］呂大臨等. 考古圖（外六種）［M］. 上海：上海古籍出版社，1991：274. 趙連賞. 中國古代服飾圖典［M］. 昆明：雲南人民出版社，2007：226.
② 參看［唐］魏徵等. 隋書［M］. 北京：中華書局，1973：40.

制，左二右一，太子以玉，親王以金，庶官以銅，佩以爲飾。刻姓名的，去官而納；不刻的，傳而佩之。四爲木契，用以重鎮守，慎出納。木契之制，太子監國，則王畿之内，左右各三；王畿之外，左右各五；庶官鎮守，左右各十。五爲旌節，用以委良能，假賞罰。旌節之制，命大將帥及遣使於四方，則請而佩之。旌以專賞，節以專殺。①

《説文》釋符：“信也。漢製以竹，長六寸，分而相合。”《釋名》釋符：“付也。書所敕命於上，付使傳行之也。”《玉篇》：“符，符節也。分爲兩邊，各持一以爲信。”《篇海》：“符者，輔也，所以輔信。又驗也，證也，合也。”《六書音義》：“符之爲言扶也，兩相符合而不差也。”② 從以上字書的解釋可以看出，符是古代用來傳達君命、調兵遣將、過關通行等的一種憑證或信物，因朝代、用途及使用者身份不同而種類繁多，質料和形製也各有差異。從質地來説，有金、銀、銅、玉、竹木、帛等；從所刻圖形來説，有虎、魚、兔、龜、蛇、麟、騶虞、豹、鹿等；從用途來説，起初只是一種憑證、信物，後來則作爲明身份、別貴賤的佩飾。

隋唐以來的魚符既是憑證，同時也有了新的用途——別尊卑、明貴賤、應徵召。隋代有木魚符和銅魚符，唐代有金、銀、銅、玉四種質地的，其中金魚符、銀魚符、玉魚符是用來佩帶的，銅魚符是用來調兵遣將或過關通行的。上述魚符宋代都有。“服飾有以爲符契之用者，隋之軍記帶，唐之佩魚是已。”③ 其實準確地來説，佩帶魚符在隋朝已經開始，唐代尤爲突出。《隋書·高祖紀下》載隋高祖開皇十五年（595）五月丁亥，制京官五品以上佩銅魚符。④ 《隋書·禮儀志》載大業七年（611），隋煬帝征遼東，“諸軍各以帛爲帶，長尺五寸，闊二寸，題其軍號爲記。御營内者，合十二衛、三臺、五省、九寺，並分隸内外前後左右六軍，亦各題其軍號，不得自言臺省。王公已下，至於兵丁厮隸，悉以帛爲帶，綴於衣領，名‘軍記帶’。……不執幡而離本軍者，他軍驗

---

① 參看［後晉］劉昫等. 舊唐書［M］. 北京：中華書局，1975：1847.

② 參看［清］張玉書等編撰，王引之等校訂. 康熙字典［Z］. 上海：上海古籍出版社，1996：896.

③ 吕思勉. 隋唐五代史［M］. 上海：上海古籍出版社，2005：828.

④ 參看［唐］魏徵等. 隋書［M］. 北京：中華書局，1973：40.

軍記帶，知非部兵，則所在斬之"①。《新唐書·車服志》："隨身魚符，以明貴賤，應召命。左一右一，左者進內，右者隨身。皇太子以玉契召，勘合乃赴。"② 下面介紹幾種主要的魚符。

### 1. 木魚符

亦稱"木魚契"。木製，刻書其上，一分爲二，雄雌各一。雄雕魚形凸起，雌刻空魚凹下，分別執之，相合作爲憑證。《隋書·高祖紀下》載隋高祖開皇九年（589）閏月丁丑，"頒木魚符於總管、刺史，中剖爲二，雌一雄一"。又十年（590）冬十月甲子，"頒魚符於京師官五品已上"。③《宋史·輿服志》載："今聞皇城司見有木魚契，乞令有司用木契形狀精巧鑄造。"④

### 2. 銅魚符

唐因隋制，有交魚符、巡魚符、開門符、閉門符數種。《新唐書·車服志》載："高祖入長安，罷隋竹使符，班銀菟符，其後改爲銅魚符，以起軍旅、易官長……畿內則左三右一，畿外則左五右一，左者進內，右者在外，用始第一，周而復始。"⑤《考古圖·續考古圖》載："銅魚符得之於潘勉之，驗之乃唐銅魚符也。以今黍尺校之，長一寸六分，闊五分，重二錢，符之雄者，其陽刻作魚鱗形，其陰面上隱起一'同'字，下刻廉州第一，皆楷書也。"⑥《宋朝事實類苑·古銅魚符》載李文邵推官在壽光縣東境稻田中得一古銅魚左符，"銅正赤，二寸許，背刻爲魚頭尾，鱗鬐具，面刻一同字，深二分許，所以合信也。環字刻刺史官氏云：'左云麾將軍行磨，美州刺史持節磨米，州諸軍事高從政。'鐫刻極工，字小訛，筆法精妙，類歐陽率更書"⑦。

① ［唐］魏徵等撰. 隋書［M］. 北京：中華書局，1973：162.
② ［北宋］歐陽修等. 新唐書［M］. 北京：中華書局，1975：525.
③ 參看［唐］魏徵等. 隋書［M］. 北京：中華書局，1973：33，35.
④ ［元］脱脱等. 宋史［M］. 北京：中華書局，1977：3595.
⑤ ［北宋］歐陽修等. 新唐書［M］. 北京：中華書局，1975：525.
⑥ ［北宋］呂大臨等. 考古圖·續考古圖（外六種）［M］. 上海：上海古籍出版社，1991：274.
⑦ 參看［北宋］江少虞. 宋朝事實類苑［M］. 上海：上海古籍出版社，1981：799.

### 3. 金魚符

有時省稱"金魚"。金製，其形象魚，故稱。唐親王及三品以上官員所佩，是出入皇宮的憑證和表明身份的標志，韓愈爲之詩曰："不知官高卑，玉帶懸金魚。"① 不過金魚有時也指魚袋。唐代的魚符和魚袋如影相隨。《新唐書·輿服志》載："隨身魚符者……親王以金，庶官以銅，皆題某位姓名，官有貳者加左右，皆盛以魚袋。"② 賞賜和佩帶金魚符或魚袋一般是和紫衣或紫袍配合使用的。《舊唐書·昭宗本紀上》載，光化三年（900），"以朝請大夫、虞部郎中、知制誥、上柱國、賜紫金魚袋顏蕘爲中書舍人。"③《東觀奏記》載宣宗每行幸内庫，"以紫衣金魚、朱衣銀魚三二副隨駕，或半年或終年不用一副，當時以得朱紫爲榮"④。《宣室志·崔君》載："雲中有一人，紫衣金魚，執一幅書，宣導帝命。"⑤《韓愈全集·文集碑誌》李素墓誌銘："天子使貴人持紫衣金魚以賜。"⑥《唐摭言》載："庾承宣主文，後六七年方衣金紫，時門生李石，先於内庭恩錫矣。承宣拜命之初，石以所服紫袍、金魚拜獻座主。"⑦《宋朝事實類苑·特詔佩魚》記載陳堯咨以龍圖閣學士換觀察使，自陳"臣本儒生，少習俎豆，今荷聖恩，易以武弁，願佩金魚，以示優異"⑧。

### 4. 銀魚符

銀製，省稱"銀魚"，唐四品、五品官員所佩。《舊唐書·輿服志》載："高祖武德元年九月，改銀菟符爲銀魚符。"⑨ 佩帶和賞賜銀魚符或

---

① ［唐］韓愈著，錢仲聯等校點. 韓愈全集［A］. 韓愈全集［C］. 上海：上海古籍出版社，1997：84.

② ［北宋］歐陽修等. 新唐書［M］. 北京：中華書局，1975：525.

③ ［後晉］劉昫等. 舊唐書［M］. 北京：中華書局，1975：768.

④ ［唐］裴庭裕. 東觀奏記［M］. 北京：中華書局，1994：188.

⑤ ［唐］張讀撰，張永欽，侯志明點校. 宣室志［M］. 北京：中華書局，1983：92.

⑥ ［唐］韓愈著，錢仲聯等校點. 韓愈全集［C］. 上海：上海古籍出版社，1997：249.

⑦ ［五代］王定保撰，董漢椿校注［M］. 唐摭言校注［M］. 上海：上海社會科學院出版社，2002：298.

⑧ ［北宋］江少虞. 宋朝事實類苑［M］. 上海：上海古籍出版社，1981：314.

⑨ ［後晉］劉昫等. 舊唐書［M］. 北京：中華書局，1975：1954.

魚袋一般是和緋衣、緋袍或者是朱衣配合使用的。如《新唐書·北狄列傳》"五秩以上服緋，牙笏、銀魚"①；《東觀奏記》"鄭裔綽自給事中以論駁楊漢公忤旨，出商州刺史，始賜緋衣銀魚"②；《唐才子傳》"懿宗嘉之（指李頻），賜緋銀魚，擢侍御史"③；《唐會要》"以孟簡獨衣綠，遣使追賜緋袍銀魚"④；《韓愈全集·文集碑誌》"發半道，有詔以君還之，仍遷殿中侍御史，加賜朱衣銀魚"⑤。

### 5. 玉魚符

玉製，也稱"玉魚"。《唐令拾遺·公式令第二十一》載開元七年（719），"諸皇太子給玉魚符，左二右一。左者在內，右者隨身"⑥。《新五代史·雜傳》記載安重榮起於軍卒，暴至富貴，既僭侈，"以爲金魚袋不足貴，刻玉爲魚佩之"⑦。宋代熙寧年間，皇帝賜岐王顥、嘉王頵玉帶各一，二王不聽，"請加佩金魚以別嫌，詔以玉魚賜之。親王佩玉魚自此始"⑧。金代皇太子佩玉雙魚袋，親王佩玉魚，如《金史·輿服志》載："太子入朝起居與宴，則朝服、紫袍、玉帶、雙魚袋。"又："帶制，皇太子玉帶，佩玉雙魚袋。親王玉帶，佩玉魚。"⑨

### （二）魚袋

魚袋之制始於唐代，盛行於中唐至宋，宋以後漸漸衰落，明代不設佩魚制度。宋代高承《事物紀原·魚袋》："《實錄》曰：三代以韋爲之，謂之算袋；魏易之爲龜；唐高宗給隨身魚，三品以上，其飾金，五品以上，其飾銀，故名魚袋；天后改爲龜，後復曰魚；神龍初，賜紫則給金魚，賜緋則給銀魚，不限品也。《唐會要》曰：永徽二年四月二十九日，給隨身魚袋；咸亨三年五月三日，始令京官四品、五品職事佩銀魚；久

① ［北宋］歐陽修等. 新唐書［M］. 北京：中華書局，1975：6183.
② ［唐］裴庭裕. 東觀奏記中卷［M］. 北京：中華書局，1994：109.
③ 孫映逵. 唐才子傳校注［M］. 北京：中國社會科學出版社，1991：701.
④ ［北宋］王溥. 唐會要［M］. 北京：中華書局，1955：1417.
⑤ ［唐］韓愈著，錢仲聯等校點. 韓愈全集［C］. 上海：上海古籍出版社，1997：307.
⑥ ［日］仁井田升著，栗勁等編譯. 唐令拾遺［M］. 長春：長春出版社出版，1989：515.
⑦ ［北宋］歐陽修等. 新五代史［M］. 北京：中華書局，1974：584.
⑧ 參看［元］脫脫等. 宋史［M］. 北京：中華書局，1977：3566.
⑨ ［元］脫脫等. 金史［M］. 北京：中華書局，1975：979，982.

視元年十月十三日，職事三品以上用金飾，四品銀，五品銅；景雲二年四月二十四赦文：'魚袋，着紫者金裝，緋者銀裝。'宋朝神宗熙寧末，秦王又賜玉魚以副金帶，金魚以副玉帶，以唐禮也。"① 明張岱《夜航船·日用部》魚袋載："卽古魚符，刻魚，盛之以袋，而飾金銀玉。三代爲算袋，用韋。唐高祖始製魚袋，飾金銀。武后改製龜，蓋爲別；後復爲魚，加用銅；宋仁宗加用玉。唐玄宗敕品卑者借緋及魚袋。"② 以上論述說明了魚袋的出現、發展演變及使用情況，有以下兩點需要說明。

### 1. 魚袋的起源

高承和張岱都認爲魚袋來源於三代的算袋，不過這種說法有待商榷。從史書記載來看，唐代的算袋和魚袋是並行的，算袋是在特定的時間佩帶的，用來裝筆硯文具等，佩者的範圍大一些③；魚袋則是五品以上官員經賞賜後隨身佩帶，用來裝魚符，不過宋代的魚袋只是魚形的袋子而沒有魚符。尚民傑在《唐朝的魚符與魚袋》中認爲："唐朝魚袋之制則直接源於隋代的鞶囊制度，五品以上佩之，隋唐亦同。"又："唐魚袋之制因循隋之鞶囊，形式不同，功用有別，既有延襲，更有創新。"④不過據《舊唐書·輿服志》記載："唐高宗永徽二年五月，開府儀同三司及京文武官職事四品、五品，並給隨身魚。"⑤《宋史·輿服志》載魚袋"其制自唐始，蓋以爲符契也。其始曰魚符，左一，右一。左者進內，右者隨身，刻官姓名，出入合之。因盛以袋，故曰魚袋。宋因之，其制以金銀飾爲魚形，公服則系於帶而垂於後，以明貴賤，非復如唐之符契也"⑥。從以上史料可推知魚袋之制應始於唐高宗之時，最初是用來裝隨身魚符的，後來成了身份和地位的象徵。

---

① ［北宋］高承撰. 事物紀原［M］. 北京：中華書局，1989：156.
② ［明］張岱，冉雲飛校點. 夜航船［M］. 成都：四川文藝出版社，1996：274.
③ 參看尚民傑. 唐朝的魚符與魚袋［J］. 文博，1994（5）：57.
④ 參看尚民傑. 唐朝的魚符與魚袋［J］. 文博，1994（5）：56-57.
⑤ 參看［後晉］劉昫等. 舊唐書［M］. 北京：中華書局，1975：1954.
⑥ ［元］脫脫等. 宋史［M］. 北京：中華書局，1977：3568.

## 2. 魚袋的材質、形製、佩帶

《舊唐書·輿服志》："高宗永徽二年五月，開府儀同三司及京官文武職事四品、五品，並給隨身魚。咸亨三年五月，五品已上賜新魚袋，並飾以銀，三品已上各賜金裝刀子礪石一具。垂拱二年正月，諸州都督刺史，並準京官帶魚袋。"又："神龍元年二月，内外官五品已上依舊佩魚袋。六月，郡王、嗣王特許佩金魚袋。景龍三年八月，令特進佩魚。散職佩魚，自此始也。自武德已來，皆正員帶闕官始佩魚袋，員外、判試、檢校自則天、中宗後始有之，皆不佩魚。雖正員官得佩，亦去任及致仕卽解去魚袋。至開元九年，張嘉貞爲中書令，奏諸致仕許終身佩魚，以爲榮寵，以理去任，亦聽佩魚袋。自後恩制賜賞緋紫，例兼魚袋，謂之章服，因之佩魚袋、服朱紫者眾矣。"① 《宋史·輿服志》載："太宗雍熙元年，南郊後，内出以賜近臣，由是内外升朝文武官皆佩魚。凡服紫者，飾以金；服緋者，飾以銀。庭賜紫，則給金塗銀者；賜緋，亦有特給者。京官、幕職州縣官賜緋紫者，亦佩。親王武官、内職將校皆不佩。真宗大中祥符六年，詔伎術官未升朝賜緋、紫者，不得佩魚。"② 《遼史·儀衛志》規定漢服中的常服五品以上文官佩金魚袋，六品以下佩銀魚袋。③

以上記載介紹了魚袋的産生和使用情況，但對魚袋的材質、形製和佩帶方式卻未提及。《朝野僉載》卷三載："上元年中，令九品以上配刀礪等袋，彩帨爲魚形，結帛作之。取魚之象，強之兆也。至天后朝乃絕。景雲之後又復前，結白魚爲餅。"④ 《舊唐書·五行志》也有相同的説法："上元中爲服令，九品已上佩刀礪等袋，紛帨爲魚形，結帛作之，爲魚像鯉，強之意也。則天時此制遂絕，景雲後又佩之。"⑤ 由此可以認爲魚袋大多是用絲帛製成的，形狀大致有三種：長條型、波折式狹條型、荷包型。從盛唐及北宋時期的一些圖片來看，魚袋大多呈荷包型，

---

① ［後晉］劉昫等. 舊唐書［M］. 北京：中華書局，1975：1954.
② ［元］脫脫等. 宋史［M］. 北京：中華書局，1977：3568.
③ 參看［元］脫脫等. 遼史［M］. 北京：中華書局，1974：910.
④ ［唐］張鷟撰，趙守儼點校. 朝野僉載［M］. 北京：中華書局，1979：68—69.
⑤ ［後晉］劉昫等. 舊唐書［M］. 北京：中華書局，1975：1376—1377.

類似於袋囊。對此，張蓓蓓也有論述，可參看。① 關於魚袋的佩帶方
式，沈從文在《中國古代服飾研究》一書中認爲唐後期的魚袋，"從畫
迹反映，卻只是作波折式一狹條，垂紅鞓帶間，近於封建帝王給個人的
恩寵憑證，上用金銀魚作飾，而和魚符無關。宋因襲不變"②。從已有
的圖像資料可以推斷魚袋的佩帶方式大致有三種。一是吊掛於腰帶上，
長及膝蓋上下，如周錫保《中國古代服飾史》第 183 頁男圖 3（2）原
題爲侯君集像，腰間所佩當爲魚袋，又第 189 頁男圖 19（2）③；唐閻立
本《步輦圖》中官員有佩魚的（如圖 20－3 所示）；再如《淩煙閣功臣
圖》中畫有佩魚的人物形象，其中中間與右邊的人腰間都掛一魚袋，一
個長及膝蓋，一個大概與膝蓋平（如圖 20－4 所示）。二是稍稍懸垂於
腰帶下方，如五代壁畫曹議金像（如圖 20－5 所示）。三是係掛於腰帶，
有時與腰帶一起係紮在腰間，如北宋供養人金剛界五佛（彩色絹畫）
（如圖 20－6 所示）。④

圖 20－3　唐閻立本《步輦圖》　　圖 20－4　唐閻立本《淩煙閣功臣圖》⑤

①　參看張蓓蓓. 宋代漢族服飾研究 [D]. 蘇州大學博士學位論文，2010：58.
②　參看沈從文. 中國古代服飾研究 [M]. 上海：上海書店出版社，2002：411.
③　參看周錫保. 中國古代服飾史 [M]. 上海：中國戲劇出版社：1984：183 男圖 3（2），189 男
圖 19（2）.
④　參看張蓓蓓. 宋代漢族服飾研究 [D]. 蘇州大學博士學位論文，2010：57.
⑤　圖 20－3 與 20－4 參看沈從文. 中國古代服飾研究 [M]. 上海：上海書店出版社，2002：
286，299.

圖 20-5　五代壁畫曹議金像　　圖 20-6　北宋供養人金剛界五佛（彩色絹畫）①

### （三）魚符與魚袋的異同

#### 1. 魚符和魚袋的功能演變

　　魚符是符的一種。"符，契也。代古之圭璋，剖而相合，長短有度，用以徵召，兼防欺詐者也。古者以竹爲之，故字從竹，及後世詐僞蠭起，以竹易得之物，又不足爲防，於是有以銅鐵金銀爲物象而用之。皆剖而爲兩，一留在內，一給付外。今之世又至於從省，代以書翰，毋乃實而名非歟。"②《漢書·文帝紀》載文帝二年（前 171）九月，"初與郡守爲銅虎符、竹使符"。應劭曰："銅虎符第一至第五，國家當發兵遣使者，至郡合符，符合乃聽受之。竹使符皆以竹箭五枚，長五寸，鎸刻篆書，第一至第五。"張晏曰："符以代古之圭璋，從簡易也。"師古曰："與郡守爲符者，謂各分其半，右留京師，左以與之。"③ 符契之制西漢已經形成，歷代沿襲，起初是一種憑證、信物，發展到隋代，也可以用來別官品、應徵召。隋代的魚符開始爲木，後爲銅。唐代的魚符主要有銅魚符和隨身魚符兩大類；銅魚符不需要隨時帶在身上，只在有詔令時取出與朝廷使臣所持的另一半相合，以辨真僞；隨身魚符須隨身佩帶，

---

　　① 圖 20-5 與 20-6 參看參看張蓓蓓. 宋代漢族服飾研究［D］. 蘇州大學博士學位論文，2010：59.

　　② 參看尚民傑. 唐朝的魚符與魚袋［J］. 文博，1994（5）：54.

　　③ 參看［東漢］班固撰，［唐］顏師古注. 漢書［M］. 北京：中華書局，1962：118.

既是身份、品秩的標志，也是應詔入宮，出入宮門時的憑證。魚袋本來是盛放魚符的袋子，具有一定的實用功能，到了宋代，魚袋的功能和形製發生了變化：魚袋不再是裝魚符的袋子，而是裝飾了魚形的袋子，"以貴賤明，非復如唐之符契也"。《懶真子》卷一云："今之魚袋，乃古之魚符也。必以魚者，蓋分左右，可以合符。而唐人用袋盛此魚，今人乃以魚爲袋之飾，非古制也。"① 所以宋代的魚袋既是唐五代魚袋的延續，也是隋代以來魚符的變異。魚有時指魚符，有時指魚袋，二者很多時候混淆不清也是有道理的。

### 2. 魚符和魚袋的佩帶方式及形製

關於魚符與魚袋的佩帶方式及形製，前面也談到了一些，但有些情況還是不甚明了。"唐朝魚袋之制尚有兩點不明：其一，唐之魚袋按理也應係於腰帶，但垂於身前，還是身後，不明；其二，唐之魚袋因盛放魚符而明，雖然也有金、銀飾之別，但於袋之外表的紋樣是否就是魚形，不明。"② 對第一點疑惑，《舊唐書》和《新唐書》關於怎樣佩帶魚符和魚袋似乎沒有明確的文字記錄，不過從一些有限的圖片資料可推知一二：唐五代的魚符和魚袋大概是係在腰帶的側面，左側或右側，或長或短（如圖 20－3、20－4、20－5 所示）。第二點疑惑，《玉海·器用·符節》"皇祐文德殿魚契"條載："皇祐二年九月十四日庚子，皇城司上新作文德殿香檀魚契，契有左右，左留中，右付本司，各長尺有一寸，博二寸八分，厚六分，刻魚形，鑿柄相合，縷金爲文。車駕至門堪契，官執右契奏閣，門使降左契勘契。官跪奏勘畢，奏云外契合勘。契之式不見於開元開寶禮，咸平初載於儀注。"③ 唐五代是否也是這樣，目前還沒有找到文字記錄，從圖片上也看不出魚袋的紋樣，所以仍有探討的必要。

### 3. 魚符和魚袋的取象

隋唐以來符契以魚爲符瑞，主要有以下幾種說法：其一，以鯉魚爲

---

① 參看［北宋］馬永卿. 懶真子（及其它一種）［M］. 北京：中華書局，1985：3.
② 參看尚民傑. 唐朝的魚符與魚袋［J］. 文博，1994（5）：56.
③ 參看［南宋］王應麟. 玉海（影印本）［M］. 揚州：廣陵書社，2003：1572.

符瑞，取魚之象，強之兆，鯉、李同音，即"李強"也①；其二，"魚龍爲圖，河洛所出，比之盛時，彼何足云"，以魚爲龍象，"既彰受命之先，銘作人文，更表錫年之永"②；其三，唐高祖爲避祖李虎諱，廢虎符，代以魚符③；其四，似與魚腹藏書的傳說有直接關係。④ 避諱之説被大多數人採用，但查閱史書似乎没有相關記録，不知是否屬實。其他三種説法均與魚爲符瑞有關，但各有闡釋，似是而非、似非而是。魚符之制始於隋代，唐時用此作爲符瑞之象，初意不明，所以第一種説法有附會之嫌。對此尚民傑也早已指出，可參。⑤ 魚腹藏書之説始於黄帝，後來頗爲流行，但唐代把魚作爲符契的取象意義不明。比較以上幾種説法，筆者認爲第二種説法較爲合理。魚爲祥瑞的傳説由來已久，從黄帝遊洛水，見大魚，得圖書，商湯沉璧洛水，黄魚出壇化爲黑玉，到周武王中流未濟，白魚入王舟；漢代有神魚舞河、海效鉅魚、神魚躍出，再到魏赤魚見太原等，正如王肅賀瑞所言："信及豚魚，德及魚，則無所不及。"⑥ "魚化爲龍""鯉魚躍龍門"的記載多出自漢代典籍，神話故事的産生應當在漢代，且可能與漢代神龍崇拜觀念的強化有關。《大戴禮記》曾子方圓篇釋四靈爲"毛蟲之精者曰麟，羽蟲之精者曰鳳，介蟲之精者曰龜，鱗蟲之精者曰龍，倮蟲之精者曰聖人"⑦。《論衡》龍虛篇認爲"龍，魚之類也，其乘雷電猶魚之飛也"⑧。《三秦記輯注》"龍門"條："河津一名龍門，大魚集龍門下數千，不得上，上者爲龍"，"龍門山在河東界，禹鑿山斷門，闊一里餘，黄河自中流下，兩岸不通車馬。每暮春之際，有黄鯉魚逆流而上，得者便化爲龍。又林登云：'龍門之下，每歲季春有黄鯉魚，自海及諸川爭來赴之。一歲中，登龍門者，不過七十二。初登龍門，即有雲雨隨之，天火自後燒其尾，乃化爲龍矣。'"⑨ 北宋陸佃《埤雅》釋魚卷"鯉"條："俗説魚躍龍門，過而爲

---

① 參看［唐］張鷟撰，趙守儼點校. 朝野僉載［M］. 北京：中華書局，1979：68，178.

② ［南宋］王應麟. 玉海（影印本）［M］. 揚州：廣陵書社，2003：3649.

③ 參看華夫. 中國古代名物大典［Z］. 濟南：濟南出版社，1993：1247.

④ 參看尚民傑. 唐朝的魚符與魚袋［J］. 文博，1994（5）：57.

⑤ 參看尚民傑. 唐朝的魚符與魚袋［J］. 文博，1994（5）：55.

⑥ 參看［南宋］王應麟. 玉海（影印本）［M］. 揚州：廣陵書社，2003：3647－3649.

⑦ 參看方向東. 大戴禮記匯校集解［M］. 北京：中華書局，2008：587.

⑧ 參看［東漢］王充著，陳蒲清點校. 論衡［M］. 長沙：嶽麓書社，1991：99.

⑨ 參看劉慶柱. 三秦記輯注·關中記輯注［M］. 西安：三秦出版社，2006：94－95.

龍，唯鯉或然。亦其壽有至千歲者，故詹何之釣，千歲之鯉不能避也。鱗者，鄰也；鯉者，裹也。鯉進於魚矣，殆亦龍類。是以仙人乘龍，亦或騎鯉，乃至飛越山湖。"[①] 以上幾條記載或許可以説明，唐代取鯉魚爲符契之象當爲鯉、李同音，魚爲靈物且長壽，又有魚化爲龍、鯉魚躍龍門等傳説，如此既説明了取鯉魚爲符瑞的象徵意義，又暗合了魚符與魚袋之制的思想内容。

佩魚是身份和地位的象徵，是章服制度中顯示等級的重要標志之一。這種制度始於隋代，盛唐到宋尤爲流行，宋以後漸漸式微。《宋史·輿服志》："元豐元年，去青不用，階官至四品服紫，至六品服緋，皆象笏、佩魚，九品以上則服綠，笏以木。武臣、内侍皆服紫，不佩魚。……五年，詔六曹尚書依翰林學士例，六曹侍郎、給事中依直學士例，朝謝日不以行、守、試並賜服佩魚；罷職除他官日，不帶行。"又中興，"服緋、紫者必佩魚，謂之章服"。凡是服色爲紫或緋色者，都加佩魚袋，魚袋在唐代本是在袋内盛以魚符，刻官職姓名於上，以作出入合符之用。到宋代則在袋上用金、銀飾爲魚形而佩在公服上，系掛在腰帶間而垂之後面，用來分别貴賤。凡是賜佩金、銀魚袋的服飾謂"章服"。在宋代，賜金紫或銀緋是頗引以爲榮的事，例如張説賜服金紫，蘇軾賜服銀緋，王安石、歐陽修、司馬光、曾公亮、李昉等賜紫金魚袋，楊萬里賜緋魚袋。元代元好問也賜紫金魚袋。所謂賜金紫，就是着紫色的公服和佩金飾的魚袋；銀緋就是着緋色的公服和佩銀魚袋。還有一種是借紫、借緋或改紫、改緋，即官員本應依本品服色，不過也有借抑或到了一定年限改服色的。如以年勞而賜者，有品未及而借者，對官卑而職高的"自庶官遷六部侍郎，自庶官爲待制，或出奉使者"的特許者。後孝宗即位，"詔承務郎以上服緋、綠及十五年者，並許改轉服色。然計年之法，亦不輕許"。如外出當節鎮或奉使的官職時，可借穿紫色公服。如知防御、團練、刺史原爲衣緋者可借紫，衣綠者可以借緋；有京朝官衣緋或衣綠者滿十五年（真宗時），滿二十年（太宗時）後可改賜服色。大抵以秩卑而職高者稱"借"，也有出於特殊原因而"借"的，不過在正式名銜上要寫明"賜"或"借"。所以，宋代往往有"賜"或

---

① 參看［北宋］陸佃著，王敏紅校點. 埤雅［M］. 杭州：浙江大學出版社，2008：2-3.

“借”紫金魚袋、銀魚袋的某某官銜。舊制規定借紫、借緋者無魚袋，其後也可以佩魚袋，但仍稱“借”。① 隨着魚袋的使用範圍日益擴大，朱紫遍布朝堂，最後泛濫，章服的激勵機制也開始弱化，所以宋代以後的佩魚之制逐漸衰落，最終在明代退出了歷史舞臺，一時的榮耀歸於平淡。

總之，佩魚是隋唐以來別貴賤、應徵召的符契和標志，唐五代時的佩魚既有魚符，又有魚袋，魚袋裏面裝有魚符，所以敦煌變文裏提到的佩魚應該指的是魚符和魚袋。按一般制度來説，賞紫衣或紫袍並兼賞金魚袋，賞緋衣或緋袍兼賞銀魚袋，但敦煌變文裏是“賞緋各賜金魚”，這可能反映了民間文學和説唱文學作爲文學藝術的虛構性以及混搭性。到了宋代，除魚符後的魚袋，不僅可以彰顯身份等級，成爲一種裝飾，而且還可以盛放一些小東西，兼具功能性、裝飾性與實用性，故有“唐以袋貯魚，宋以魚飾袋”②的説法。

## 二十一、皂莢

（1）更有大小便利，膿血交流，不唯一日三時，以皂莢水浣濯，未得果位間；假使百千萬年，以滄海水洗之，亦不能淨。（頁836）

皂莢別名雞栖子（《廣志》）、皂角（《肘後方》）、大皂莢（《千金方》）、長皂莢（《本草圖經》）、懸刀（《外丹本草》）、長皂角（《仁齋直指方》）、烏犀（《曾氏方》）、大皂角（《本草綱目》）等。③ 關於皂莢的得名理据，李時珍謂“莢之樹皂，故名”④。皂莢爲豆科蘇木亞科多年生木本植物，落葉喬木（如圖 21—1 所示⑤），高 15～30 米，胸徑可達 1.2 米。皂莢的乾燥莢果爲紅褐色或紫紅色，多爲長條形而扁，或稍彎

---

① 參看［元］脱脱等. 宋史［M］. 北京：中華書局，1977：3562—3564. 周錫保. 中國古代服飾史［M］. 上海：中國戲劇出版社，1984：259.

② 參看沈從文. 中國古代服飾研究［M］. 上海：上海書店出版社，2002：411.

③ 參看柳長華. 李時珍醫學全書［M］. 北京：中國中醫藥出版社，1999：1161. 杜進軍. 皂莢提取物對肝癌細胞小鼠 TGF—B/Smads 信號系統調控的影響［D］. 湖北中醫藥大學博士學位論文，2010：15.

④ 參看柳長華. 李時珍醫學全書［M］. 北京：中國中醫藥出版社，1999：1161.

⑤ 參看劉書恩等. 生態經濟型鄉土樹種——皂莢［J］. 中國林業，2009（12）：48.


182

曲，長 12～35 厘米，寬 2～4 厘米，厚 0.8～1.4 厘米（如圖 21—2 所示）[①]；皂莢種子長圓形，扁平，長約 1 厘米，亮褐色。花期爲 4—5 月，果熟期爲 9—10 月，生長速度慢，但壽命很長，可達 600～700 年，盛果期 50～80 年。皂莢在我國分布很廣，主産於河北、山西、河南等省，秋季果實成熟時可以採摘。[②] 皂莢在日常生活中具有多重價值，下面試分述之。

圖 21-1　皂莢果及葉子　　　　　圖 21-2　幹皂莢果

## （一）生態價值

皂莢樹高大蔭濃，樹冠開闊，樹幹挺拔，樹枝細柔下垂，樹葉茂密，樹姿優美，不僅是夏天乘涼的好地方，有觀賞價值，還具有極強的抗污染能力，可以淨化空氣，是不可多得的優良生態樹種。1985 年貴陽市園林科研所對全市的百年皂莢樹進行了調研，統計結果顯示，占調查總數 72％以上的 77 株在當時污染相當嚴重的情況下，仍能生長，且枝葉茂密，果實累累，未患病蟲害，表明皂莢樹對污染有良好的抵抗能力。據有關報道，每千克皂莢干葉可吸收氯氣 6.93 克、硫 3.8 克、鉛 84.5 毫克。[③] 沈陽市的調查也表明，皂莢樹在東北工業區表現出對二氧化硫、氯氣、氟化氫等有害氣體的極強抗性，卽便在其葉受到危害時，萌生的新葉仍然生長很快。[④] 由上可見，在人類的生存環境日益受到威

---

① 參看龔創. 皂莢的加工與利用 [J]. 農家科技，2007（4）：37.

② 參看祝世峰. 漫畫神農本草經（第 3 卷）［M］. 北京：農村讀物出版社，2003：209. 尹娟，汪安濤. 皂莢在園林綠化中的應用價值分析 [J]. 吉林農業，2010（7）：162. 杜進軍. 皂莢提取物對肝癌細胞小鼠 TGF—B/Smads 信號系統調控的影響 ［D］. 湖北中醫藥大學博士學位論文，2010：16.

③ 參看楊海東. 皂莢的多種功效及其綠化作用 [J]. 貴州農業科學，2003（4）：73.

④ 參看尹娟，汪安濤. 皂莢在園林綠化中的應用價值分析 [J]. 吉林農業，2010（7）：162.

脅的今天，皂莢樹是廠區、街道綠化的真正環保低碳樹種。

（二）藥用價值

皂莢的藥用價值《神農本草經》已有記載，其"味辛、咸，溫。主風痹死肌；邪氣風頭，淚出；利九竅；殺精物".① 《名醫別錄》《唐本草》《本草圖經》《本草綱目》等多種醫學著作記錄皂莢、皂莢子、皂莢刺、皂莢皮、皂莢葉等均可入藥。如皂莢味辛咸，性溫，有小毒，歸肺、大腸經，入藥可治療中風口噤、瘰癧疥癬、關竅阻閉、癲癇痰盛、便秘等病症，另外，將皂莢搗碎外敷或内服可消腫止癢，除濕殺蟲，治癰腫瘡毒等；皂莢子可"和血潤腸"、消積化食、開胃，可"疏導五臟風熱壅"，治"膈痰吞酸""風熱大腸虛秘，瘰癧腫毒瘡癬"等病症；皂莢刺有活血祛痰，治胎衣不下、臃腫妒乳、風病惡瘡，殺蟲等功能；皂莢皮可治風熱痰氣，殺蟲，化痰；皂莢葉可用於外洗風瘡；鮮皂莢切碎加水浸泡可以滅蛆，效果達 90％；皂莢果、葉煮水，可防治紅蜘蛛等害蟲；皂莢的根、莖、葉可生產清熱解毒的中藥口服液等。② 現代醫學研究表明，皂莢有良好的去濕祛痰作用，對某些致病菌及真菌有抑制功能，並具有抗菌消炎的功效（但大量服用會導致死亡）。皂莢樹上生長的一種稱爲"樹舌"的真菌還有抗癌作用。③

（三）經濟價值

皂莢通身都是寶，除了生態價值和藥用價值，其還有經濟價值，如可以食用，可以用作木材，用於洗滌、美容等。

1. 食用價值

邵則夏等人④通過對滇皂莢的研究分析，發現滇皂角米營養成分豐

---

① 參看［清］顧觀光輯，楊鵬舉校注. 神農本草經校注［M］. 北京：學苑出版社，1998：239. 圖來自祝世峰. 漫畫神農本草經（第3卷）［M］. 北京：農村讀物出版社，2003：209.

② 參看柳長華. 李時珍醫學全書［M］. 北京：中國中醫藥出版社，1999：1161−1165.

③ 參看劉安詳，肖麗華. 皂莢臨牀應用進展［J］. 解放軍藥學學報（人民軍醫藥學專刊），1997（3）：148. 祝世峰. 漫畫神農本草經（第3卷）［M］. 北京：農村讀物出版社，2003：210−211. 楊海東. 皂莢的多種功效及其綠化作用［J］. 貴州農業科學，2003（4）：73.

④ 參看邵則夏等. 多功能樹種滇皂莢及開發利用［J］. 中國野生植物資源，2002（3）：33.

富、營養元素種類較多，屬於高能量、高碳水化合物，低蛋白、低脂肪食物。具體來説，100 克皂角米總能量 336 千卡，總碳水化合物 61 克，氨基酸總量 3.13 克，富含 16 種氨基酸和多種維生素，粗蛋白 3 克，粗纖維 0.4 克，粗灰分 0.92 克，水分 15.2 克。蔣建新等人[①]對皂莢豆的組成成分和皂莢膠的流變性質進行了研究，結果表明：皂莢豆中蛋白質含量爲 15.38％，內胚乳含量爲 37.8％，內胚乳中聚糖含量爲 68.6％，皂莢豆資源是可供工業化開發的植物膠資源；皂莢豆的化學組成分析表明，分離提膠後的種子剩餘物可作爲蛋白飼料或生産綠色食品的原料；皂莢多糖膠的性能及流變學性質研究表明，皂莢膠的表面粘度大於瓜爾膠，皂莢膠將有可能成爲高效增稠劑應用於食品、紡織、造紙和採油等行業；皂莢膠的自然抗生物降解能力高於瓜爾膠，因而皂莢膠表現出比瓜爾膠更高的穩定性。梁靜誼等人[②]通過對皂莢化學組成的初步研究，得知皂甙、纖維素、半纖維素、木質素、果膠等是皂莢的主要化學成分，其中皂甙含量 15.37％，總纖維素含量 39.84％，纖維素含量 16.90％，酸溶木質素含量 23.92％，酸不溶木質素含量 2.73％，果膠酸鈣含量 9.65％，粗蛋白質含量 8.15％。研究結果還表明皂莢中含有鞣質、糖類、生物鹼、酚性物質、有機酸、油質等微量化學成分。另外，皂莢還可以在腌漬食物時防止鹽受潮消溶，從而使食物能够長久保存。如《歸田錄》卷二："淮南人藏鹽酒蟹，凡一器數十蟹，以皂莢半挺置其中，則可藏經歲不沙。"[③]《遊宦紀聞》卷二："淮南人藏鹽酒蟹，凡一器十隻，以皂莢半挺置其中，則經歲不壞。世南向侍親至四明，鹽白而廉。僕輩貪利，以筐盛貯。邸翁曰：'塗中走滷，將若之何？授汝一法，可煨皂莢一挺置其中，則無慮矣。'試之，果然。"[④] 可見，皂莢在古人日常生活中的應用很普遍。總之，皂莢不僅是優質蛋白質和植物膠的來源，而且還含有多種微量化學成分，可以應用於多個行業。

---

① 參看蔣建新等. 皂莢豆組成及皂莢膠的流變性質 [J]. 世界林業研究，2003 (1)：11，14.

② 參看梁靜誼等. 皂莢化學組成的研究 [J]. 中國野生植物資源，2003 (3)：46.

③ 參看 [北宋] 歐陽修撰，李偉國點校. 歸田錄 [M]. 北京：中華書局，1981：33.

④ 參看 [南宋] 張世南撰，張茂鵬點校. 游宦紀聞 [M]. 北京：中華書局，1981：15.

2. 其他價值

1）用作木材

皂莢樹的木材物理力學性質好，堅硬、強度大，心材紅褐色，邊材淡黃褐色，紋理直或斜，年輪比較明顯，切削面光滑，油漆性能好，是優良的建築用材和家具用材。耐腐耐磨性能強，可用作工藝品、家具、車輛、農具等。

2）用於洗滌、美容等

皂莢及果實中含有皂甙，可以從中提取對人體無毒無害、對皮膚無刺激的純天然洗滌劑，尤其是可以用來洗滌絲綢和貴重金屬，不損光澤，也可用來清洗待鍍金屬等。《南齊書·虞玩之列傳》記載員外郎孔瑄向王儉求會稽五官時，“（王）儉方盥，投皂莢於地，曰：‘卿鄉俗惡。虞玩之至死煩人。’”① 北宋張耒詠《皂莢》詩云：“畿縣塵埃不可論，故山喬木尚能存。不綠去垢須青莢，自愛蒼鱗百歲根。”② 李時珍《本草綱目》肥皂莢條載“十月採莢煮熟。搗亂和白麵及諸香作丸，洗身面、去垢而膩潤，勝於皂莢也”③。可見皂莢可以用來美容洗面。皂莢提取物具有深層清潔、滋潤、溫和、收斂等作用，還能防皺。皂莢殼中含有活性三萜皂甙，具有較高的發泡性和一定的去污能力，有亮髮、柔髮的作用。將皂莢搗碎，用水浸煮，過濾后可用來洗頭，洗後頭髮柔軟蓬松，有光澤，有一定的去屑、止癢作用。④ 我們常用的肥皂、透明皂、皂粉、香皂等都以“皂”爲名，都具有洗滌功能。此外，皂莢灰含有豐富的碳酸鉀，可用於化學工業。

由上可知，皂莢樹是一種不可多得的環保樹種，尤其是在人類生存環境日益受到威脅的今天，大力栽培和種植皂莢樹會對我國的工業、農業特別是環境保護起到一定的積極作用。

---

① ［梁］蕭子顯. 南齊書［M］. 北京：中華書局，1972：611.
② 北京大學古文獻研究所. 全宋詩（20 册）［Z］. 北京：北京大學出版社，1995：13289.
③ 參看柳長華. 李時珍醫學全書［M］. 北京：中國中醫藥出版社，1999：1165.
④ 參看楊娟，李海龍等. 皂莢首烏洗髮香波的研製［J］. 甘肅輕紡科技，1991（3）：31－34.
邵金良等. 皂莢的功能作用及其研究進展［J］. 食品研究與開發，2005（2）：49.

# 餘　論


　　20 世紀史料的發現是過去任何時代都不能比擬的，是大批的、連續的、重大的發現，從古到今都有，極其豐富。具體表現爲：一是甲骨文的發現，還有金文卽鐘鼎文；二是帛書和簡牘的發現；三是敦煌文獻的發現；四是外文材料以及少數民族文字如蒙古文、滿文史料的發掘利用；五是明清檔案的開放使用等。①

　　一代人有一代人之文學，一代人有一代人之學問。甲骨文的發現成就了甲骨學，帛書和簡牘成就了簡帛學，外文及少數民族文字、明清檔案的發掘和使用既豐富了史學的内容也成就了一些史學家。如果説，以上四種學問還没有走出國門的話，而曾經轟動世界的敦煌文獻的開啓，則讓敦煌走向了世界，也讓世界了解了中國，不但成就了敦煌學，而且使之成爲國際顯學，正如季羨林所説，“敦煌在中國，敦煌學在世界”。

　　敦煌文獻的數量之多、影響之大、價值之高，可以説是空前的。内容主要涉及我國 11 世紀以前的歷史、政治、經濟、文化、宗教、語言、科技、醫藥、社會生活和中外關係等方面，應有盡有。如一代大師姜亮夫所説：“總之，卷子中的寶貝太多了，整個中國文化都在敦煌卷子中表現出來，不論什麽文化，乃至於武化，也在裏面。”②

　　敦煌變文是敦煌文獻中極其重要的一部分，是唐五代時期的民間俗文學作品，是記錄寺院和民間流行的一種俗講文學，具有很高的文學價值和史料價值。它的發現，讓很多鏈條不太明顯甚至空白的地方串聯起來，給研究帶來了新的生機，尤其是給日益枯燥的語言研究和文學研究注入了新鮮的血液，學者、專家更是倍加勤奮和努力地對之進行整理與

---

①　參看夏鼐. 考古學論文集（外一種）（上）［C］. 石家莊：河北教育出版社，2000；戴逸總序 2.

②　姜亮夫. 敦煌經卷簡介（下）［A］. 敦煌學概論［C］. 北京：北京出版社，2004：96.

研究，成果累累，成績斐然。敦煌變文中含有大量的名物詞，有些雖是常用詞，然考據其源流，也需下一番功夫，更不用說那些有疑問的詞了。詞是極端複雜的一種語言現象，陳寅恪說"研究一個字就是寫一部文化史"。格裏姆說"我們的語言也就是我們的歷史"。語言不是"一個自我封閉的符號世界，而是一個開放的、演化的、有着大量外界干擾的複雜系統。這個系統不是一個確定性的，簡單和諧的模式，它常因系統内部一些微小的不確定因素或來自系統之外的某些微小干擾，就可導致巨大的、不可預測的波動"①。又由於名物研究涉及多個領域，"不僅有關訓詁學、詞彙學、詞源學、辭書學等，而且還涉及文化學、文化史；除了文獻材料，還常常需要出土文獻和考古文物材料印證"②，所以相對於其他研究領域，"難度是比較大的"③。

還有一個就是對敦煌變文中的名物進行分類的問題。錢玄《三禮名物通釋》（1987）分爲衣服、飲食、宮室、車馬 4 類。許嘉璐主編的《中國古代禮俗辭典》（1991）分爲服飾、飲食、居住、行路、交往、婚姻、喪葬、祭祀、宗族宗法、姓名字號、節日、軍事、區划、職官、刑法、教育、科舉 17 類。華夫主編的《中國古代名物大典》分爲 37 大類，大類下分若干中類，中類内再含若干小類。黃金貴《古代文化詞義集類辨考》（1995）共辨釋 1306 個詞，構成 262 組同義詞，考證詞義400 餘條。每組成爲一篇辨考文章，若干意義相關的篇章彙成一個物類，共有國家、經濟、人體、服飾、飲食、建築、交通、什物 8 大類。劉興均《〈周禮〉名物詞研究》（2001）梳理出《周禮》中的 1548 個名物詞，分爲 23 類。杜朝暉《敦煌文獻名物研究》（2006）首次對敦煌文獻名物（包括變文名物）作了比較全面的整理和研究。該文分上下編，上編是總論篇，共有 5 章；下編是考釋編，共有 8 章，具體爲衣飾類、布帛類、飲食類、宮室類、舟車類、器用類、武備類、佛教器具類等，有的大類下面還分若干個小類。錢慧真《〈周禮正義〉所見孫詒讓名物訓詁研究》（2009）以劉興均《〈周禮〉名物詞研究》開列的《周禮》1548 個名物詞爲基礎，分爲 14 類。

---

① 張公瑾. 走向 21 世紀的語言科學 [J]. 民族語文，1997（2）：6.
② 參看黃金貴. 解物釋名 [C]. 上海：上海辭書出版社，2008：439.
③ 參看劉興均.《周禮》名物詞研究 [M]. 成都：巴蜀書社，2001：序，1.

　　考慮到以上難度，筆者在本書中未對敦煌變文中的名物進行分類，再加上學識和見識的不足，考釋名物時有的也只是點到爲止，甚至還有錯誤的地方，期待方家的指正。關於分類問題，可以參看筆者已出版的專著《敦煌變文名物研究》①。

---

①　張春秀. 敦煌變文名物研究［M］. 成都：西南交通大學出版社，2015.

# 主要參考文獻

## 一、中文專著

班固撰，顏師古注. 漢書 [M]. 北京：中華書局，1962.

曹先擢. 漢字文化漫筆 [C]. 北京：語文出版社，1992.

陳明娥. 敦煌變文詞彙計量研究 [M]. 南昌：百花洲文藝出版社，2006.

陳壽撰，裴松之注. 三國志 [M]. 北京：中華書局，1971.

陳秀蘭. 敦煌變文俗語詞溯源 [M]. 長沙：嶽麓書社，2001.

陳秀蘭. 敦煌變文詞彙研究 [M]. 成都：四川民族出版社，2002.

陳秀蘭. 魏晉南北朝文與漢文佛典語言比較研究 [M]. 北京：中華書局，2008.

程湘清. 隋唐五代漢語研究 [M]. 濟南：山東教育出版社，1992.

褚良才. 敦煌學簡明教程 [M]. 北京：中華書局，2001.

董志翹.《入唐求法巡禮行記》詞彙研究 [M]. 北京：中國社會科學出版社，2000.

董志翹. 中古近代漢語探微 [C]. 北京：中華書局，2007.

段成式著，杜聰點校. 酉陽雜俎 [M]. 濟南：齊魯書社，2007.

房玄齡等. 晉書 [M]. 北京：中華書局，1974.

富世平. 敦煌變文的口頭傳統研究 [M]. 北京：中華書局，2009.

高承撰；李果訂；金圓，許沛藻點校. 事物紀原 [M]. 北京：中華書局，1989.

顧觀光輯，楊鵬舉校注. 神農本草經校注 [M]. 北京：學苑出版社，1998.

郭紹虞. 漢語語法修辭新探（上、下册） [M]. 北京：商務印書館，1979.

郭在貽. 郭在貽文集［M］. 北京：中華書局，2002.

汉语大词典编辑委员会等. 汉语大词典［Z］. 上海：汉语大词典出版
　　社，2001.

杭州大學古籍研究所等. 敦煌語言文學論文集［C］. 杭州：浙江古籍
　　出版社，1988.

華夫. 中國古代名物大典［Z］. 濟南：濟南出版社，1993.

化振紅.《洛陽伽藍記》詞彙研究［M］. 北京：中國文史出版社，2002.

黃金貴. 古代文化詞義集類辨考［M］. 上海：上海教育教育出版
　　社，1995.

黃金貴. 古代文化詞語考論［M］. 杭州：浙江大學出版社，2001.

黃金貴. 古漢語同義詞辨釋論［M］. 上海：上海古籍出版社，2002.

黃金貴. 解物釋名［C］. 上海：上海辭書出版社，2008.

黃征. 敦煌語文叢說［C］. 臺北：新文豐出版公司，1997.

黃征. 敦煌語言文字學研究［M］. 蘭州：甘肅教育出版社，2002.

黃征. 敦煌俗字典［Z］. 上海：上海教育出版社，2005.

黃征，張涌泉. 敦煌變文校注［M］. 北京：中華書局，1997.

季羨林. 敦煌學大辭典［Z］. 上海：上海辭書出版社，1998.

江藍生，曹廣順. 唐五代語言詞典［Z］. 上海：上海教育出版社，1997.

蔣禮鴻. 敦煌變文字義通釋（增補定本）［M］. 上海：上海古籍出版
　　社，1997.

蔣禮鴻. 敦煌文獻語言詞典［Z］. 杭州：杭州大學出版社，1994.

蔣冀騁. 敦煌文獻研究［M］. 長沙：湖南師範大學出版社，2005.

蔣紹愚. 唐詩語言研究［M］. 鄭州：中州古籍出版社，1990.

蔣紹愚. 近代漢語研究概況［M］. 北京：北京大學出版社，1994.

李延壽. 北史［M］. 北京：中華書局，1974.

李延壽. 南史［M］. 北京：中華書局，1975.

李時珍編著，張守康校注. 本草綱目［M］. 北京：中國中醫藥出版
　　社，1998.

李小榮. 變文講唱與華梵宗教藝術［M］. 上海：上海三聯書店，2002.

李學勤. 十三經注疏［M］. 北京：北京大學出版社，1999.

李正宇. 敦煌學導論［M］. 蘭州：甘肅人民出版社，2008.

柳長華. 李時珍醫學全書［M］. 北京：中國中醫藥出版社，1999.

劉昫等. 舊唐書［M］. 北京：中華書局，1975.

劉堅，蔣紹愚. 近代漢語語法資料彙編（唐五代卷）［M］. 北京：商務印書館，1990.

劉進寶. 百年敦煌學：歷史・現狀・趨勢［M］. 蘭州：甘肅人民出版社，2009.

劉興均.《周禮》名物詞研究［M］. 成都：巴蜀書社，2001.

陸永峰. 敦煌變文研究［M］. 成都：巴蜀書社，2000.

羅頎. 物原［M］. 北京：中華書局，1985.

羅宗濤. 敦煌變文社會風俗事物考［M］. 臺北：文史哲出版社，1974.

呂叔湘著，江藍生補. 近代漢語指代詞［M］. 上海：學林出版社，1985.

梅家駒等. 同義詞詞林［Z］. 上海：上海辭書出版社，1983.

歐陽修等. 新唐書［M］. 北京：中華書局，1975.

歐陽修等撰，徐無黨注. 新五代史［M］. 北京：中華書局，1974.

潘重規. 敦煌變文集新書［M］. 臺北：文津出版社，1984.

錢玄. 三禮名物通釋［M］. 南京：江蘇古籍出版社，1987.

錢玄. 三禮通論［M］. 南京：南京師範大學出版社，1996.

錢玄. 三禮辭典［M］. 南京：江蘇古籍出版社，1998.

青木正兒. 中華名物考（外一種）［C］. 范建明譯. 北京：中華書局，2005.

任繼愈. 宗教大辭典［Z］. 上海：上海辭書出版社，1998.

司馬遷撰，裴駰集解，司馬貞索引，張守節正義. 史記［M］. 北京：中華書局，1959.

司馬彪撰，劉昭注補. 後漢書［M］. 北京：中華書局，1965.

沈約. 宋書［M］. 北京：中華書局，1974.

申小龍. 當代中國語法學［M］. 廣州：廣東教育出版社，1995.

宋廉等. 元史［M］. 北京：中華書局，1976.

孫機. 漢代物質文化資料圖説（增訂本）［M］. 上海：上海古籍出版社，2008.

脫脫等. 宋史 [M]. 北京：中華書局，1977.

脫脫等. 金史 [M]. 北京：中華書局，1975.

脫脫等. 遼史 [M]. 北京：中華書局，1974.

王艾錄，司富珍. 漢語的語詞理据 [M]. 北京：商務印書館，2001.

王玨. 現代漢語名詞研究 [M]. 武漢：華東師範大學出版社，2001.

王小莘. 詞語源流漫筆 [C]. 廣州：廣東教育出版社，1990.

王毓瑚. 王禎農書 [M]. 北京：農業出版社，1981.

汪少華. 中國古車輿名物考辨 [M]. 北京：商務印書館，2005.

王應麟. 玉海（影印本）[M]. 揚州：廣陵書社，2003.

魏徵等. 隋書 [M]. 北京：中華書局，1973.

吳福祥. 敦煌變文語法研究 [M]. 長沙：嶽麓書社，1996.

吳福祥. 敦煌變文 12 種語法研究 [M]. 開封：河南大學出版社，2004.

項楚. 敦煌變文選注（增訂本）[M]. 北京：中華書局，2006.

向熹. 簡明漢語史（上、下冊）[M]. 北京：高等教育出版社，1993.

蕭子顯. 南齊書 [M]. 北京：中華書局，1972.

徐時儀. 古白話詞彙研究論稿 [M]. 上海：上海教育出版社，2000.

徐頌列. 唐詩服飾詞語研究 [M]. 杭州：浙江教育出版社，2008.

徐通鏘. 歷史語言學 [M]. 北京：商務印書館，1991.

嚴可均. 全上古三代秦漢三國六朝文 [Z]. 北京：中華書局，1958.

閻艷. 《全唐詩》名物詞研究 [M]. 成都：巴蜀書社，2004.

閻艷. 唐詩食品詞語語言與文化之研究 [M]. 成都：巴蜀書社，2004.

揚之水. 詩經名物新證 [M]. 北京：北京古籍出版社，2000.

揚之水. 古詩文名物新證 [M]. 北京：紫禁城出版社，2004.

揚之水. 終朝採藍：古名物尋微 [M]. 北京：生活·讀書·新知三聯書店，2008.

姚思廉. 梁書 [M]. 北京：中華書局，1973.

殷國光. 《呂氏春秋》詞類研究 [M]. 北京：商務印書館，2008.

于向東. 敦煌變相與變文研究 [M]. 蘭州：甘肅教育出版社，2009.

曾良. 敦煌文獻字義通釋 [M]. 廈門：廈門大學出版社，2001.

曾昭聰. 漢語詞彙訓詁專題研究導論 [M]. 廣州：暨南大學出版社，2010.

翟灝. 通俗編 [M]. 北京：商務印書館，1958.

張雙棣. 《呂氏春秋》詞彙研究（修訂本）[M]. 北京：商務印書館，2008.

張讀撰；張永欽，侯志明點校. 宣室志 [M]. 北京：中華書局，1983.

張廷玉等. 明史 [M]. 北京：中華書局，1974.

張涌泉. 漢語俗字研究（增訂本）[M]. 北京：商務印書館，2010.

張永言. 詞彙學簡論 [M]. 武漢：華中工學院出版社，1982.

長孫無忌等撰，劉俊文點校. 唐律疏議 [M]. 北京：中華書局，1983.

周紹良，白化文. 敦煌變文論文錄 [C]. 上海：上海古籍出版社，1982.

鄭阿財，朱鳳玉. 敦煌學研究論著目錄（1908—1997）[M]. 臺北：漢學研究中心，2000.

鄭阿財，朱鳳玉. 1998—2005 敦煌學研究論著目錄 [M]. 台北：樂學書局，2006.

鄭振鐸. 中國俗文學史 [M]. 上海：上海人民出版社，2006.

## 二、英文专著

Jacob. L. mey. Pragmatics：An Introduction [M]. Beijing：Foreign language Teaching and Research Press，2001.

P. H，Matthews. Morphology [M]. Beijing：Foreign Language Teaching and Research Press，2000.

R. H，Robins. General Linguistics [M]. Beijing：Foreign Language Teaching and Research Press，2000.

## 三、論文

### （一）期刊论文

陳明娥. 20 世紀的敦煌變文語言研究 [J]. 敦煌學輯刊，2002（1）.

陳秀蘭. 敦煌變文詞語校釋 [J]. 古漢語研究，2002（2）.

陳秀蘭. 敦煌變文與漢語常用詞演變研究 [J]. 古漢語研究，2001

（3）.

董志翹. 故訓資料的利用與古漢語詞彙研究——兼評《故訓匯纂》的學術價值［J］. 中國語文，2005（3）.

董志翹. 漢語史論文寫作漫議［J］. 井岡山師範學院學報，2002（2）.

董志翹. 略論古籍整理中訓詁學知識的運用［J］. 蘇州大學學報（哲學社會科學版），1985（3）.

董志翹. 俗語佛源（二則）［J］. 語文建設，2001（12）.

董志翹. 唐五代詞語考釋［J］. 古漢語研究，2000（1）.

董志翹. 訓詁學與漢語史研究［J］. 語言研究，2005（2）.

董志翹. 語史研究應重視敦煌佛教文獻［J］. 社會科學戰綫，2009（9）.

杜朝暉. 敦煌寫卷名物類文獻對敦煌學研究的價值［J］. 中國典籍與文化，2009（2）.

方一新. 20 世紀的唐代詞彙研究［J］. 浙江教育學院學報，2003（6）.

方一新. 近年來國內敦煌語詞校釋研究專著四种述評［J］. 徐州師範大學學報（哲學社會科學版），2000（2）.

郭紹虞. 漢語詞組對漢語語法研究的重要性［J］. 復旦學報（社會科學版·學術專論），1978（1）.

郭淑雲. 從敦煌變文的套語運用看中國口傳文學的創作藝術［J］. 南京師範大學文學院學報（哲學社會科學版），2003（2）.

何亞南. "交路"源流考辨［J］. 語文研究，2003（2）.

何亞南. 漢譯佛經與傳統文獻詞語通釋二則［J］. 古漢語研究，2000（4）.

何亞南. 漢譯佛經與後漢詞語例釋［J］. 古漢語研究，1998（1）.

黑維強. 敦煌變文詞語校釋［J］. 敦煌學輯刊，2003（1）.

黑維強. 敦煌文獻詞語方言考［J］. 西北民族大學學報（哲學社會科學版），2005（2）.

黑維強. 敦煌文獻詞語陝北方言證（續）［J］. 敦煌研究，2005（1）.

黃征. 敦煌俗字要論［J］. 敦煌研究，2005（1）.

黃征. 敦煌學翻天覆地三十年［J］. 藝術百家，2009（3）.

黃征. 漢語俗語詞研究的幾個理論問題［J］. 杭州大學學報（哲學社會科學版），1992（2）.

黃征. 歐陽詢行楷《千字文》俗字與敦煌俗字異同考辨［J］. 敦煌研

究，2009（1）.

姬慧. 敦煌變文詞語陝北方言例釋 [J]. 榆林學院學報，2009（1）.

蔣紹愚. 漢語史研究的回顧與前瞻 [J]. 語言教學與研究，1989（2）.

蔣紹愚. 近代漢語研究概述 [J]. 古漢語研究，1990（2）.

蔣紹愚. 近十年間近代漢語研究的回顧與前瞻 [J]. 古漢語研究，1998
（4）.

蔣紹愚. 訓詁學與語法學 [J]. 古漢語研究，1997（3）.

蔣紹愚. 一九九二年近代漢語研究綜述 [J]. 語文建設，1993（8）.

劉傳鴻. 讀《敦煌變文校注》札記三則 [J]. 中國語文，2006（2）.

劉堅，曹廣順. 建國以來近代漢語研究綜述 [J]. 語文建設，1989（6）.

王強. 中國古代名物學初論 [J]. 揚州大學學報，2004（6）.

姚美玲. 敦煌變文詞語例釋 [J]. 敦煌學輯刊，2004（1）.

尹斌庸. 漢語詞類的定量研究 [J]. 中國語文，1986（6）.

袁賓等. 敦煌文獻語言的三個重要特性 [J]. 藝術百家，2009（3）.

張傳東. "青樓"意義流變考 [J]. 齊齊哈爾大學學報（哲學社會科學
版），2009（2）.

張春秀. 近10年間敦煌變文語言研究 [J]. 求索，2011（1）.

張秀清. 網羅巨集富 真迹畢現——《敦煌俗字典》評介 [J]. 漢字文
化，2007（1）.

張涌泉. 從語言文字的角度看敦煌文獻的價值 [J]. 中國社会科学，
2001（2）.

趙紅. 讀《敦煌俗字典》[J]. 辭書研究，2006（1）.

趙鑫曄. 瀝血裒集 蔚然可觀——讀《敦煌俗字典》 [J]. 敦煌研究，
2006（1）.

鄭阿財. 敦煌變文中的稱謂詞"阿婆"綜述 [J]. 浙江大學學報（人文
社會科學版），2007（3）.

（二）學位論文

鄧鷗英. 敦煌變文俗語詞考釋 [D]. 南京：南京師範大學，2003.

竇懷永. 敦煌文獻避諱研究 [D]. 杭州：浙江大學，2007.

杜朝暉. 敦煌文獻名物研究 [D]. 杭州：浙江大學，2006.

韓茜. 敦煌變文同素異序詞研究 [D]. 西安：西北大學，2009.

李長雲. 敦煌變文懼怕類心理動詞研究 [D]. 開封：河南大學，2005.

李明. 敦煌變文體式的發展流變 [D]. 武漢：華中師範大學，2005.

李倩. 敦煌變文單音動詞詞義演變研究 [D]. 成都：四川大學，2006.

李亞. 敦煌變文中的時間副詞 [D]. 成都：四川大學，2006.

龍慧. 敦煌變文心理動詞研究 [D]. 重慶：西南大學，2007.

錢慧真. 《周禮正義》所見孫詒讓名物訓詁研究 [D]. 濟南：山東大學，2009.

王淑華. 晚唐五代連詞研究 [D]. 濟南：山東大學，2009.

楊同軍. 敦煌變文的語音系統 [D]. 蘭州：西北師範大學，2003.

張慶慶. 近代漢語幾組常用詞演變研究 [D]. 蘇州：蘇州大學，2007.

張小豔. 敦煌書儀語言研究 [D]. 杭州：浙江大學，2004.

張澤寧. 敦煌變文助動詞研究 [D]. 蘭州：西北師範大學，2004.

# 後 記

　　轉眼間博士畢業已十年，但上次寫後記的情景仍如在眼前。十年的時間，經歷了很多，改變了很多，也收穫了很多。畢業時的種種計劃有的已實現，有的卻一直未能如願，父母也已離去十多年，歲月的流逝早已在心裏和身上刻下了不可磨滅的痕迹。

　　當初打算畢業之後繼續博士學位論文的課題研究，但由於瑣碎的生活和繁忙的工作，再加上條件的限制和自己的懶惰，一直沒有推進研究的深入。限於篇幅和體例，博士學位論文中有的詞條考釋刪去了不少內容，有的雖有考釋，但沒有出現在論文裏，本書有部分內容和已出版的《敦煌變文名物研究》有重合，部分詞語考釋已发表，也增加了不少詞條和內容。在高層次人才研究專項成果項目、一流學科"中國語言文學"建設項目和國家一流專業項目的支持下，本書得以出版，也以此慰勞自己那些年的辛苦和當下不安的心緒，算是給自己的一個交代。

　　感謝黔南民族師範學院文學與傳媒學院領導的大力支持，感謝好朋友王伶俐、林峪、景瑩、王麗雲、康梅生、彭雅飛一直以來的鼓勵和幫助，感謝學生洪碩、陸光梅、王姣姣在艱難時刻對我的陪伴和照顧，感謝家人無私的付出。感恩生命中遇到的每一個人，感恩生活的種種賜予和美好。

張春秀感於都勻

2023 年 5 月 20 日